科技金融概论

王 伟 孙永涛 编著

北京理工大学出版社
BEIJING INSTITUTE OF TECHNOLOGY PRESS

内 容 简 介

本书分三篇，共有十章，全面阐述了科技金融的理论体系与实践应用。第一篇从理论基础角度梳理和界定了科技金融的概念、产生、发展演进以及科技金融的功能作用；第二篇从科技赋能金融的角度分析了金融科技与互联网金融的区别、金融科技的核心技术、应用场景与风险监管；第三篇从金融服务科创的角度阐述了科技金融的体系、机制、模式与评价，市场科技金融的产品种类与业务模式，公共科技金融的功能、特征及模式优化等。

本书集理论性、应用性和实用性为一体，撰写体例新颖独特，逻辑结构清晰，语言表达流畅。在体例设计上，每章开头融入"见微知著，以学立人""知识要点""核心概念"和"典型案例"，"见微知著，以学立人"提取于中华传统思想与中国式现代化，以引导学生树立正确的价值观；为方便教学，章后还附有知识总结和自测练习。

本书面向应用型本科教学需求，融入了编者多年来在科技金融和金融科技领域的专业理论研究和实践教学成果，也参考了编者主持研究的相关国家级重点项目、科研论文、会议报告等，是对科技金融学科的一次突破性探索。

版权专有　侵权必究

图书在版编目（CIP）数据

科技金融概论／王伟，孙永涛编著． --北京：北京理工大学出版社，2024.5

ISBN 978-7-5763-4004-4

Ⅰ．①科… Ⅱ．①王… ②孙… Ⅲ．①科学技术－金融－概论 Ⅳ．①F830

中国国家版本馆 CIP 数据核字（2024）第 100077 号

责任编辑／封　雪	**文案编辑**／毛慧佳
责任校对／刘亚男	**责任印制**／李志强

出版发行 ／	北京理工大学出版社有限责任公司
社　　址 ／	北京市丰台区四合庄路 6 号
邮　　编 ／	100070
电　　话 ／	（010）68914026（教材售后服务热线）
	（010）68944437（课件资源服务热线）
网　　址 ／	http://www.bitpress.com.cn
版 印 次 ／	2024 年 5 月第 1 版第 1 次印刷
印　　刷 ／	三河市天利华印刷装订有限公司
开　　本 ／	787 mm×1092 mm　1/16
印　　张 ／	14.75
字　　数 ／	346 千字
定　　价 ／	89.00 元

图书出现印装质量问题，请拨打售后服务热线，负责调换

PREFACE 前言

2021年12月，中国人民银行印发《金融科技发展规划（2022—2025）》。党的二十大报告提出，要加快发展数字经济，促进数字经济和实体经济深度融合，打造具有国际竞争力的数字产业集群。金融科技引领全球金融业新格局的变化发展，成为未来全球金融竞争的制高点。与传统金融服务相比，科技金融在优化金融资源配置和促进普惠金融发展等方面发挥了重要作用。目前，国内鲜有专业系统的科技金融类教科书，相关教材也往往将科技金融与金融科技分开概述。其实，科技金融与金融科技密不可分，科技金融的宗旨是为金融需求者或消费者提供高性价比的金融服务，更好地服务实体经济，尤其是科创企业。在此背景下，编者编写了本书，主要面向本科应用型人才培养，以能力培养为核心，突出以"课程思政、案例融合、前沿动态"为特色的学生"自主学"的教学方法。

本书主要有以下特点。

（1）编创研究的视角及内容新颖且有特色。本书遵循科技金融的宗旨使命，立足于金融学科视域，基于科技金融和金融科技两者融合、互补、互动的新视角并体现这些重要特色。

（2）对科技金融发展的阐述坚持历史、逻辑、数据相统一原则，突出反映科技与金融相融合的发展内涵。

（3）体现科技金融学科教学的中国特色，将公共科技金融与市场科技金融进行了充分梳理与体系构建，以帮助学生理解科技金融的完整理论，并启发学生对中国科技金融实践发展的思考。

（4）侧重于理论分析与前沿案例的全面融合，培养学生的应用能力，拓宽学生的视野并提高学生的认知水平。

全书分为基础理论篇、科技赋能金融篇、金融服务科创篇三篇十章，主要讲述科技金融概念与演进、金融科技核心技术与应用场景、市场与公共科技金融等内容。其中，第一章为导论，第二章为科技金融的功能作用，第三章为科技金融理论基础，它们组成了基础理论篇，由王伟教授编写；第四章到第七章为金融科技概述、金融科技的核心技术、金融科技的应用场景、金融科技风险与监管，它们组成了科技赋能篇，由孙永涛博士编写；第八章科技金融概述，第九章市场科技金融和第十章公共科技金融，它们组成了金融服务科创篇，由王伟教授编写。此外，王硕博士也参与了部分章节的编写工作。本书参考了大量国内外文献，恕不一一列出，在此一并向相关作者致谢。

鉴于科技金融理论研究目前仍处于初期发展阶段，编者的知识水平和教学经验也有限，本书的不足之处在所难免，敬请广大读者批评指正。

编　者

目录

CONTENTS

第一篇 基础理论篇

◆ **第一章 导论** ……………………………………………………………… 3
　第一节 科技金融概念 …………………………………………………… 4
　　一、科技金融与金融科技 …………………………………………… 4
　　二、科技金融的新定义 ……………………………………………… 6
　第二节 科技金融的产生和发展 ………………………………………… 6
　　一、国外科技金融演进特征 ………………………………………… 7
　　二、我国科技金融体制变迁 ………………………………………… 10
　第三节 如何学好科技金融 ……………………………………………… 14
　　一、科技金融中的关键问题 ………………………………………… 14
　　二、科技金融课程中应关注的问题 ………………………………… 15

◆ **第二章 科技金融的功能作用** ………………………………………… 18
　第一节 科技金融的功能 ………………………………………………… 19
　　一、科技金融的资金集中功能 ……………………………………… 19
　　二、科技金融的风险管理功能 ……………………………………… 20
　　三、科技金融的信息揭示功能 ……………………………………… 21
　　四、科技金融的项目治理功能 ……………………………………… 22
　第二节 金融在科技创新中的作用 ……………………………………… 23
　第三节 科技在金融发展中的作用 ……………………………………… 27

◆ **第三章 科技金融理论基础** …………………………………………… 30
　第一节 科技创新理论 …………………………………………………… 31
　第二节 金融发展理论 …………………………………………………… 33
　第三节 企业生命周期理论 ……………………………………………… 35

第二篇　科技赋能金融篇

◆ **第四章　金融科技概述** ……………………………………………………… 41
　第一节　金融科技与互联网金融 ……………………………………………… 42
　　一、金融科技的界定与发展概况 …………………………………………… 43
　　二、互联网金融的界定、特征与发展概况 ………………………………… 52
　　三、金融科技与互联网金融的联系与区别 ………………………………… 57
　第二节　科技驱动的金融服务 ………………………………………………… 57
　　一、金融科技产品与应用场景 ……………………………………………… 57
　　二、金融科技公司与传统金融机构的融合 ………………………………… 61
　第三节　金融科技的前景与挑战 ……………………………………………… 72
　　一、金融科技发展的前景 …………………………………………………… 72
　　二、金融科技发展面临的挑战 ……………………………………………… 73

◆ **第五章　金融科技的核心技术** ……………………………………………… 75
　第一节　大数据 ………………………………………………………………… 76
　　一、物联网技术 ……………………………………………………………… 76
　　二、大数据技术 ……………………………………………………………… 76
　第二节　云计算 ………………………………………………………………… 80
　　一、虚拟化技术 ……………………………………………………………… 81
　　二、分布式计算技术 ………………………………………………………… 82
　　三、分布式数据存储技术 …………………………………………………… 82
　　四、并行编程技术 …………………………………………………………… 83
　第三节　区块链 ………………………………………………………………… 83
　　一、分布式数据存储技术 …………………………………………………… 85
　　二、区块链密码技术 ………………………………………………………… 88
　　三、共识机制 ………………………………………………………………… 89
　　四、智能合约 ………………………………………………………………… 92
　第四节　人工智能 ……………………………………………………………… 92
　　一、人工神经网络 …………………………………………………………… 94
　　二、机器学习 ………………………………………………………………… 99
　　三、深度学习 ………………………………………………………………… 102
　　四、自然语言处理 …………………………………………………………… 105
　　五、图像识别 ………………………………………………………………… 106

◆ **第六章　金融科技的应用场景** ……………………………………………… 107
　第一节　大数据在金融领域的应用 …………………………………………… 108
　　一、征信领域 ………………………………………………………………… 108
　　二、反洗钱领域 ……………………………………………………………… 109

目　录

　　三、银行领域 110
　　四、证券投资领域 111
　　五、保险领域 111
　　六、互联网金融 112
　　七、金融监管 112
　第二节　云计算在金融领域的应用 113
　　一、金融云的功能与作用 113
　　二、金融云标准体系建设 113
　第三节　区块链在金融领域的应用 116
　　一、数字货币的应用 116
　　二、区块链+供应链金融的应用 123
　第四节　人工智能在金融领域的应用 126
　　一、智能投顾领域应用 126
　　二、智能风控领域应用 127

◆ **第七章　金融科技风险与监管** 131
　第一节　金融科技发展中的风险 132
　　一、操作风险和平台技术安全风险 132
　　二、数据风险和信息安全风险 133
　第二节　金融科技监管 134
　　一、国际金融科技监管发展动态 134
　　二、我国金融科技监管现状 136
　　三、监管科技和合规科技 138
　　四、金融科技监管前景 139

第三篇　金融服务科创篇

◆ **第八章　科技金融概述** 143
　第一节　科技金融体系 144
　　一、科技金融供求体系 144
　　二、科技金融服务产品 146
　第二节　科技金融机制 151
　　一、科技金融市场机制 151
　　二、科技金融政府机制 153
　第三节　科技金融模式 156
　　一、市场科技金融模式 156
　　二、公共科技金融模式 158
　第四节　科技金融评价 160

一、绩效评价体系构建的意义及原则 …………………………………… 160
　　二、绩效评价指标体系的构成 …………………………………………… 161

◆ 第九章　市场科技金融 ……………………………………………………… 165
第一节　市场科技金融结构 ………………………………………………… 166
　　一、市场科技金融机构 …………………………………………………… 166
　　二、市场科技金融产品 …………………………………………………… 166
第二节　科技债权融资 ……………………………………………………… 170
　　一、科技银行信贷产品 …………………………………………………… 170
　　二、科创企业债券发行 …………………………………………………… 175
　　三、商业银行科技业务 …………………………………………………… 179
第三节　科技股权融资 ……………………………………………………… 190
　　一、股权融资资本市场 …………………………………………………… 190
　　二、创业风险投资 ………………………………………………………… 194
　　三、中国科技融资主板市场 ……………………………………………… 200
第四节　科技保险 …………………………………………………………… 201
　　一、科技风险分析 ………………………………………………………… 201
　　二、科技保险运营 ………………………………………………………… 205

◆ 第十章　公共科技金融 ……………………………………………………… 209
第一节　公共科技金融功能 ………………………………………………… 210
　　一、特有功能体系 ………………………………………………………… 210
　　二、功能传导机理机制 …………………………………………………… 211
　　三、功能结构的国际比较 ………………………………………………… 212
第二节　公共科技金融 ……………………………………………………… 218
　　一、政策性科技金融 ……………………………………………………… 218
　　二、开发性科技金融 ……………………………………………………… 220
　　三、政府性科技金融 ……………………………………………………… 221
第三节　公共科技金融模式优化 …………………………………………… 222
　　一、模式优化路径 ………………………………………………………… 222
　　二、模式优化策略 ………………………………………………………… 223

◆ 参考文献 ……………………………………………………………………… 226

第一篇　基础理论篇

第一章 导 论

见微知著，以学立人

以科技金融的基本知识点和理论为基础探究其蕴含的优秀传统。

1. 不忘初心，方得始终

金融机构除了采用金融科技新技术改进和提升金融服务水平外，这应该成为金融科技和科技金融的出发点和落脚点。也只有这样，其才能不断发展、壮大。

在以后的工作中，我们也要牢记使命，全心全意为人民服务。只有这样，才能不断进步，实现自我价值。

2. 透：野色更无山隔断，天光直与水相连

金融科技基于人工智能、大数据、云计算、区块链等一系列核心技术，全面应用在借贷融资、支付清算、交易结算、财富管理等领域，在很大程度上解决了金融体系难普难惠与脱实向虚两大问题，因此成为金融业未来的主流趋势。

对于知识的学习要透彻、扎实，若没有坚实的根基，就没有枝叶的繁茂。进行理论学习从来不是为了装点门面，而是以学铸魂、以学增智、以学正风、以学促干。

3. 量：学而不思则罔，思而不学则殆

目前，由于人工智能、区块链和大数据等技术迅速发展，科技与金融相结合，各种金融科技产品层出不穷。

由于科技金融学科及科技迭代的特殊性，同学们要带着问题学、联系实际学，力求学懂、弄通。

知识要点

了解科技金融的产生、发展及其体制变迁过程；熟悉科技金融的基本概念、金融科技和科技金融的区别；掌握科技金融的定义。

核心概念

科技金融（Sci-Tech Finance）
金融科技（Fin-Tech）

科技金融概论

> **典型案例**
>
> 蚂蚁金服目前已经建立起较为完善的金融科技体系，其中支付宝主要提供支付和理财服务，包括网购担保交易、网络支付、转账、信用卡还款、手机充值、水电缴费，还有以余额宝、招财宝为主的个人理财业务。在进入移动支付领域后，支付宝开始为零售百货、电影院线、连锁商超和出租车等多个行业提供服务。
>
> 浦发硅谷银行是上海浦东发展银行与美国硅谷银行的合资银行。浦发硅谷银行为创新型企业服务，通过创新型资产价值的评估模式为科技创新企业提供资金支持，量身定制金融服务方案，满足企业在各个发展阶段的资金需求，并为企业提供全球化合作平台，为国内企业向海外市场发展搭建桥梁。从具体业务方面来看，浦发硅谷的创新金融模式以解决闵行区内的中小型科技创新企业融资问题为目的，充分发挥政府和金融机构的资源和专业优势，使浦发硅谷银行独有的"硅谷银行模式"通过浦发银行的人民币信贷渠道在上海落地。
>
> 请问，针对以上两个案例，如何区分金融科技与科技金融？

第一节　科技金融概念

一、科技金融与金融科技

科技金融一词是由中国学者率先提出并逐步被官方认可的专业术语，而与此相关的金融科技一词则是外来词；也有学者结合中文和英文的用词习惯，倾向于将"Fin-Tech"翻译为科技金融。西方虽然有专门的服务和支持科技创新的金融机构，也有大量的相关研究，但并没有与科技金融完全对应的概念。1993年，中国科技金融促进会成立，并于次年4月13日召开首届年会，科技金融便开始作为独立的词汇正式出现。无论是科技金融还是金融科技，其概念目前都尚未达成共识，没有统一的界定。

著名科技金融专家赵昌文教授等（2009）从金融服务科技创新的角度出发，最先对科技金融的含义做出了解释，也是迄今为止被许多学者认同的一种解释，"科技金融是促进科技开发、成果转化和高新技术产业发展的一系列金融工具、金融制度、金融政策与金融服务的系统性、创新性安排，是由向科学与技术创新活动提供金融资源的政府、企业、市场、社会中介机构等各种主体及其在科技创新融资过程中的行为活动共同组成的一个体系，是国家科技创新体系和金融体系的重要组成部分。"2011年7月13日科技部发布的《国家"十二五"科学和技术发展规划》附录中的"重要指标和名词解释"从科技管理和金融部门的角度出发，对科技金融的解释是"通过创新财政科技投入方式，引导和促进银行业、证券业、保险业金融机构及创业投资等各类资本，创新金融产品，改进服务模式，搭建服务平台，实现科技创新链条与金融资本链条的有机结合，为初创期到成熟期各发展阶段的科技企业提供融资支持和金融服务的一系列政策和制度的系统安排。"科技金融归属于产业金融，是指金融产业与科技产业的结合，且并不是简单的一加一等于二，而是两个不同产业与领域之间的融合与依赖。科技产业的发展需要金融来推动，而经济的发展则需要科技来带动。

关于金融科技的含义，2016年3月，全球金融治理的牵头机构金融稳定理事会（Financial Stability Board，FSB）对金融科技的定义是"技术带来的金融创新，它能够产生新的商业模式、应用、过程或产品，从而对金融市场、金融机构或金融服务的提供方式产生重大影响"。伯纳多·尼克莱蒂（Bernardo Nicoletti）（2017）认为，金融科技是指在金融服务领域中利用信息通信等技术建立具有创新性与破坏性的商业模式；是用创新金融技术来支持或提供金融服务的组织所构成的行业。金融科技基于人工智能、大数据、云计算、区块链等一系列核心技术，全面应用于借贷融资、支付清算、交易结算、银行、保险和财富管理等金融领域，在很大程度上解决了金融体系难普难惠与脱实向虚的两大问题，因而是金融业未来发展的主流趋势。但金融科技在给人们带来方便的同时，也存在一定的潜在风险，需要加强监管。需要强调的是，金融科技并未改变传统金融的核心业务逻辑，即资金的融通，也没有改变金融服务的本质，仅改变了技术在金融活动流程，还将技术端从过去的支持、辅助性工具推至前台。

一般来说，金融科技和科技金融主要有以下几个方面的区别。

①概念核心：金融科技的概念核心是科技，具备为金融业务提供科技服务的基础设施属性，与其并列的概念还有军事科技等；科技金融则着眼于金融，是服务于科技创新的金融业态，也是金融服务于实体经济的典型代表，与其并列的概念还有消费金融等。

②属性：金融科技的本质及落脚点在科技，强调的是利用大数据、云计算、区块链等在金融服务和产品上的应用；科技金融的本质及落脚点在金融，是传统金融业务与新技术结合后的升级版、更新版。

③目标：发展金融科技的目标，在于利用科技的手段提高金融的整体效率；发展科技金融的目标，在于以金融创新来支持实体经济，推动科技创新创业。

④参与主体：金融科技的主体是以科技企业、互联网企业、偏技术的互联网金融企业为代表的技术驱动型企业；科技金融的主体是以传统金融机构、互联网金融为代表的金融业。

⑤业务模式：金融科技公司更多强调金融的科技化产业化，金融科技自身则作为金融产业链上的基础设施环节；科技金融则更多强调业务技术化、数字化转型和平台的服务，业务创新点在于互联网技术和信息通信技术。

⑥服务对象：金融科技注重用前沿科技改造金融行业，属于科技服务金融或赋能金融的一种途径；科技金融是服务于科技型企业的金融，属于金融服务科创的一种途径。

⑦实现方式：实现金融科技创新的方式是技术的突破；实现科技金融创新的方式是金融产品的研发。

⑧具体产品：金融科技的具体产品包括第三方支付、大数据、金融云、区块链、征信、AI等前沿技术；科技金融的具体产品包括投贷联动、科技保险、科技信贷、知识产权证券化、股权众筹等。

二、科技金融的新定义

基于科技与金融两者之间的互动、互利、互惠和交互作用的有机结合或深度融合机制及新趋势，我们将传统的对科技金融和金融科技的一般理解融合在一起，对科技金融进行重新界定。所谓科技金融，是指金融部门及金融机构在服务和支持科技创新的活动过程中，通过不断采用新技术，改进和提升金融服务水平，以更好、更有效地服务科创型群体实现创新的一系列融资、保险、担保等金融活动的集合。

由此，科技金融活动表现为一种"金融→科技→金融→创新"，即"金融支持科技，科技驱动金融，金融助推创新"的循环逻辑关系。这里的"科创型群体"，既指从事科技创新活动的人群集合体，也包括企业、产业、地区、领域、项目等正式组织群体和次级社会群体或次属群体；既有处于科技型企业生命周期各阶段的群体客户，也有处于初创期需要融资支持的企业或科研单位 R&D 研发群体客户。据此，本书也是立足于全新的科技金融内涵，主要分为科技赋能金融篇和金融服务科创篇，分别阐述金融科技和科技金融的基本知识。

基于金融学一般的研究范式和金融业态的价值取向和公私属性，科技金融一般可分为三大类：一是以商业金融为主体、以营利为目的的市场科技金融；二是以公共金融为主体、非营利性的公共科技金融；三是以民间金融为主体、基于社会关系网络的社会科技金融。本书将社会科技金融纳入市场科技金融的范畴，将科技金融概括为市场科技金融和公共科技金融并分别介绍了它们的基本理论和实践知识。

从科技金融的这一定义可以看出，科技金融和金融科技两者都具有金融属性（后者本质上是技术驱动的金融创新，并没有改变传统金融的资金融通的核心业务逻辑及金融服务的本质），都不能违背金融运行的基本规律，最终目的及使命也殊途同归，即都是为了高效、可控地服务于科创型群体及实体经济。前者是直接服务，后者是间接服务，即通过提升金融业的金融科技水平，间接有效地为科创型群体提供金融服务。所以，科技金融的服务对象及直接受益者是科创型群体，金融科技直接服务及受益的是金融业，间接受益者包括科创型群体和其他金融消费者。

此外，科技金融与科技财政、政府科技投入的含义也不同。虽然三者都属于资金流通行为，但科技金融属于一种有借有还且带利息的信用活动，而科技财政和政府科技投入除了具有让政府引导基金进行个别而特殊的信用活动外，一般是为了减少创业风险而无偿提供的政府资助和财政拨款，如中央和地方财政科技支出、各种科技经费投入、税收减免等。

第二节　科技金融的产生和发展

一国的科技发展状况由多种因素影响和决定，同样，一国的科技金融发展状况也由多种因素共同作用而形成，包括国家对科技的重视程度、创新能力、科技推动政策、中小企业支持政策、法律环境、财税政策、信息透明程度、金融体制和金融系统的成熟程度以及其他因素。

从目前来说，一国科技金融发展的推动力主要来自四个因素：政府推动政策、风险投资市场、信贷市场、资本市场。由于各个国家政治、经济、社会、历史、观念上的差异，这四个推动力量在一国科技金融发展中所发挥的影响与作用各不相同。美国、日本、德国是老牌科技强国，而中国、以色列和印度是近年来不可小觑的新兴科技强国，各个国家在科技金融的发展演进中均体现出了一些共同特征。本节主要介绍科技金融制度的演进特征。

一、国外科技金融演进特征

（一）国外公共科技金融特征

对各国公共科技金融模式进行对比分析后我们发现，成熟的公共科技金融具有以下共同特征。

1. 政府专项基金作用明显

美、日、德各国在实践中形成了政府专项基金运作的有效模式，充分发挥了其支持初创成长期科技中小企业的重要功能。

（1）管理专业。

专项基金的运作有很强的复杂性，需要专业人才进行投资管理，因此，政府大多选择合适的基金管理人负责具体的运作事宜。由于这种模式形成了多重委托代理关系，政府干预程度及管理人员行为直接影响基金最终的投资效果。例如，美国采取的是小企业管理局为小企业投资公司选择的创业投资基金公司进行担保，再由基金公司进行投资的方式。明确的标准使选择具有科学性和公正性，加之美国创投市场发达，基金公司大多经营规范，积累了大量行业人才，从而能够充分理解政府的意图。小企业管理局在此过程中不会过多干涉基金的具体运营情况，避免造成行政色彩过重而影响投资决策。欧洲各国的专项基金充分发挥了自己的作用，能够结合地方特色，让资金有效流向区域内优质科技中小企业。

（2）专款专用。

各国在设立基金时通常会明确规定投资重点，规定财政资金投入特定的科技活动阶段，以此细化资金用途，让其能更有针对性地解决企业的现实困难，如专门支持基础研发、成果转化的专项基金。相对于笼统分散的资金投入，专款专用既有利于筛选优质企业，也能对企业起直接作用，更可以集中进行监督管理，提高了资金的投资质量。

（3）退出及时。

政府专项基金只有及时退出，才能进行新一轮投资，而合理的退出机制和丰富的退出渠道是保证基金使用效率的关键因素。政府专项基金主要有IPO、并购、回购和S基金四种退出途径，这些途径无疑都依赖成熟的资本市场。因美国、日本、德国等发达国家资本市场发展时间长、各项体制机制较为完善，因此为政府专项基金的及时退出奠定了良好基础，提高了基金的投资频率，使其能更好地发挥对企业的扶植作用。

2. 政策性金融机构功能健全

无论是美国、日本还是欧洲各国，其政策性金融机构都因职能明晰、服务到位，在扶植科技中小企业中起到关键作用。

(1) 目的性强。

无论是机构设置还是业务运营，各国政策性金融机构始终贯彻扶植科技中小企业的目标，这使其能以企业需求为导向，切实针对企业现实困境进行帮扶，进而充分调动自身的积极性，探究更加有效的服务方式，将政府战略落到实处，可以大力缓解"计划详尽周到、真实效果大打折扣"的窘况。

(2) 专业性强。

各国政策性金融机构在其运营的过程中积累了丰富的实践经验和专业技能，聚集了一大批精通业务的专业技术人才，可以为企业提供全方位的服务。日本政策金融公库发放的科技贷款包括设备、技术革新、经营开发等不同类型；欧洲投资银行同样针对科技中小企业从事具体项目进行信贷帮扶；美国小企业管理局依托信息、人才优势提供市场研判、战略分析等服务。以上各种措施从多维度解决企业资金缺乏、经营风险高等问题，切实保障了企业的生存。

(3) 选择性强。

由于初创成长期的科技中小企业难以吸引市场金融服务，也无法通过市场机制判断其优劣。政策性金融机构虽然不以营利为目的，但如果一味对企业不加区分地提供资金支持，甚至向劣质企业倾斜过多宝贵资源，不仅不利于企业发展、造成不公平和资源浪费，也会使机构自身陷入经营困境。因此，成熟的政策性金融机构都形成了严谨的贷款审核流程，并在开展业务的过程中积极搜集分析企业信息，试图全面了解企业的真实情况，提高资金的利用效率，帮助真正优质的企业。

3. 公共科技金融内部协调运转有效

公共科技金融涉及多方参与主体，且单一主体也存在多层分支。要想更好地服务于科技中小企业，就需要与一主体的各个层级之间、不同主体密切配合。美国、日本和欧洲各国的公共科技金融体系内部协调一致、运转良好。

(1) 职能明确、协调配合。

美国同级别各政府部门根据职能边界规范自身行为，避免出现服务供给交叉；欧洲各国政府部门立足区域特点制定具体的科技中小企业支持措施；日本政策性金融机构以政府的科技战略为导向，在相关业务中与政府部门合作提高科技中小企业服务效率。

(2) 灵活运用政府专项基金和政策性科技贷款两种资金支持方式。

政府专项基金成本低、风险小，但有明显的行业限制；政策性科技贷款利率低，还款期限灵活，但易造成财政压力。不同的资金支持方式需要与科技中小企业的阶段特点和具体需求相匹配，即政府专项基金用于初创期企业，保障企业生存；政策性贷款用于成长期企业，帮助其稳定经营。若将二者协调起来，便能够形成持续的资金流，维持不同阶段企业的运行，在实际应用的过程中也需要根据本国金融体系的不同而各有侧重，形成更加有效的模式。美国的创投市场发达，政府专项基金能够充分发挥自身作用，因此美国更偏向该方式；与之相对的日本银行系统较为完善，政策性科技贷款对企业的支持效果更加明显，故日本以该方式为主。

4. 科技金融环境良好

美国、日本和欧洲各国政府都致力于通过多方渠道为初创成长期的科技中小企业营造良好的科技金融环境，为其提供除资金之外的有力支持。

（1）法律及政策保障。

美国的《中小企业创新发展法》《技术创新发展法》，日本的《小企业基本法》《中小企业现代化促进法》，英国的企业扩展计划，法国的 ANVAR 计划等均各自形成了完善的法律政策体系，一方面，激励了企业的创立，为其提供良好的生存空间；另一方面，为企业的成长提供充分引导，最大限度地保证企业的发展。另外，各国政府还关注科技中小企业的专利保护和多渠道融资，并为其制定了相关法律，从而为初创成长期的企业提供了坚实的制度保障。

（2）担保服务到位。

美国以小企业管理局为核心的担保体系和日本的双层担保体系对于改善初创成长期科技中小企业的融资环境发挥了重要作用。小企业管理局制定了详细的担保贷款计划，链接了基金公司、商业银行等多类商业性金融机构，帮助企业尽早拓宽融资渠道。日本政府多次改革担保制度，形成了有效的风险分散机制。完善的担保体系还能充分进行信息披露和交流，有助于各资金供给主体增加对企业的了解，进而挖掘潜在的优质企业。

（3）孵化器完善。

各国政府积极构建科技中小企业孵化器，为企业提供包括场地、网络等基础设施，财务、人力、市场分析等管理咨询，政府资金支持、贷款担保等投融资在内的综合性服务。大量孵化器联合世界顶级名校，形成政府—高校—企业的合作模式，有效提高了从基础研究到成果转化的效率。充分的管理咨询服务能在较短时间内帮助企业提高经营能力，为其后续发展奠定了良好的基础。

（二）国外市场科技金融特征

对各国市场科技金融模式进行对比分析后可知，成熟的市场科技金融具有以下特征。

1. 科技资本市场发达

美国、日本和欧洲各国资本市场在长期实践中形成了包括股票市场、债券市场、股权市场、基金市场、产权市场在内的完善体系，其中股票市场和债券市场是成熟期科技中小企业融资的主要场所。多层次的股票市场一般分为主板、二板、三板市场等，二板市场大多为科技中小企业的专属板块，其基于自身的制度优势，充分发挥了链接投资者与企业的纽带作用，有效助力企业发展壮大。美国的纳斯达克市场、日本的场外交易市场等规定了与主板市场不同的上市条件，即有较高成长性和潜在营利性而不是已存续较长时间、知名度较高、并拥有良好的业绩记录和完善公司治理机制的企业。这极大贴合了科技中小企业规模小、风险大但科技含量高、回报高的特点。数量巨大、规模各异的基金、机构、个人投资者为市场提供了雄厚的资金基础，使股市交投活跃，融资及并购频繁，流通性极好，可以满足企业的融资目标。完善的债券市场也为成熟科技中小企业融资提供了极大便利。各国通过不断规范债券市场的发行机制、丰富融资工具、健全信息披露和信用评级制度来提高债券融资效率。美国的科技中小企业债券发行环境宽松、种类众多，发行总额、发行条件无过多法律限制，企业也可以发行资信评估等级较低或无等级债券。成熟的现代企业制度、信息披露和评级制度为债券市场的健康发展提供保障，有效避免了因发行条件宽松而造成的乱发债券、大量违约现象，美国企业债券规模较大、交易活跃，满足了科技中小企业合理的债券融资需求。欧洲各国也创新开发了针对科技中小企业的多样化债券种类，为企业债发行提供了相对独立的空间，使企业融资更加便捷高效。

2. 科技金融机构专业能力强

美国、日本和欧洲各国均已形成了以科技银行为核心，以其他非银行科技金融机构为补充的组织体系，机构较强的业务能力和专业素质使其能够覆盖较多的科技中小企业，并为其提供优质服务。美国硅谷银行自成立之初就将科技中小企业作为首要服务对象，积极搜集分析企业的经营信息、提高服务的便捷度和体验感，其独创的股权和债权相结合的资金支持方式被许多国家的科技银行效仿。通过深入分析企业现实情况与需求特点，硅谷银行确定了合适的贷款利率，在企业可承受范围内实现了银行利益的最大化，既起到了支持企业的作用，也保证了银行自身经营的可持续性。硅谷银行也针对不同类型的科技中小企业定制了不同的服务方案来进一步细化金融产品，提高资金的利用率。散落各地的中小型金融机构结合自身经营的相对优势，充分把握区域内企业的发展和需求特点，为支持科技中小企业融资贡献了不可或缺的力量。日本和欧洲各国的中小型金融机构十分活跃，尽管规模有限，但它们扎根自身所在区域、探索灵活的商业模式，拥有独特的优势。通过精准定位与差异化经营，中小型金融机构避免了因产品同质性而导致的恶性竞争，既维持了自身经营，也拓展了科技中小企业可选择的服务种类，加之企业与机构之间频繁的互动，这也提高了彼此的信任度和配合度，容易在金融服务的过程中展现出较强的人文情怀。

3. 整体创新性强

美国、日本和欧洲各国市场科技金融创新意识活跃，不断更新产品与模式，极大地提高了服务科技中小企业的质量。科技中小企业分布具有分散性、活动具有复杂性、发展具有高速性的特点，因而对于金融的需求也具有特殊性和变动性的特点，这就需要为其服务的科技金融打破传统的思维定式，积极探索新的服务方式。从基本经验中不难看出，各国市场科技金融内部的各种主体一直处于动态优化调整的过程。美国硅谷银行在自身业务优势的基础上，逐步广泛深入应用金融科技，开发新型金融产品，增加服务种类，如利用云计算降低金融机构的信息资源获取成本、减少 IT 资源配置风险、提高 IT 运营效率；利用大数据进行企业画像、精准营销优化运营；推动自身数字化转型，通过在线银行渠道、移动工具和第三方应用程序使企业轻松管理账户，执行交易和快速访问信息，提高企业获取服务的便捷性。各国资本市场也基于制度和规模优势，通过金融科技布局探索新型融资工具；提高信息披露的准确性和及时性；完善市场研判等咨询服务。各国市场的科技金融始终以企业需求为导向，自发进行创新性探索，且能充分地将创新产品和服务应用于改善科技中小企业的融资状况、切实提高企业的融资水平。

二、我国科技金融体制变迁

在我国，"科技金融"一词最早出现于 1993 年，深圳市科技局提出，采取科技金融手段携手积极推进高新技术的发展。这时尽管使用了"科技金融"一词，却并未详尽解析科技金融的本质，因此早期所指的科技金融实际上仅指科技与金融的结合。在科学技术对国家经济发展的重要性突显之后，国家积极促进科技开发及科技在企业中的应用，"科技金融"成为企业转型升级及国家经济持续发展的重要措施，并将科技金融体制建设写入国家规划，科技金融成为国家持续创新发展的源动力。

我国的"科技金融"仍处于探讨阶段，就科技与金融发展而言则先后经历了三个阶段。

第一阶段（1978—1985 年），计划经济主导的科技投入。1978 年，我国进入改革开放阶段后，由计划经济主导的资源配置方式逐步向市场经济体制转化，但科技投入领域因对国家经济及社会发展至关重要，仍然由国家统一通过财政拨付手段由行政统一供给给相关研发机构及部门，形成以财政拨付为主要科技资金投入的国家战略导向。为配合我国第一个五年计划的实施，有效利用科技成果发展经济，国家采用财政专项拨款的方式实施我国第一个国家统筹的指令性科技项目——国家科技攻关计划。在行政统一调控作用下，我国首个科技攻关计划为当时我国科技发展起到了显著的促进作用，决定了当时我国的产业发展方向他培育了大量科技人才。该时期行政拨付资金为专项资金，因此主要配置给进行对应科技研究的高校与科研院所。尽管统一拨付资金能集中资源解决科技发展难题，但统一行政资源配置的方式会导致资源投入后使用效率不高等问题。

第二阶段（1985—2006 年），市场化资源配置阶段。1985 年，中共中央为改进科技创新体制，颁布了《关于科学技术体制改革的决定》，强调科学技术对经济建设的重要性。《关于科学技术体制改革的决定》改变了单一由财政拨付资金发展技术的体制机制，提出凭借"鼓励部门、企业和社会集团向科学技术投资""设立创业投资给以支持""银行经济开展科学技术信贷业务"，为科学技术发展的资金来源开拓渠道，除丰富财政资金拨付种类，如采用贷款贴息、投资补助及引导基金等外，还增加了配置其他市场资源的资金，包括科技贷款、风险投资及资本市场建立形成多元化、多途径的资金供给，具体表现为科技股及高新区企业债券的发行。此外，高新技术开发区的建立使得高新技术企业借助产业集聚化的优势加速发展。该阶段表现为金融资金在国家政策指导下积极参与科市场化及产业化提供更加便捷的途径。各种金融措施对科技发展的投入如表 1-1 所示。

表 1-1　各种金融措施对科技发展的投入

时间	阶段	标志事件	影响
1985—1987 年	科技贷款介入	工商银行开发科技贷款项目	科技贷款成为我国除财政拨付外最早的科技金融工具
1988—1991 年	市场机制介入	火炬计划实施，促使高新技术成果商品化、产业化	催生高新技术产业化及高新技术企业产生
1992—1998 年	风险投资介入	建立科技风险开发性投资基金	开始促进科技资源和金融资本的多形式合作
1999—2005 年	资本市场介入	高新技术企业成功上市融资，高新技术企业债券发行	企业成为科技创新主体

第三阶段（2006 年至今），科技金融协调发展阶段。2006 年，我国进入《国家中长期科学和技术发展规划纲要（2006—2020）》的实施阶段，其中配套银行、保险、担保、

创业投资、资本市场及债券等多种金融保障措施，在国家各部门积极配合下促进金融机构参与科技创新过程，并着力构建科技金融创新体系。此后，金融机构协力科技发展全面铺开，2006 年科技部与原保监会选取北京、天津、重庆等 12 个高新区进行科技保险试点，着手构建科技金融的创新体系；2007 年财政部会同科技部设立科技中小企业的创业投资引导基金，采用政府资金投入结合现代资金运作管理方式，如阶段参股、风险补贴等对创新型中小企业科技发展提供资金支持；2009 年在《证券企业代办股份转让系统中关村科技园区非上市股份有限企业报价转让试点办法》实施后，形成"新三板"市场，为高新技术企业提供来源于多层次资本市场的资金；此外，商业银行也积极推出知识产权抵押贷款及科技银行贷款参与科技金融体系构建，创业板的推出不仅为高新技术企业筹集资金提供更具效率的方式，而且促使为科技创新提供资金的多层次资本市场基本形成。

在科技与金融融合发展的过程中，各部门大力推进，科技部、人民银行、金融监管机构及财政部等于 2011 年联合出台《关于促进科技和金融结合加快实施自主创新战略的若干意见》，认定进行科技金融结合的试点城市。此后，各地方政府积极参与科技金融建设，形成各有侧重点的科技金融模式。

自从我国大力发展经济，将科技视为第一生产力以来，对于如何解决科技创新过程中的资金问题及高新技术企业的融资困境这个问题，我国政府及有关部门相继推出系列促进科技创新活动开展及科技成果转化的相关政策。

自《国家中长期科学和技术发展规划纲要》颁布后，各地相继出台了多项配套措施，分别涉及科技研发、成果转化、人才培养、税收激励、金融支持等与科技发展休戚相关的领域，共同构建起科技金融发展的公共政策体系，其中有关金融支持的细则涉及政策性金融、商业银行、商业保险、信用担保、知识产权交易等各种金融手段，成为与财政税收政策并列的公共政策的集合，科技金融开始进入快速发展阶段。中央及地方政府先后出台多项促进科技金融发展的政策，涵盖政策性科技贷款、商业性科技银行、创业风险投资基金、科技担保、科技保险及科技企业债券等多方面及多层次的内容，如表 1-2 所示。此外，科技部联合其他部门共同发布《促进科技和金融结合试点实施方案》，通过建立国家高新区及自主创新示范区等集中金融资源配置促进科技金融创新。

表 1-2　我国科技金融相关政策

类型	内容	名称	颁布时间	颁布部门
公共科技金融	创业基金	高新技术企业创业投资引导基金管理暂行办法	2007.7.6	财政部、科技部
	创业基金	国家科技成果转化引导基金管理暂行办法	2011.7.4	财政部、科技部
	政策性银行贷款	关于积极开展科技信贷的联合通知	1985.10.7	中国人民银行、国务院科技部领导小组
	政策性银行贷款	支持国家重大科技项目政策性金融政策细则	2006.12.28	银监会

续表

类型	内容	名称	颁布时间	颁布部门
市场科技金融	金融中介服务	关于进一步改善对中小企业金融服务的意见	1998.6.20	中国人民银行
	科技保险	关于加强和改善对高新技术企业保险服务有关问题的通知	2006.12.28	保监会
	科技保险	关于进一步发挥信用保险作用支持高新技术企业有关问题的通知	2007.5.10	科学技术部、中国出口信用保险企业
	科技保险	关于进一步做好科技保险有关工作的通知	2010.3.11	保监会、科技部
	科技贷款	关于进一步加大对高新技术企业信贷支持的指导意见	2009.5.5	银监会、科技部
	产权质押贷款	关于加强知识产品质押融资与评估管理支持中小企业发展的通知	2010.8.12	银监会、国家知识产权局、工信部、财政部等部委联合
	科技担保	关于加强中小企业信用担保体系建设意见的通知	2006.11.23	发改委、财政部、人民银行等部委联合
	科技担保	关于中小企业信用担保体系建设相关金融服务工作的指导意见	2006.12.26	中国人民银行
	资本市场	证券公司代办股份转让系统中关村科技园区非上市股份有限公司股份报价转让试点办法（暂行）	2009.7.6	证监会
	资本市场	首次公开发行股票并在创业板上市管理暂行办法	2009.3.31	证监会

注：颁布部门为当时机构所用名称，为保持规范统一，不进行改动。

对发布的各项科技金融政策进行综合对比可见，我国科技金融创新体系的政策从公共科技金融、政策性科技金融及商业性科技金融三个方面展开。

（1）优化资源配置，深化公共科技金融的创新投入。

为解决科技创新活动中资金资源配置的市场，早期资金投入采取了财政直接拨付方式，对科技活动提供资金，但缺乏激励的直接支付并未达到预期效果，此后在财政资金投入的基础上创新科技金融资金配置方式，综合运用偿还性资助、贴息、科技保险风险补偿及创新后补助等方式，在提供资金同时促进科技创新活动积极性，并通过创业投资机制等多渠道的开发方式引导更多民间资本参与国家科技发展的重大项目，如火炬计划、专项计划等。

（2）促进政策性金融机构主动制定相应计划，积极参与科技金融投入。

在央行等相关部门的指导下，政策性金融机构运用财政资金或其他来源资金采用商业化的管理方式，将资本投入科技创新活动中。

(3) 多样化的商业性金融机构参与，为科技创新提供更多形式的创新型保障。

在商业性金融借贷方面，其表现为由地方科技部门与商业银行合作建立科技支行或科技小额贷款公司，为高新技术企业借贷提供快速服务；采用科技保险保费补贴等政策创新科技保险产品，积极参与高新技术产业开发区的建设及重大科技项目投资；构建多层次的资本市场，鼓励高新技术企业不断发展成熟，通过非上市公司的代办系统及创业板上市获取资金，并接受专业的管理及更多股东的监督，在高新技术产业园区发行高新技术企业的集合债券，完善产权交易市场，增进科技研发成果的转化。此外，还要推动专业化的科技融资租赁公司和小额科技担保公司的发展，为高新技术企业提供多方面的服务。

(4) 培育科技金融中介机构和完善信用体系。

为科技金融发展提供良好的发展环境，在地方政府的监管下，协助其他专业科技金融中介机构构建科技成果的评估体系、高新技术企业的信用体系等，完善评估及信用报告制度，从机制上保障科技金融活动的高效开展。

第三节 如何学好科技金融

一、科技金融中的关键问题

（一）法律与规制问题

1. 金融科技产品层出不穷

目前，人工智能、区块链和大数据等技术迅速发展，科技与金融的结合，科技在生活领域的迅速拓展，科技公司、各类支付、贷款平台以及传统金融机构的金融科技产品创新层出不穷。例如，阿里公司推出的保险产品"相互保"，腾讯公司成立的人工智能实验室"AI Lab"，Facebook推出的数字货币"Libra"，以及国外部分金融科技公司建立的连接中小企业和资金方的信息平台等。金融科技产业和产品的快速更新对金融监管、法律法规的完善提出了挑战。

2. 以Libra为例研究国外的金融科技监管

Facebook还成立了Libra协会，其可为用户提供数字货币存取平台，从中赚取利润。另外，Facebook还与其他消费场景端合作，让用户在任何场景进行消费、转账、跨境支付时都可使用Libra。目前，美国政府对其监管没有采取积极的态度，只提出了一些不能触及的底线。中国以往有关金融法律法规的出台相对产品的发展较晚，为应对迅速发展的金融科技创新项目，监管机构应提前预估可能出现的问题，调整法律法规的边界和内涵。

3. 中国的数据法亟须进一步完善

建立了支付平台、个人消费平台等的金融科技公司拥有大量个人信息和消费、支付等数据，目前这类数据被金融科技公司视为重要的商业机密。关于个人数据和信息的所有权和使用权等的规范和研究，目前中国法律体系没有给出明确的界定。大量金融科技公司将群体的数据视为己有，用于自身产品的开发。金融科技公司未经消费者许可使用其信息和数据并用于商业用途，而这一行为是否合规，是中国法律体系值得进一步探讨的问题。

（二）伦理与道德问题

1. 个人（企业）隐私是重要的伦理道德问题

金融科技目前涉及最多的伦理道德问题是个人（企业）的隐私问题，很多平台企业收集了大量个人（企业）的支付、消费、融资等信息，但个人（企业）的数据应该怎样处理，怎样才能使平台企业既能充分利用大数据进行科技和产品的创新以改善社会福祉，又能保护消费者的隐私和保障信息安全，这是金融科技行业发展过程中面临的重要伦理道德问题。

2. 国际货币体系面临数字货币提出的挑战

Libra 数字货币运行机制的推出对监管提出了挑战，而基于 Libra 在跨境支付的布局，其他国家的支付体系、支付货币也将因此发生改变。那么，Libra 是否进入其他国家的支付体系及以怎样的方式进入，是 Libra 协会需要考虑的问题。同时，美国监管当局也应对 Libra 走出国门说明其监管态度和范围。然而，由于 Libra 目前尚未完全面向市场，其他国家监管部门尚未出台明确的监管条例。Libra 将对国际货币支付体系产生怎样的影响，是否会影响其他国家货币政策的独立性，也是金融科技行业发展面临的挑战。

3. 技术的边界问题

目前，金融科技的技术边界基本在区块链、人工智能、安全、物联网和云计算五项技术中。

区块链的技术边界在于其无法解决信息的真实性问题。区块链将信息上链，链上成员互相监督以确保数据的可追溯，但是上链信息的真实性无法确保。

人工智能的技术边界在于其发展应避免由于算法设计对公众产生危害，不得以牺牲用户隐私为代价。人工智能如果被赋予情感，则超出了社会伦理范畴。需要警惕的是，人工智能技术的开发应该有边界，不能任其无限发展。

物联网的技术边界在于如何更好地解决数据的安全问题，如何使互联网在给人们带来方便的同时，也为人们提供更有保障、更安全、更可靠的服务。物联网的所有终端都是实物，实物又被智能网络联结在一起，信息安全变得尤为重要。感知识别层的设备、节点等无人看管，容易受到物理操纵。攻击者很容易接触到这些设备，从而对设备或嵌入其中的传感器节点进行破坏。攻击者甚至可以通过更换设备中的软硬件，对它们进行非法或破坏性操控。

云计算的技术边界在于安全性，尽管黑客可能对云系统构成威胁，但是大部分风险发生在内部而不是外部。

二、科技金融课程中应关注的问题

1. 金融科技理论特殊性

作为一门新兴课程，金融科技的理论体系还在发展演进之中，而实践的快速发展需要金融科技本身有自己的理论。科技金融课程的特殊性在于，它植根于科技发展与金融创新，需要两个领域的基础理论支撑。由于金融科技是技术推动下的金融创新，其理论必然是融合了信息科学、智能科学等学科的理论，逐步形成交叉学科的理论基础，具有特殊性。

2. 金融科技发展动力与创新机制

金融科技发展的动力、决定因素及其效应需要理论阐释。科技赋能金融发展，金融模式、金融机制、金融制度等方面有不少基础问题需要研究，需要理论发展与创新。金融科技是技术推动下的创新。它与一般的金融创新不同，对相应的金融规制或金融监管机制的设计提出了新的要求。金融科技本身发展存在风险，扩散机制特殊，这些都是理论创新需要关注的点。

3. 科技金融形态演进规律与趋势

随着科技的发展，金融科技形态也在不断演进，其规律十分值得总结。科技金融形态与金融本身发展的关系、科技周期与金融科技创新周期的关系、金融科技未来的趋势等基础理论问题需要深入研究，进行理论化梳理。

4. 注意理论教学与现实发展的融合

金融科技实践发展领先于理论创新，理论基本上跟踪实践发展，在实践中进行归纳和总结。由于科技金融课程是跨学科、交叉性课程，在教学过程中要多借鉴其他学科的理论成果与金融学科的理论，将理论与实践教学结合起来，进而推动科技金融理论的创新。

5. 强调实验与实践教学

科技金融课程是应用性学科，在教学过程中要多采用实验教学与实践教学模式，可以通过与金融科技企业合作的形式开展实验与实践教学。例如，可以在数字加密货币与区块链技术、人工智能与金融交易、大数据征信与风险管理、银行科技、证券科技、保险科技、监管科技等专题内开展现场教学活动，把握实践中金融科技的最新发展情况，掌握金融科技业务操作技能，提升创新能力。

6. 平衡经济学与理工技术科学的学科要求

在科技金融课程的教学过程中，教师对于经济学框架内容介绍得较多，而对于理工科技术内容介绍得相对较少。学生应该掌握对应的理工科基础性课程知识，自行选修相应的课程，或者通过在线开放学习平台补课。

知识总结

1. 科技金融与金融科技的区别主要表现在概念核心、属性、目标、参与主体、业务模式、服务对象、实现方式和具体产品等方面。科技金融与财政对科技直接投入，虽然都是科技资金的流通行为，但前者属于一种有借有还且带有利息的科技信用活动；后者则是为科创群体无偿提供的政府资助和财政拨款。

2. 基于科技与金融深度融合发展的新态势，科技金融活动表现为一种"金融—科技—金融—创新"，即"金融支持科技，科技驱动金融，金融助推创新"的循环逻辑关系。

3. 一国科技金融发展的推动力主要来自四个方面：政府推动政策、风险投资市场、信贷市场、资本市场。当然，由于各个国家在政治、经济、社会、历史、观念上的差异，这四方面的推动力量在一国科技金融发展中所发挥的作用各不相同。

自测练习

1. 如何全面、科学地理解和界定科技金融概念？
2. 科技金融与金融科技、科技财政有什么本质区别？
3. 在科技金融课程的学习过程中，我们应重点关注哪些问题？

第二章　科技金融的功能作用

见微知著，以学立人

以科技金融的功能作用为基础探究其蕴含的优秀传统。

1. 君子安而不忘危，存而不忘亡，治而不忘乱

政府通过财政科技投入、政府采购、税收优惠以及贷款贴息等方式降低科技创新的早期风险，通过后补助、权益性资助等方式显现企业的隐性风险，其目的是通过释放技术创新活动的早期风险，降低金融机构投资收益和风险不对称，吸引更多的市场性科技金融资本和社会资本并为其提供融资支持。

对新生事物要保持足够的敬畏，对苗头问题要保持足够审慎，对各类舆情要保持足够敏感，对潜在风险要保持足够清醒。当前，我国发展面临着前所未有的风险挑战，既有国内的，也有国际的；既有来自政治、经济、文化、社会等领域的，也有来自自然界的；既有传统的，也有非传统的。若要应对前进道路上各种可以预见和难以预见的风险挑战，我们必须从历史中获得启发，从经验中寻找克敌制胜的"法宝"。

2. 宽容大度事人生，海阔天空任尔行

过去，因为空间和时间的限制，金融机构的竞争呈现地域性、资本性和规模化的特点。但随着信息技术和金融行业的高度融合，虚拟金融成为金融行业发展的必然趋势。因此，我们要利用互联网的及时性和开放性突破地域限制，提供全球范围的业务服务。

中国文明自古就以开放包容闻名于世，张骞出使西域、玄奘西行天竺、郑和七下西洋，中国文明在同其他文明的一次次交流互鉴中不断焕发新的生命力。中国文明具有突出的包容性，这就决定了中国文化多元并存的和谐格局，也决定了中国文化对世界文明兼容并蓄的态度。

知识要点

了解科技金融的功能；熟悉金融在科技创新中的作用和科技在金融发展中的作用。

核心概念

资金集中功能（Fund Concentration Function）

风险管理功能（Risk Management Function）

资金流通效率（Fund Circulation Efficiency）

运行效率（Operating Efficiency）

> **典型案例**
>
> **中国光大银行"线上流量经营多渠道生态协同项目"荣获"数字营销银奖"**
>
> 中国光大银行通过强化核心数据能力来深化用户关系，高效整合运用渠道和平台的资源，依托数字化平台提升流量经营能力，贯通公域和私域流量，持续提升全行数字化转型和高质量发展水平。以全方位立体用户细分为基石，构建线上流量经营体系，增强产品、内容、功能、活动、生活场景"五大超级"增长引擎互动表达，实现用户生命周期的延长和用户价值的提升。通过该项目的实施，中国光大银行线上流量经营成效显著，月活规模明显增长，用户黏性明显提高。截至2022年12月31日，光大银行手机银行月活用户较2021年增长超过20%。从客户生命周期方面来看，忠诚客户和沉默挽回客户量均有明显增长。
>
> 请问，光大银行的"线上流量经营多渠道生态协同项目"表现了科技金融的什么功能？

第一节 科技金融的功能

科技创新从研发到科技成果转化以及商业化是一个动态的过程，其各阶段均具有风险性不同、收益不确定性以及正外部性等特点，所面临的融资需求也不相同，需要科技金融资源功能的支持。投资收益风险与技术选择的关系研究结果显示：技术的专业化程度越高，其收益的不确定性也就越大，根据一般投资者规避风险的倾向，其会选择风险小、专业化程度低的创新项目，从而导致高新技术获取的融资支持不足，限制了科技创新发展。麦金农（Mckinnon）和肖（Shaw）在其创立的金融发展理论中指出，金融体系主要从三个方面促进技术创新发展：一是动员储蓄，为技术创新提供融资；二是降低搜寻信息的成本；三是为技术创新提供降低、分散和化解创新风险的工具和渠道。科技金融资源作为金融资源的子体系，同样具有资金集中、风险管理、信息揭示以及项目治理功能，为解决科技创新过程中的风险以及收益不确定性等问题提供了途径。其中，资金集中功能能为科技创新提供多样化的融资渠道，解决科技创新的资金瓶颈约束问题；风险管理功能则主要表现为金融中介机构的风险共担机制与资本市场的风险分散机制，使风险在不同投资者之间进行分摊；信息揭示功能能使项目信息、企业经营信息以及信用情况在投资者之间传递，降低信息搜寻成本和交易成本；项目治理功能则通过金融体系对创新项目的过程进行有效监督，从而实现对创新项目和企业经营行为的事前、事中与事后监督，规避了科技型企业的"道德风险"。

一、科技金融的资金集中功能

科技金融通过集中资金的方式，直接或间接为科技创新提供资金支持，促进科技创新。科技创新活动的基础研究、科技成果转化和产业化过程的实现都需要大规模的资金支撑，而金融体系的流动性创造功能为投资者变现投资项目提供了渠道，有利于长期资本的形成。市场性科技金融主体的介入，如银行等金融机构、资本市场中的投资机构、创业风险投资机构，能为不同的科技型企业或一个企业的不同发展阶段提供不同的资金支持。麦金农和肖在金融发展理论中指出，具有较为完善的金融自由体制与较高程度的金融发展体系的机构在动员储蓄与大规模积聚资本方面的优势更加明显。

1. 银行等金融中介机构通过动员储蓄为科技创新提供资金支持和融资支持

银行等金融机构作为资本积聚与分散的主要载体，通过吸收个人和企业存款等社会储蓄形成规模化资金，根据创新项目的获利性和发展前景，以及企业经营状况选择发放贷款对象，可以快速、大规模地汇聚资金并投向大规模且无法分割的投资项目，从而实现经济资源跨时间、跨地域和跨产业转移，从而将储蓄转化为科技投资，为科技创新提供资金支持，使新技术或新产品迅速转化为生产力。此外，民间金融科技贷款作为科技中小企业融资的另一重要渠道，其主要通过社会关系从非正规金融部门获得科技贷款，如个人出资、储金会等，是商业银行贷款和政策性贷款的重要补充。约瑟夫·熊彼特曾指出："信贷使经济生活……走向成功。没有信贷，现代工业体系就难以创立。现代工业体系只有依靠创新才能建立，而信贷对于实现创新又是至关重要的，信贷作为首要因素，正式以新组合为契机进入循环流转的。"熊彼特在理论上首次对科技创新与信贷的关系进行了阐述，表明了信贷在科技创新发展中的重要支撑作用。

2. 资本市场为科技型企业提供直接融资支持

资本市场通过资金流向实现对科技金融资源配置的导向性作用。资本市场通过价格信号的变化向潜在的投资者提供企业或项目价值信息，通过影响潜在投资者对收益的预期实现对资金的融通，吸引逐利性的潜在投资者进行投资，进而将资金从储蓄者手中转移到筹资者手中。资本市场具有层次性，而不同层次的资本市场的风险性和流动性不同，可以为处于不同发展阶段的企业提供不同的融资服务，使科技型企业获得进行创新活动所需的资金，如产权交易市场主要向处于初创期的科技型企业提供相关交易服务；三板市场主要向处于初创后期以及成长期但未到创业板上市的科技型企业提供融资服务；而创业板市场则为达到上市条件的处于初创后期以及成长期的科技型企业提供融资服务；当科技型企业处于成长后期和成熟期时，企业的各项条件达到主板市场的上市要求后，则可以在主板市场进行资金融通。

创业风险投资机构通过向签订契约的投资者募集资金，并将资金投向经过严格评估与筛选的具有高成长性的科技型企业，为其提供资金支持。当其所支持的科技型企业成功上市后，创业风险投资机构会选择用出售股权等方式退出，从而获取高额收益。

二、科技金融的风险管理功能

科技金融资源的风险管理功能主要体现在对处于不同阶段的科技创新项目的风险分散与分担。通过金融体系的风险管理功能促进科技创新，为科技创新提供风险分散、转移与管理的手段或渠道。金融体系自身所具备的风险性要求其具备自身风险管理功能与创新项目的风险管理机制，而融资过程中主要存在两种风险：流动性风险和生产性风险。其中，流动性风险主要是企业在进行技术创新活动时，需要向金融中介机构申请贷款获得所需资金并占用这部分资金一定的时间,所形成的是金融中介机构与投资者之间的风险;生产性风险主要是技术创新过程中所面临的风险与收益不确定性所形成的金融中介机构与科技型企业之间的风险,如技术研发能否成功的技术风险,技术研发成功后所面临的市场风险,以及由于政策环境变化所导致的社会风险等。金融体系在向技术创新提供融资支持的过程中为了规避风险逐渐形成了不同的风险管理功能。

银行等金融中介机构通过风险共担机制实现对科技创新的风险管理。银行对投资者的跨期风险分担机制和金融市场对投资者的横向风险分散机制为技术创新提供了融资机会。在流动性风险的约束下,追求短期利益最大化和具有风险厌恶的投资主体倾向于将资金投向短期项目,从而导致回报期长、风险大以及投资收益好的科技创新项目投资不足。金融中介机构通过对流动性风险进行管理,可以为投资者迅速变现提供便利,有利于长期资本的形成,促进科技创新。资本市场通过公开信息披露机制实现对科技创新项目或企业的风险管理,潜在的投资者通过资本市场上价格变动和信息披露,获得科技型企业或创新项目的财务、经营状况以及发展前景等信息,判断是否进行投资。一旦投资者投资某个创新项目或者企业时,资本市场会通过创新资产组合分散科技创新项目的收益性风险。

创业风险投资的风险管理主要是由专业化的风险投资家来实现。创业风险投资为权益资本,偏好具有高成长性、高收益性、风险性的创新企业。由于创业风险投资者一般为某一领域的专家,精通掌握投融资知识和创新项目评估技术,能够准确地判断创新项目的技术风险和市场风险并根据创新项目的特点成立专门的管理团队,对创新项目进行跟进管理和阶段性投资,可以为处于不同时期的科技型企业提供融资支持和企业管理服务,推动创新企业的成长,其退出方式是通过 IPO 出售股权、兼并、内部回购,以及破产清算等渠道实现的,这样可以获得高额回报,从而促进技术的创新和发展。

三、科技金融的信息揭示功能

科技金融资源的信息揭示功能主要通过银行等金融机构和资本市场等来实现,如图 2-1 所示。其中,信息是科技型企业获得融资支持的重要条件。

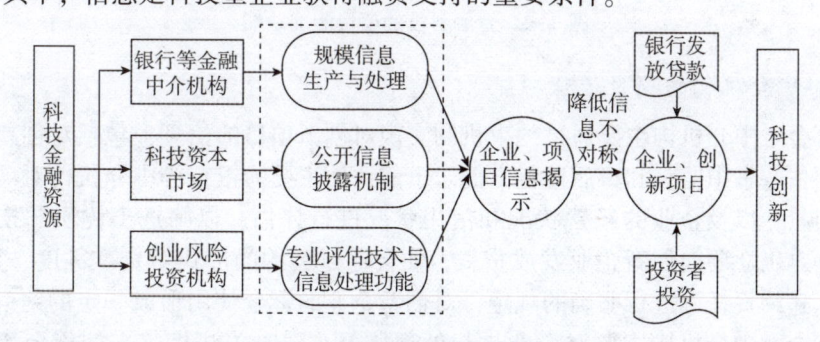

图 2-1 科技金融的信息揭示功能

在科技型企业的融资过程中,投资者需要对创新项目或创业企业家进行评估,以确定创新项目是否具有成长性、收益性以及商业价值,从而决定是否对创新项目或者创业者进行投资。对创新项目与科技企业的评估涉及多个方面,包括创新项目信息、财务信息、市场价格、交易量以及公司经营情况等,可能会出现由于信息不对称而导致的评估成本非常高昂，制约普通投资者对技术创新项目投资的积极性，使具有良好市场前景的技术创新项目难以获得资金支持。在这种条件下，信息的高频搜集、处理与交易成本加快了金融中介机构的出现。金融中介机构与资本市场的融资方式不同，其对信息的揭示形式也不相同。企业通过金融体系向投资者传递有关科技创新项目的相关信息，这些信息为潜在投资者是否进行投资提供决策依据，有利于资金流向具有发展潜力、技术含量高的技术创新项目。

四、科技金融的项目治理功能

科技金融资源配置是一个由政府、科技型企业、金融机构等多个主体参与的复杂过程，主要围绕科技型企业的技术创新活动进行融资安排。当科技型企业的技术创新活动受到资金的约束时，需要进行外源融资来获得所需资金，如向银行申请贷款、发行股票或债券、从创业风险投资机构处获得风险资金。但是，由于获得资金时往往需要企业放弃一部分控制权，从而导致企业的控制权和所有权分离。由于提供资金支持的投资者不能时时监督创新项目的进展情况和企业经营情况，容易导致投融资双方的信息不对称，从而产生资本提供者的逆向选择行为和资本需求者的道德风险问题。金融体系的制度设计就是为保护资本提供者获得预期的回报，制度设计所产生的成本使创新企业家为获得资金支持而规范自己的行为，金融中介机构与科技资本市场在为科技型企业的技术创新活动提供融资支持时，为避免企业家的道德风险，资本提供者会通过对企业或项目进行事前评估、事中监督、事后监督，以获得预期回报，如图2-2所示。

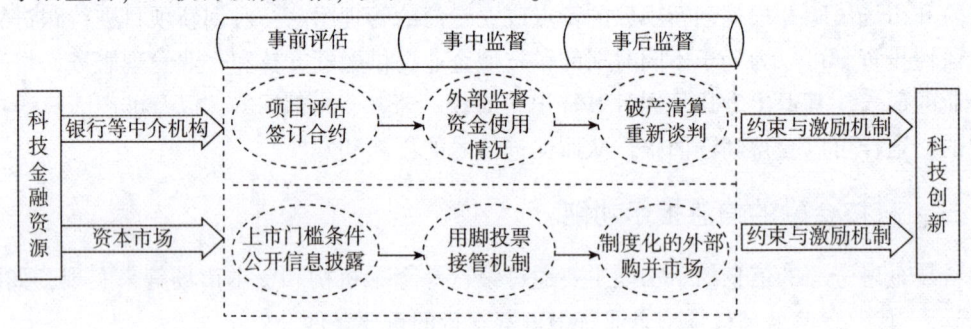

图2-2 金融科技的项目治理功能

1. 金融中介机构的项目治理功能

银行等金融中介机构主要通过约束机制实现对创新项目的治理，包括对创新项目或企业的事前评估、事中监督和事后监督方面。事前评估主要为银行等中介机构对项目的获利性、发展前景，以及企业的经营状况和信用状况进行评估，以筛选出优质的技术创新项目。银行一旦确立要向创新企业发放贷款，便会通过契约的形式对贷款额度、贷款利率、还款方式、违约责任等进行明确的规定，对创新企业的资金使用形成一定的约束。在事中监督阶段，金融中介机构主要对企业进行外部监督，随时关注借款人的资金流量变动情况，及时掌握资金使用情况。一旦企业的经营状况或财务信息发生不良变化，或者技术创新项目资金未能做到专款专用，金融中介机构便会采取相应措施收回贷款，如变卖企业申请贷款时提供的抵押品，提前收回贷款等。在事后监督阶段，根据技术创新项目的执行情况、获得的预期回报情况，以及失败补偿情况，银行等金融中介机构会对创新企业采取一定的措施以减少损失，如企业出现违反合约或创新项目失败无法获得预期回报时，银行可以通过破产清算收回一定额度的贷款；当创新项目获得成功时，银行可进一步展开与创新企业的合作，降低信息处理和交易成本，促进科技创新的良性循环。

2. 资本市场的项目治理功能

资本市场的资本提供者主要通过约束和激励机制实现对创新项目的治理。约束机制主要表现在：对需要通过上市获得融资支持的企业来说，公开信息披露与上市门槛都是对创新企业的前期评估，通过筛选淘汰经营状况差或信用情况差的企业，从而对创新企业形成约束力；对于投资者来说，当企业通过筛选成功上市后，投资者可以通过公开信息披露了解和掌握创新企业的经营状况、财务状况等，并对其进行评估，以选择优质的创新项目，以期取得预期回报，这对创新企业也产生了一定的约束力，降低创新企业的道德风险。由于创新企业在上市过程中一直处于投资者的外部监督中，投资者可以"用脚投票"对创新企业形成软约束，即可以根据创新项目的价格变动决定是否继续持有该创新项目的股票或债券，而由此产生的股价波动会对创新企业的资金流动及再融资能力产生影响，形成潜在接管机制。资本市场的市场化运作，通过价格变动引导资金从低效率部门流向高效率部门，即"优胜劣汰"的选择机制，从而使具有高技术含量、高回报以及良好发展前景的技术创新可以迅速获得资金支持，降低了融资成本和信息交易成本。由于资本市场是直接将资本需求者与资金供给者联系起来，投资者通过购买股票或者债券直接完成对创新项目或企业的投资行为，并未签订合约以确保预期回报的获得，当企业上市后并未达到所预期的目标时，投资者只能自行承担所造成的损失。

第二节 金融在科技创新中的作用

1. 科技创新项目的基本特征

科技对金融的资金需求不仅在于科技在社会发展中拥有重要地位，还在于科技创新对资金需求的特殊性。一般而言，科技创新存在以下四大基本特征。

（1）高投入。

这主要指科技创新的门槛较高，一个科技项目从研发到投产，要耗费大量的人力、物力，往往是高精尖人才和昂贵的新材料。科技成果是众多稀有资源的结晶，因此成本高昂，完成一个科技项目需要强有力的资金后盾。

（2）高风险伴随高回报。

科技创新是一项高风险活动，具有很强的不确定性，在早期阶段对市场有较强的依赖性，受外部干扰极大。但是，如果投资者选择正确科技创新项目，且被市场认可接受，就能获得丰厚的收益。科技研发以创造收益为最终目的，而获得收益的前提则是科技成果产业化，如投入大量人力、物力研发的产品不被市场认可接受，企业很容易陷入困境，甚至破产。科技成果产业化的最初阶段只是一个科技概念，因此呈现出软资产的特性，即资产主要以企业品牌和高精尖人力资源为主导。当市场对科技产品的需求旺盛时，会促使产品价格上涨，企业品牌形象提升，高质量资源不断涌入，无形资产迅速增值；反之，当企业的产品不能被市场认可时，品牌效应衰退，资源流失，最终导致无形资产跌值。

（3）企业中小型化。

资产规模小、员工人数少等因素决定了科技企业的中小型化。中小企业为了获得生存空间，能和大型企业竞争的手段就是科技创新，科技创新也更多地存在于中小企业中。因此，中小科技企业的数量远远超过大型企业，成了科技创新的主力军。

（4）产业化周期长。

产业化周期长是科技创新的一个重要特征，往往也是金融机构在评估企业时容易忽视的一个因素。因为科技创新向市场提供的是全新产品，即使产品在功能和便利性上都具有很大的优势，但也需要时间才能被需求者认识，这一段时期内企业很难获得盈利，只有依靠持续的资金投入生存。即使投资者开始接受新产品，由于前期投入巨大，企业仍然需要花费数年时间才能实现收支总体平衡，后续才能实现盈利剧增，这是每个科技创新项目必经的过程。一旦金融机构缺乏长远规划，没有认清企业的发展前景，在最需要资金时不能解决其燃眉之急，最终可能导致具有良好成长性的企业夭折。

从以上四个特征中可以发现，科技创新对资金的需求量巨大。

2. 科技创新项目的成长规律

科技创新项目有特殊的周期性成长规律。通过对科技创新项目和企业成长历程的对比分析，本书暂且将科技创新项目的发展分为研发期、种子期、创业期、初步成长期、高速成长期、成熟期、饱和期和衰退期八个阶段。在这八个阶段中，科技创新项目都有特有的资金需求，无论是资金来源方式还是造成资金缺口的原因，都会帮助我们理解科技创新项目或科技企业对资金的需求。

①研发期。这是科技创新概念提出、构想的初始状态，是新的科技型企业的成立阶段。在这一阶段，资金主要花费在技术的研发上，相对而言对资金的要求不高。

②种子期。该阶段企业已经孵化出可以商业化的产品，多数企业会在产品已经有雏形后进行公司注册，这一阶段以对流动资金的需求为主。

③创业期。产品开始上市，企业通过消费者的反馈意见不断对产品进行完善，企业不仅需要改善产品质量，还需要努力开拓市场，只有顺利渡过创业期，企业才能快速发展。

④初步成长期。企业规模迅速扩张，资金需求增长。这一阶段的资金主要用于企业新产品的持续研发、固定资产购置和销售成本费用。

⑤高速成长期。企业品牌影响力大幅提升，为了满足消费者的需求，企业需要不断对产品进行升级换代，从而创造出更大的经济效益和社会效益。这一阶段，企业的资金压力主要来自扩大生产规模、新产品研发和市场开发。

⑥成熟期。产品拥有稳定的市场份额，企业通过深度挖掘自身潜力，完善企业制度和文化，使生产工序优化，生产成本进一步降低，产品更有竞争力。

⑦饱和期。市场逐渐饱和，产品利润下降或因为竞争加剧导致利润下降。为了保持原有的利润，企业会选择最简单的方式，即优化现有生产工序从而提升效率来实现盈利目标。

⑧衰退期。产品技术滞后，发展停滞，收益急剧下降。如果科技型企业在这个阶段不进行产业转型的研究和开发，其技术和产品将被淘汰，企业本身也会被淘汰，因此需要进行产品升级或转型。科技创新项目成长周期的衰退期与下一成长周期中的研发期有重合部分。

第二章 科技金融的功能作用

科技产业整个生命周期对资金都有强烈的需求。根据资金供给对象，金融对科技的供给方式包括两方面：一方面，金融行业向非营利性科技研发机构提供的资金和政策支持，对有重大社会影响力的科研企业和个人的资金奖励等；另一方面，对营利性科技研发企业所提供资金扶持。资金供给包括政府财政金融供给、间接（金融中介）金融供给以及直接（资本市场）金融供给三大类别。

政府财政性金融供给可分为财政供给和公共性金融两种。直接金融供给包括股票、基金和各种投资资本等；间接金融供给包括信贷供给、基金公司投资、商业银行贷款等。其中，信贷供给和信托项目属于正规金融，而非正规金融（如民间借贷等）也属于间接金融供给。图2-3为金融对科技的资金供给路线。

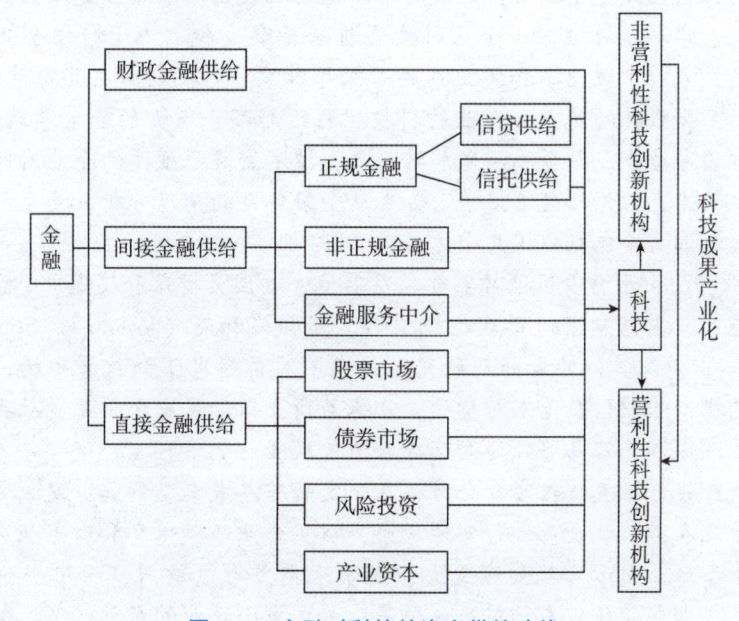

图 2-3　金融对科技的资金供给路线

然而，各种资金供给渠道在支持企业科技创新发展的效率上并非一致。大多数研究认为，直接金融供给是最有效率的供给方式，间接金融供给的效率相对较低，而财政金融供给的效率最低。

金融提供给科技的资金支持有两个重要作用：第一，补偿科技创新过程中所产生的成本；第二，分担科技创新过程中的风险。

科技创新的高风险性决定了只有实现科技创新成果的产业化才能实现企业收益。科技型企业价值的波动性和科技创新的高风险性决定其需要外源资金共同承担风险，金融部门恰恰为分散风险提供了可能。金融部门对企业科技创新提供的资金投入在一定程度上可以视为对风险的转移性分担。金融部门的投资主体越多元化，被分散的风险也就越大，从而降低了科技创新企业的风险，激励企业加大科技创新力度。由于高风险往往伴随着高收益，风险承受能力较强或风险偏好较高的金融机构在有效的风险控制下，能够从科技创新投资中获取可观的收益。

> 典型案例

金融对科技资金供给的麦克米伦缺欠

英国金融和工业委员会在1931年的报告中使用了麦克米伦缺欠（Macmillan Gap）的概念，意为中小企业普遍存在融资缺口，其主要原因是银行担心高风险和高成本而不愿意向中小企业提供信贷资金。与大型企业相比，中小企业在融资过程中往往处于劣势。

然而，中小企业是开展科技创新活动的主体，其数量大约占企业总数90%以上，对经济增长的平均贡献为40%~50%。大部分中小企业都是民营产权，面临大型企业和同行诸多中小企业的巨大竞争压力，迫使其不断进行科技创新以增强竞争力。麦克米伦缺欠的提出标志着学术界对"中小企业科技创新融资难"和"中小科技企业融资难"问题研究的开始，吸引了理论界和实业界共同探寻对策。科技创新有其特殊的融资需求，具有高投入、高风险性的特点。企业的科技化程度越高，所需的资金量就越大。然而，在信息不对称的环境中，融资难问题非常明显，技术密集程度高的企业有时比技术密集程度低的企业的麦克米伦缺欠更显著。如果从金融体系的角度分析，产生科技创新的麦克米伦缺欠的原因主要包括以下几个方面。

（1）金融部门由于自身风险控制要求及其他一些因素排斥和歧视中小企业，不愿意贷款给中小企业。当信息不对称理论提出后，斯蒂格利茨（Joseph E. Stiglitz）和威斯（Andrew Weiss）以及其他学者分别研究了信息不对称情况下的信贷市场，得出了相同的结论。他们指出如果信息是不对称的，意味着商业银行对中小企业贷款存在着很大的信贷风险和管理成本，容易导致逆向选择和道德风险。

另外，商业银行在发放信贷资金时存在一定的信息成本。例如，发放贷款的前期审查过程会派专业人员前往企业进行实地考察，核实企业经营信息和财务状况。同样是上门核实，大中型企业由于贷款金额更大、能带来更多利息收入，而中小企业贷款金额小，因此信息成本和管理成本相对来说更高；加之中小企业的数量较多，需要的信贷信息较为复杂，需要耗费更多的人力、物力进行管理，所以商业银行常常要求中小企业承担更高的贷款利息来转移或弥补小额贷款产生的高风险、高成本，导致潜在的优质中小企业因无法承受高利率而放弃贷款，阻碍其发展。而某些劣质企业则积极响应，因为其管理者已经做好企业破产的准备，在破产前进行最后的投机性投资。当劣质企业最终破产，使银行遭受惨痛损失后，就会以更严格的风险标准对待中小企业甚至拒绝提供信贷，提高了科技创新的融资门槛和成本。

（2）科技创新本身的资金需求量过大。对于技术密集程度高的企业，其麦克米伦缺口往往比技术密集程度低的企业大。除了前述的原因外，更重要的是技术密集型企业的融资规模太大。虽然与劳动密集型企业相比，技术密集型企业具有更多的优势，但是科技型企业比传统企业的信息不对称程度更高，甚至比传统企业更难获得金融部门的资金支持。

由此可见，金融对科技资金的麦克米缺欠源于信息不对称、源于科技企业的高资金需求和较长的投资周期形成的高风险与相较于机会成本的低收益之间的矛盾。

（资料来源：编者根据网络材料整理而成）

第二章　科技金融的功能作用

第三节　科技在金融发展中的作用

科技提供的技术服务需要以具体的金融部门为载体，不同的金融部门因具有不同的特性，可以提供各种金融服务，从而发挥不同的作用，如税收部门的税控技术、银行系统的网络银行和资本市场的股票交易系统等。科技对金融的支撑技术供给路线，如图2-4所示。

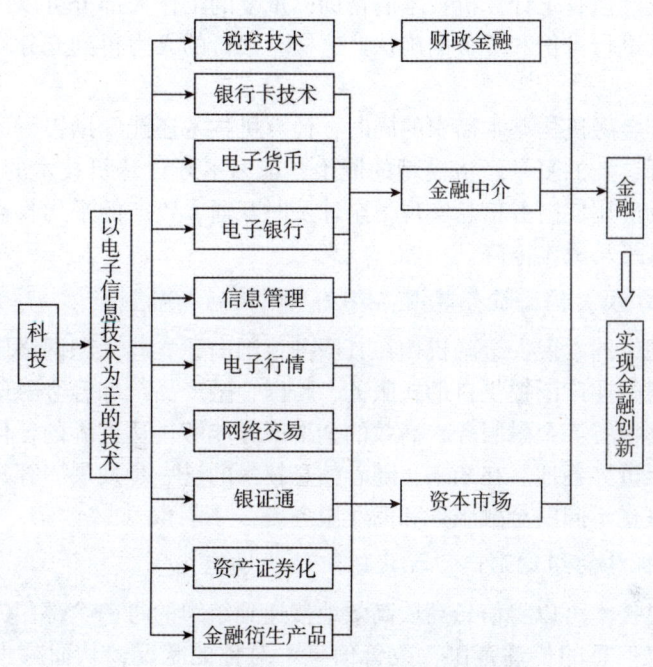

图2-4　科技对金融的支撑技术供给路线

科技在金融发展中的作用具体体现在以下六方面。

1. *改变资金的外在形式，提高资金流通效率*

自货币产生至今，货币的外在形式已发生翻天覆地的变化，从贝壳到贵金属、纸币、再到信用证券，以及现在的虚拟货币。在现代信息技术的支持下，货币资金的外在形式发生了根本改变，货币的流通效率极大提升，推动了金融市场的空前繁荣。从某种意义上讲，货币的每次变革，都会带来金融的创新与变革。以熟悉的纸币为例，纸币从生产、发行、保管、运输到流通环节，每个环节都需要消耗大量的资源，占用极大的成本。同时，纸币无法打破空间和时间的限制，无法直接跨越国家的范畴，通常都需要持有者先把本国货币兑换成当地货币才能在目标国使用。这种方式成本极高，且不利于国际经济的发展。为了解决这一个问题，银行开始采用信用证券。信用证券虽然大幅降低了成本，但没有从根本上解决纸币的问题，而且还出现了新的问题，如信用诈骗等。经济的发展需要更便利的货币流通方式。随着技术的创新，信息技术在金融市场的大量应用，银行体系发生了根本变化。银行所有数据采用了信息技术并用虚拟的方式存储于银行系统中，货币的外在形式也相应变成了系统中的虚拟数字。这种变化使货币打破了空间和时间的限制。通过银行

27

系统及其配套软件，货币能够以快速在全世界范围内进行转移和支付。货币获得了前所未有的流通效率，使资金更高效地进入生产部门和消费部门，减少了资金流通造成的资源浪费，并在减少成本的同时极大提高了资金的安全性。

2. 提高金融机构的运行效率和经营管理水平

计算机技术能够替代人类处理重复类工作。银行的规章制度标准化，计算方式明确化，工作内容高度重复计算机技术的运用会带来银行工作本质性的转变。过去银行每笔交易都需要人工完成，整个过程中，光数据的登录就会耗去大量时间，占用大量人力，无法进行大规模的普及。但有了计算机技术的帮助，重复的工作大部分可以用计算机替代，银行工作人员只需要进行身份和资金的确认。这样，银行的人力得到充分释放，金融机构更加可以繁荣发展。

在满足银行等金融机构基本需求的同时，计算机技术还能辅助银行进行金融创新。客户数据的深度挖掘、新的复杂经济模型的诞生，都离不开计算机技术的支撑。20世纪90年代末，互联网的应用使财务信息实现了全球及时互通，资产的平均收益率和资本平均收益率实现上升，且平均成本下降。

3. 改变服务方式，扩大服务范围，激发多元化的金融创新

随着计算机网络的发展，金融机构在其服务范围内建立起大型网络服务平台，金融业走进虚拟时代。银行业广泛提供自助式服务、跨国金融产品、综合金融产品、无实体金融产品、个人化家庭银行等金融服务，高效的金融服务能够送达世界的任何一个角落，银行的客户范围扩展至世界各地。在未来，随着信息技术的进一步发展，客户可以在全球范围内通过随身终端享受不同的金融服务和商业服务。

4. 变革金融机构的组织形态，优化组织结构性能

金融机构通过技术可以将信息高质高效地传递到组织的每一个部门，在减少信息传递成本的同时，扩大信息的传递范围，改善信息不对称的状况，从而减少决策失误的发生概率。

沟通交流方式的改变，大幅改善了金融机构的内部沟通环境，从而提高了内部的沟通效率。管理人员的决策能第一时间到达执行部门，执行过程中遇到的各种问题也能第一时间反馈给决策层，在减少传统结构中的中间环节，提高效率的同时，也能够避免信息在流通过程中的失真。因此，信息化技术使金融机构由垂直型向扁平型转化，减少了管理的中间层次，节约了成本，提升了金融机构的管理能力。

5. 改变金融业的竞争规则

过去，因为空间和时间的限制，金融机构的竞争呈地域性竞争、资本性竞争和规模化竞争。但随着信息技术和金融行业的高度融合，虚拟金融成为金融行业发展的必然趋势。利用互联网的及时性和开放性，金融机构可以突破地域限制，提供全球范围的业务服务。在金融全球化的背景下，金融机构脱颖而出的关键因素不再是规模和资金，而是新信息技术支撑的新服务体系。

6. 推进金融市场的一体化和全球化进程

随着信息技术的进步和网络技术的发展，以及面向对象的关系型数据的使用，全球分散的金融市场链接成一个整体，金融数据得以集中和扁平化管理，便于投资人在不同金融

市场中操作，并最终让散布全球各地的金融机构在网络技术的支撑下融为一体，使金融业的全球化和一体化程度不断提高，让金融行业充分享受到规模经济的收益。

在市场合作中，科技与金融相互依存、相互推动、共同发展，是相互合作又保持独立的两个市场主体。市场合作是科技与金融最基础、最普遍的结合方式。随着双方愈加紧密的合作，科技与金融追求收益最大化的动力将推动双方迈向更高层次、更深入和更紧密的资本融合模式。

知识总结

1. 科技金融资源作为金融资源的子体系，同样具有资金集中、风险管理、信息揭示和项目治理功能，为解决科技创新过程中的风险以及收益不确定性问题提供了途径。其中，资金集中功能能够为科技创新提供的多样化的融资渠道，解决科技创新的资金瓶颈问题；风险管理功能则主要表现为金融中介机构的风险共担机制与资本市场的风险分散机制，使风险在不同投资者之间进行分摊；信息揭示功能能够使项目信息、企业经营信息以及信用情况在投资者之间传递，降低信息搜寻成本和交易成本；项目治理功能则通过金融体系对创新项目的过程进行有效监督，实现对创新项目以及企业经营行为的事前、事中和事后监督，从而规避科技型企业"道德风险"。

2. 科技创新项目有特殊的周期性成长规律。通过对科技创新项目和企业成长历程的对比分析，我们可以将科技创新项目的发展分为研发期、种子期、创业期、初步成长期、高速成长期、成熟期、饱和期和衰退期八个阶段。

3. 金融提供给科技的资金支持有两个重要作用：第一，补偿科技创新过程中所产生的成本；第二，分担科技创新过程中的风险。

4. 科技在金融发展中的作用具体表现在六方面：①改变资金的外在形式，提高资金流通效率；②提高金融机构的运行效率和经营管理水平；③改变服务方式，扩大服务范围，激发多元化的金融创新；④变革金融机构的组织形态，优化组织结构性能；⑤改变金融业的竞争规则；⑥推进金融市场的一体化和全球化进程。

自测练习

1. 如何理解科技金融资金集中功能的作用机理？
2. 科技金融的风险管理功能的特征是什么？
3. 科技在金融发展中发挥着什么样的作用？

第三章 科技金融理论基础

见微知著，以学立人

科技金融的思想理论中蕴含着优秀的传统文化。

1. 做什么事都要有创新意识

科技创新有许多经典的理论思想，为学习和研究科技金融提供了扎实的理论基础。创新是经济发展和社会进步的动力，科学技术是第一生产力。金融创新与科技创新密不可分，现代金融是高科技的金融，金融创新更需要科技创新。所以，在日常生活中，我们无论是从事科研工作还是金融工作，只有大胆创新、勇于实践，才能不断进步。

2. 珍惜时间，把握机会

种子期和初创期阶段的科创企业，特别需要创业风险投资的介入。根据企业生命周期理论和"大拇指定律"，种子期的天使投资回报为20倍，包括科技型企业在内的所有企业，既是一个基本的社会经济组织，又像生物有机体那样，面临一个从生到死、由盛转衰的生命周期及必然过程。"莫等闲，白了少年头，空悲切"，年轻人要抓住时机及早努力，珍惜宝贵的青春时光，不饱食以终日，不弃功于寸阴，使自己有所作为。

知识要点

科技创新与金融科技理论、金融发展及金融功能理论、企业生命周期理论等；掌握企业生命周期理论及在科技金融实践中的应用。

核心概念

科学技术（Science and Technology）

创新（Innovation）

金融发展（Financial Development）

金融功能（Financial Perspective）

企业生命周期（Enterprise Life Cycle）

第三章　科技金融理论基础

> 📖 **典型案例**
>
> 2023年6月初，中国进出口银行通过TMMi三级认证，成为国内首家通过TMMi认证的政策性银行，TMMi全称为Test Maturity Model integration（测试能力成熟度集成），是目前国际上最权威的测试组织能力成熟度评价模型，其认证体系是检验企业软件测试管理水平最有力的资质证明。通过TMMi三级认证是进出口银行金融科技高质量发展的成果证明，也是近年来行党委、董事会高度重视IT工作和科技赋能的重要成果。本次认证充分证明，进出口银行软件测试过程改进能力、产品质量水平、风险应对能力及测试技术创新能力等达到一定水平，在国内银行中持续保持竞争力。进出口银行要不断跟进信息科技发展前沿领域，立足银行实际，结合经营管理和业务需求，不断提高金融科技水平，从而推动全行高质量发展。
>
> 请问，金融机构强化科技赋能具有哪些重要意义？

第一节　科技创新理论

科技创新在世界各国发展和人类进步中发挥着重要的作用，当前和今后科技创新作用将会更加凸显和重要。高新技术企业存在和发展的前提，就是科学技术的发明创造与创新。科技创新的经典理论思想，也为学习和研究科技金融提供了扎实的理论基础。

虽然科学和技术是两个概念，前者是后者的理论指导，后者是前者的实际运用，但两者相互关联密不可分，实际上总是被合为一体使用，即通常所称的"科学技术"。联合国教科文组织于2006年通过的《关于科技统计国际标准化的议案》将科学技术定义为：与各科学技术领域中科技知识的产生、发展、传播与应用密切相关的系统性活动，包括研发（R&D）、科教和培训（STET）与科技服务（STS）。我国在此基础上，结合国情将科技活动界定义为：研发及其成果应用、与研发活动相关的技术推广和科技服务活动等。

古典经济学鼻祖亚当·斯密在其1776年出版的《国民财富的性质和原因的研究》中，提出社会财富的增长更重要的是取决于更大的劳动生产率，劳动一般是物质财富或使用价值的唯一源泉。亚当·斯密虽然没有系统、理论化地论述科技创新在生产中的重要作用，但其观点中隐含了科技进步也是国民财富增长的重要因素之一。马克思在其著作中反复强调的"以机器为基础的生产方式""劳动条件的革命""资本技术构成""劳动资料的革命""技术变革"等，也就是现代意义上的科技创新与科技革命。资本技术"建立在技术基础上，它在生产力的一定发展阶段可以看作是已定的"。他将科技创新作为资本主义社会经济发展的基石，并将其科技创新理论渗透于庞大的马克思主义政治经济学理论体系之中。马克思曾指出："只有资本主义生产才第一次把物质生产过程变成科学在生产中的应用——变成运用于实践的科学。"劳动生产力是由"科学的发展水平和它在工艺上的应用程度"等多种情况决定的，而且是"随着科学和技术的不断进步而不断发展的"。

约瑟夫·熊彼特在1912年出版的《经济发展理论》一书中首次提出了"创新"概念

31

及"创新理论",后又在1939年和1942年分别出版的《经济周期》和《资本主义、社会主义和民主主义》两部专著中对"创新"和"创新理论"进行了系统化论述,逐渐形成了独特的创新经济学理论体系。20世纪50年代以后,随着新一轮科技革命的兴起,西方经济学理论界重新认识了创新经济学理论并发展了技术创新理论及其同金融资本结合的理论。熊彼特将"创新"定义为:通过生产要素之间的重新组合而形成的一种新的生产函数,并从产品创新、技术创新、市场创新、资源配置创新和组织创新方面分析了创新的五种情况。熊彼特对科技创新与经济金融的关系也进行了深刻的分析,认为经济发展的实质是创新的实现,而银行的信用创造能力则是推动经济发展的动力,他指出:"现代工业体系只有依靠创新才能建立,而信贷对于实现创新又是至关重要的","只有支持产业发展的信贷才起到根本性的重要作用"。

以索洛(Solow)和罗默(Romer)等为代表的技术创新新古典学派,分析了经济增长与各生产要素之间的关系,认为技术创新是推动经济增长的主要因素;技术是公共品,技术创新具有公共性、外部性与"知识溢出"、创新收益的非独占性等特征,当市场对技术创新的供求等出现失效时,政府应当采取金融等间接调控手段,对技术创新活动进行适当的干预,以提高技术进步对经济发展的促进及带动作用。政府支出作为一种"公共资本品",是"经济增长的催化剂"。佩蕾丝(2002)认为,金融资本对科技创新的扩散和传播起着重要作用,技术创新是新经济模式的引擎,金融则是新经济模式的燃料,科技金融是一种新经济范式,二者的结合是新经济模式的动力所在。佩蕾丝还第一次揭示了技术创新和金融资本的基本经济范式,阐述了科技创新和金融资本结合的基本模式:在科技革命高潮时期,资本会大量进入科技创新领域以获取高额利润;在科学技术逐渐衰退的阶段,资本则会不断流出以寻求其他有利的投资机会。

金融创新也与科技创新密不可分。20世纪70年代中期以来,伴随着始于20世纪50年代西方发达国家金融创新浪潮的迅速兴起并演变为全球性金融变革的大趋势,一批经济学家从不同视角提出了不同特色的金融创新理论。"技术推进"理论作为其中的主要流派之一,由美国经济学家汉南(Timothy H. Hannan)和麦克道尔(John M. McDowell)于1984年提出,他们强调的是科技与金融的融合,认为新技术革命尤其是新兴通信技术与计算机技术的日新月异发展,是金融创新的主要原因与条件,从而提出了新技术推进金融创新并是其核心因素的理论观点。技术推进理论直接解释了金融科技与金融创新之间的关系,即后者需要前者的强力推进。大数据、人工智能、云计算、区块链技术、算法和物联网等,都是目前推进科技金融深度融合的新技术及金融科技的核心技术。

金融创新需要科技先行。现在,金融科技已成为金融业态和机构共同关注和推动的行业趋势。金融科技不仅通过赋能金融业更好地服务实体经济,还能在一定程度上助力金融机构进行数字化转型。科技企业贷款的难度在于高风险成本、高经营成本和高服务成本,尤其是科技中小企业融资囿于借贷双方信息不对称而难上加难。针对这些问题,银行通过采用金融科技大数据与人工智能能有效解决,如使用先进的数据挖掘与处理技术降低客户信息的收集成本,采用信贷产品的线上化运作降低人力成本与运营成本等,进而便捷、高效地掌握企业信用水平,降低科技金融机构的服务成本和面临的信用风险。

第二节　金融发展理论

金融发展理论主要是以发展中国家为对象，研究金融发展和经济发展之间的关系，分析各种金融变量及金融制度对经济发展的长期性影响，探索为促进经济发展及科技创新所需采取的金融政策。其中，有代表性的金融发展理论主要有金融结构理论、金融深化理论、金融约束理论和金融功能理论等。

美国耶鲁大学经济学家雷蒙德·W. 戈德史密斯于 1969 年出版了《金融结构与金融发展》，对发展中的金融结构理论进行了独创性研究。戈德史密斯认为，"金融发展是金融结构的变化"，而 "金融结构取决于金融工具与金融机构的结合"。他总结了衡量金融结构的一系列指标，如最基本的指标是金融相关比率（FIR），即金融资产市价总值和国民财富的比例，用以衡量金融上层建筑的规模，"作为衡量一国金融发展水平的主要和唯一特征"；考察金融结构机构化程度的指标：金融中介率，即所有金融机构在全部金融资产总额中所占的份额等。据此，他将金融结构划分为三种类型：第一类是 FIR 低的金融结构；第二类金融结构的 FIR 虽然仍然较低，但金融中介率较高，政府和公共金融机构发挥了更大的作用，体现了经济混合型的特点；第三类金融结构的 FIR 较高，金融机构日趋多样化，公共保险组织等非银行金融机构的地位上升，这在 20 世纪的工业化国家较为常见。他还认为，开发银行等所谓的 "重要的金融机构"，主要是在上层建筑从事活动并由政府完全拥有、经营和控制，金融资产中的主要债权也属于政府或政府机构。

金融深化理论的主要倡导者是美国斯坦福大学经济学家麦金农和肖，他们都深受自由主义思想的影响，而且在 1973 年出版的《经济发展中的货币与资本》（麦金农）与《经济发展中的金融深化》（肖）中提出了金融自由化的激进主张，认为政府对诸如利率、汇率行政管制等金融的过多干预，导致了发展中国家的金融压抑及金融 "浅短"，需要推进金融深化，实现深度金融。"金融深化意味着利率必须准确反映客观存在的、能替代即时消费的投资机会和消费者对延迟消费的非意愿程度。" 无论是麦金农的 "导管效应" 视角，还是肖的 "金融中介" 视角，都得出了基本相同的结论，即金融深化的核心是放开利率管制，实行金融自由化或金融深化。这种理论建立在完全竞争市场的假设上，加上 20 世纪 80 年代初期，不少国家推行金融自由化带来了非常严重的债务危机，麦金农本人也认识到了这种问题，在 1986 年和 1991 年分别发表论文和出版著作，反思其理论及政策主张，提出 "发展中国家必须根据经济金融改革的初始条件来选择改革的先后次序等" 观点。此外，麦金农还分析了金融在推动技术进步中的重要作用以及 "不可分割的投资和技术创新" 之间 "如此重要" 的关系，认为金融体系通过动员储蓄为技术创新提供融资和规避、化解创新风险的手段等，促进科技创新。

金融约束理论由赫尔曼、凯文、斯蒂格利茨等新凯恩斯主义的代表人物提出的。他们运用信息经济学理论对金融体制中的政府干预与放松管制问题进行了创新审视，认为适当的政府干预有助于金融深化与经济发展，即合理的金融约束是金融自由化的必经阶段。金融约束的本质是政府通过一系列金融政策，对利率、市场进入及竞争加以限制，在金融和生产等民间部门创造租金机会，而非直接向其提供补贴。租金为金融部门创造特许权价值，后者又为前者创造了"长期股本"及更多的存款来源，租金也提高了生产部门的资金配置效率和股本份额，民间部门因规避了逆向选择及道德风险而增加了实际收益，整个社会经济也由此变得更加稳定。他们认为，设立开发银行提供长期资本，可以解决市场失灵问题。政府直接放贷则会受代理问题困扰，政府失灵往往会比市场失灵的危害更大。所以，政府应该有选择地干预，即帮助和指导商业银行发放长期贷款，并由银行选择客户、监督贷款使用和承担信用风险，调动银行积极性，满足企业对资金的长期需求。当然，金融约束在为银行和企业创造租金机会的同时，也会给政治性租金及政府失灵行为创造机会，因此金融约束的实施时机与实施效果比较难把握。

关于"金融中介为什么要存在及其具有怎样的功能"理论的探讨一直是货币金融研究领域不可回避的重要问题之一。20世纪90年代初，美国经济学家罗伯特·莫顿和兹维·博迪提出了基于功能主义金融观点，即金融功能理论或功能金融理论，莫顿还因此获得了1997年的诺贝尔经济学奖。基于功能主义视角分析金融体系，是现代金融学分析范式的一个重大转换及理论前沿，至今方兴未艾。研究金融问题应从其源头（即金融功能）出发，把研究视角定位于金融体系的基本功能上，进而根据不同的功能建立金融机构及组织，可以在金融发展中少走弯路，避免在方法论上失误。

传统的基于机构观点分析金融中介将现有的金融机构及组织结构作为既定前提，由于金融中介的调整一般在既定前提下进行，金融改革也是头痛医头、脚痛医脚或亡羊补牢。**莫顿和博迪则认为，虽然金融体系的基本功能在所有经济中的本质上是一样的，但在功能上存在很大的差异。** 他们认为，与传统的机构观相比，功能主义能够提供一个更加稳定与持久的参照系，尤其是在一个不断变化的金融环境之中更是如此。同时，金融体系的建立和运作以及金融机构的形式，也需要以金融功能为指导并将功能作为概念性的"安全基石"和关键性基础要素而加以关注。这种建立金融体系的概念性框架，即从功能出发的分析视角。

该框架功能观建立在两个基本前提下：一是金融体系的功能比实现这一功能的金融机构更为稳定，亦即功能随时间和空间的变动较小；二是金融机构形式的变迁以功能为指导，并将最终由其履行的功能决定，竞争将导致金融中介的组织机构发生变化及金融体系功能的效率更高。从有效的资源配置这一根本性功能层次出发，其提出了金融体系的六大基本且核心的功能：①跨期转移资源；②管理风险；③清算支付和结算支付；④归集资源并细分股份；⑤提供信息；⑥设法解决激励问题。从功能观视角划分金融体系，实质性地阐明了金融体系在经济社会中的作用，既为资源配置提供了便利，也为提升金融体系运行效率设定了根本标准。当今金融领域中的大部分问题（包括科技金融问题），都能从金融体系运行效率中找到原因。金融体系存在的终极目的，就是提高社会经济资源配置的效率。所以，从功能主义视角划分金融体系，有利于从系统深入的角度动态研究金融体系的有效运行。

此外，1993年，金（Robert G. King）和列文（Ross Levine）为了研究金融和科技创新之间的关系，基于金融功能视角构建了一个内生性增长模型，其揭示了金融体系为技术创新活动提供的筹集资金、评估企业家、分散风险及评估技术创新活动预期收益四种功能服务，认为金融和技术创新的融合是促进经济增长的主要原因。

第三节　企业生命周期理论

　　包括科技型企业在内的所有企业既是基本的社会经济组织，又像生物有机体那样面临从生到死、由盛转衰的生命周期及必然过程，这也是企业的基本活动规律。研究企业生命周期的理论在国际上日益流行，近年来尤为广泛。20世纪50年代，马森·海尔瑞提出可用生物学的"生命周期"来认识企业的发展。拉芮·格雷纳在1972年提出了"企业生命周期"概念并从仿生—进化论视角分析企业生命周期的存在形式。但最为系统的是以伊查克·爱迪斯为代表的企业生命周期理论，该理论将企业的生命周期分为十个阶段，指出企业的生命周期要经历包括孕育期、婴儿期、学步期、青春期、盛年期的成长过程，以及包括稳定期、贵族期、官僚化前期、官僚期的老化过程，最后步入死亡期，并从各个阶段分析了企业成长和衰亡的本质特征及在每一阶段应采取的基本对策，认为企业的规模与经营时间都不是导致其成长与老化的原因，问题的实质在于根据不同功能进行有效的管理。20世纪70年代，韦斯顿和布瑞哈姆根据企业不同成长阶段的融资结构及变化特征，提出了企业金融生命周期的假说，并对其进行了简要分析。

　　相较于一般的企业，科创企业发展的生命周期既有典型企业生命周期共同的规律，同时又有巨大的差异及个性特征。加尔布雷斯（1982）较早地研究了科技型企业生命周期及其在不同阶段所呈现出的不同特征。欧洲委员会（1994）将创业企业划分为研发期、种子期、创业期、成长期、成熟期、饱和期和衰退期七个阶段。与国外学者的划分方式不同，国内学者一般将科创企业的生命周期划分为种子期、初创期、成长期和成熟期四个发展阶段，并研究了不同阶段的金融资源配置方式。而图3-1是对这两种划分方式的统一。科创企业自身所具有的特点（如资金需求量大以及面临的产业关联性风险、技术不确定性风险、资本退出机制风险、与高风险并存的无有效担保等）决定了其发展中的金融结构、金融政策、金融服务与传统产业及一般企业相比都有许多的不同之处，在企业生命周期的不同阶段有不同的融资和服务需求，需要采取不同的金融供给政策及融资渠道。通常，资本来源包括政府公共金融支持、创业风险资本、政策性银行和商业银行的科技贷款、资本市场融资、科技保险，以及各种金融工具的创新组合等。

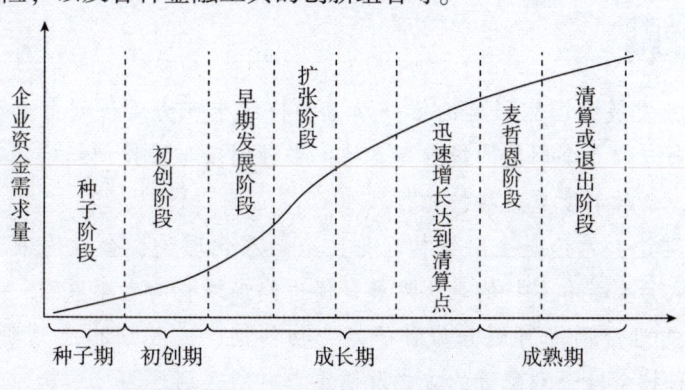

图3-1　国内外关于科创企业生命周期的划分方式

处于种子期的科创企业，主要从事产品的研究开发，基本处于技术研究开发阶段的中后期，只有实验室成果，还没有真正的产品，没有投入正式的生产经营，所以种子期的资金需求量较小，但投资风险比较大。因此，种子期的资金来源主要是政府研究开发资金、创业者自有资金或自筹资金，以及少数私人投资者投入资金（天使资本）。根据"大拇指定律"，种子期的天使投资回报为 20 倍。所谓"大拇指定律"，是风险资本所投资的创业企业有一个经验定律，即对于风险资本投资的十个创业公司，平均三个会倒闭；三个会成长为估值一两千万美元的小公司并不再发展，最终被收购；另三个企业会上市并会有不错的市值；其中一个则会成为耀眼的企业新星，被称为"大拇指"。

初创期是科技创业人员将种子期形成的具有商业价值的项目成果向产业转变的阶段。这一阶段的风险更多地表现为创业风险，即把科技成果转化为工业化生产过程中所面临的各种技术风险、产品风险、市场风险等。科技成果转化或技术转移是高新技术产业发展中一个至关重要的环节。美国国家标准技术研究所把这一专利技术从实验室走向市场的过程称为"死亡之谷"，加强技术转移中的金融支持非常重要。由于存在很高的风险，以谨慎为原则的商业银行一般不会向其提供资金的；但在风险资本介入后，由于企业的资金实力和承担风险的能力有所增强，部分对于高新技术企业运作比较熟悉的商业银行会适度介入并提供一定额度的贷款支持。此外，政府设立的扶持高新技术企业的创业基金，对于这一阶段的企业也具有明显的支持作用。所以，这个阶段的科创企业，特别需要创业风险投资的介入。

当企业处于成长期阶段时，由于产品已经进入市场，技术风险大幅降低，企业销售收入、现金流量逐渐趋向稳定。这一时期科创企业的融资选择呈多样化，对外融资的地位从被动逐渐转为相对主动。由于具有较好的发展预期，企业可从银行争取短期贷款，还可通过信用担保机构融资、政府基金、风险投资、租赁融资、票据融资、典当融资和股权场外交易等方式获得融资。处于成熟期的科创企业的发展潜力已经充分体现，经营业绩高速增长，经营风险降低。由于投资风险大幅降低，成熟期企业的融资能力增强。而处于这个阶段的科创企业特别需要投资银行和资本市场的帮助。

知识总结

1. 创新是企业发展和国家强盛的第一动力和持续生产力。科创企业及实体经济，需要科技金融提供全方位、全周期的投融资支持；金融创新与科技创新密不可分，现代金融是高科技的金融，金融创新更需科技先行。

2. 金融发展理论：无论是金融结构理论、金融深化理论、金融约束理论，还是金融功能理论，普遍认为金融和科技的融合发展是促进经济增长的主要原因。

3. 科创企业的生命周期可划分为种子期、初创期、成长期和成熟期四个发展阶段。在不同的阶段，科技金融资源配置的方式及侧重点有所区别。

自测练习

1. 为什么现代金融是高科技的金融？
2. 试从金融功能观视角分析科技金融功能的意义。
3. 科创企业在生命周期的不同阶段有哪些不同的融资和服务需求？需要采取哪些金融供给策略？

第二篇　科技赋能金融篇

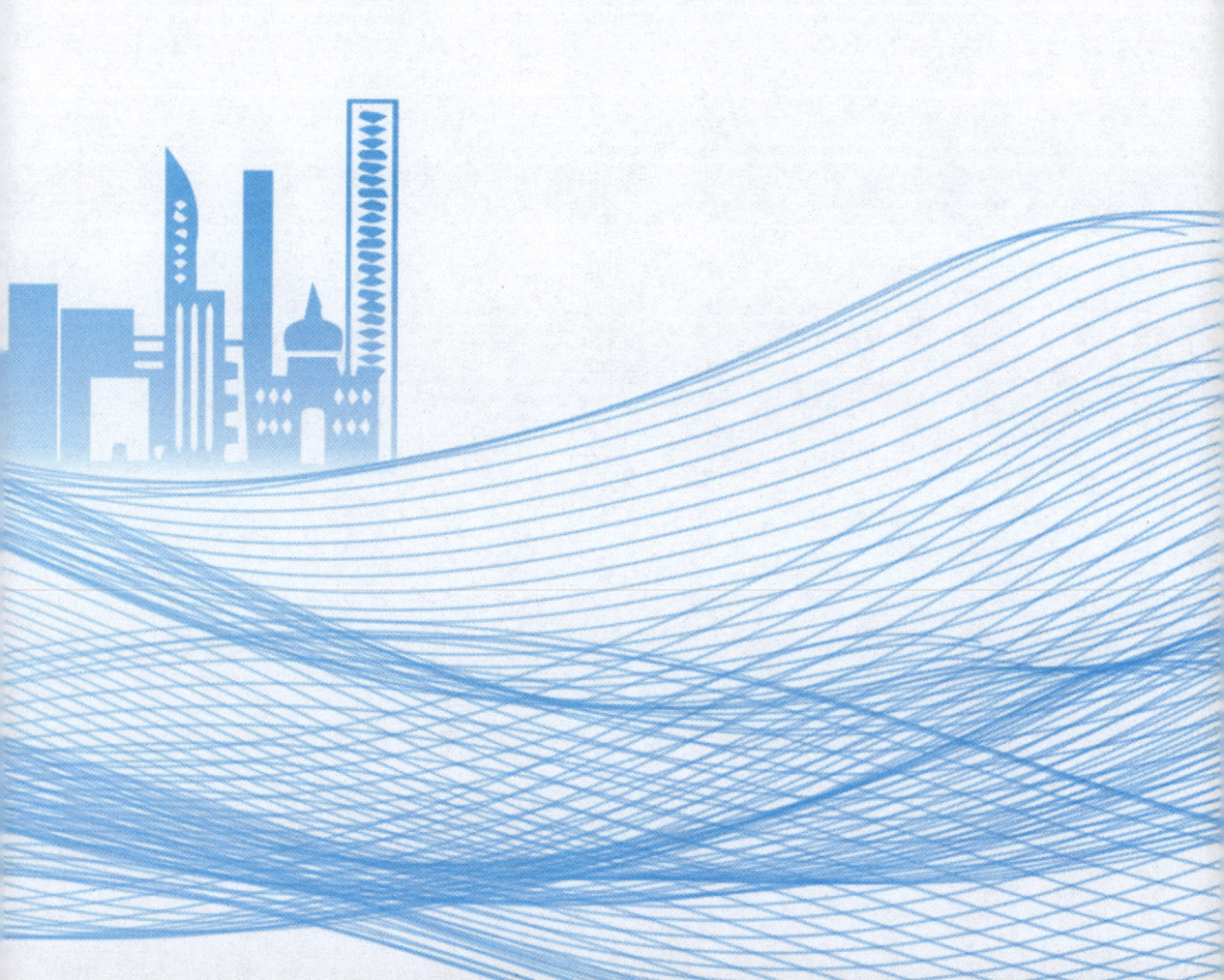

第四章 金融科技概述

见微知著，以学立人

科技金融与互联网金融的理论思想中蕴含着丰富的优秀传统文化。

1. 举一隅不以三隅反，则不复也

金融科技与国内的互联网金融概念既有联系又有很大区别，前者是指金融的科技化，后者是指金融的互联网渠道化。

随着国家新课程标准改革的深入，探究式教学学习理念日益受到关注，"举一反三"是这一理念的重要思想，这一思想的运用不仅可以提高学习效率，还能提高我们的探究能力和自主性。

2. 单丝不成线，独木不成林

在金融科技快速发展的大趋势下，银行、券商和交易所等中介的作用都被削弱，贷款、股票、债券等的发行和交易及券款支付直接在网上实现，大幅减少了信息成本和交易成本，可以更加有效地进行资源配置，以满足客户的金融需求。

不论在工作、学习还是生活中，我们都应全面落实"讲政治、顾大局、谋发展、重自强"的总要求，贯彻融合理念、抓住融合重点、提升融合效果。

知识要点

了解金融科技及互联网金融的界定；熟悉金融科技与互联网金融的联系与区别、金融科技发展面临的机遇和挑战；掌握金融科技产品的特性及其应用场景。

核心概念

互联网金融（Internet Finance）
区块链（Blockchain）
人工智能（Artificial Intelligence）
大数据（Big Data）
应用场景（Application Scenario）

> **典型案例**
>
> **自由女神像是众筹来的**
>
> 自由女神像的设计者是法国人弗雷德里克·奥古斯特·巴托尔迪。在设计自由女神像之前,他产生过为埃及设计女奴像的想法,并在1867年将这个想法告诉了埃及总督:塑造一个手举明灯的女奴的塑像(如同狮身人面像),站立在苏伊士运河的入口,名为"埃及给亚洲带来光明"。埃及总督很喜欢塑像的名字,但是没有进一步行动。巴托尔迪又将眼光投向了美国,而此时的美国,刚刚结束南北战争,巴托尔迪去美国的时候,已经带好了他的设计稿,也就是后来闻名天下的自由女神像。他向美国总统、政要和巨商介绍自己的想法,美国人很喜欢雕像的名字,也喜欢他的设计,但是谈到钱时,美国人却回绝了,此次众筹失败。三年后,在朋友们的帮助下,一个为塑像筹资的委员会——美法联盟成立了。委员会决定由法国方面筹款建造塑像,美国负责修建塑像的底座。1876年,当筹集到第一笔捐款后,巴托尔迪便开始建造他梦寐以求的塑像。时断时续的捐款,让巴托尔迪的建造工程不得不时常停顿。在这期间,巴托尔迪蜕变了,由一个文艺青年变成了商人,也开始了真正意义上的众筹。
>
> 巴托尔迪和筹资委员会制定的众筹方案是分级的,其中一个级别是由巴托尔迪亲自签名、限量版的自由女神像的模型,最高级别的是巴托尔迪本人的两件雕塑作品。通过此次众筹,巴托尔迪成功得到了完成塑像需要的75万美元。在他快完成雕像的制作时,美国迟迟没能修好雕像底座,原因是当时的美国陷入严重的经济危机,政府自顾不暇,政客们对自由女神像底座的关注度不够。约瑟夫·普利策在得知自由女神像项目因为没有资金建底座而将失败时,在《纽约世界报》上宣布:他将把每一个给自由女神像捐款的人的名字印在报纸上,哪怕这个人只捐了一美分。这个众筹项目运行了大约6个月的时间,最终得到了12.5万人的捐款,从小孩到老人,从商界大佬到普通百姓,甚至是贫民,都为这个计划献出了自己微薄的力量。因为每个捐款人都想看到自己的名字印在报纸上,到最后,美国人都想知道捐款的进度,《纽约世界报》也因此成为西半球发行量最大的报纸。项目最终筹募到的款项是100 091美元,换算为当下市值大约是220万美元。当然,故事的结局令人满意,众筹完成了,自由女神像在1886年10月28日正式落成。文艺青年、商人巴托尔迪说了一句:"我毕生的梦想实现了。"
>
> 请问,在美国自由女神像的设计建造过程中,众筹方式体现了怎样的优势?

第一节 金融科技与互联网金融

本节讨论的是金融科技的概念、金融科技与互联网金融的联系与区别,目的是界定金融科技的研究对象与范围。金融科技在全球范围内迅速兴起,目前尚无统一定义。在实践中,金融科技的具体含义在不同背景下存在差异,其与国内的互联网金融概念既有联系又有区别。

一、金融科技的界定与发展概况

（一）金融科技的基本内涵

金融科技（Fin-Tech）为英文合成词的中文翻译，字面意思就是金融（Finance）加科技（Technology），原指消费金融和贸易金融机构的后台程序技术，出现于20世纪90年代，在最近几年成为热词。自2010年以来，这一术语的外延已扩展至金融领域的任何科技创新，包括金融知识和教育、零售银行、投资等领域。由于金融科技仍处于发展初期，涉及的业务模式尚不稳定，各类业务形态存在不同程度的差异，各方所讨论的金融科技涵盖范围并不完全相同，目前尚无统一的定义。

在国际经济组织层面上，全球金融治理的牵头机构——金融稳定理事会（FSB）第一次对金融科技给出定义："金融科技指技术带来的金融创新，它能创造新的业务模式、应用、流程或产品，从而对金融市场、金融机构或金融服务的提供方式造成重大影响。"而世界经济论坛（World Economic Forum，WEF）报告则把金融科技解释为新入行者："在本文档中，我们将金融科技定义为一种小型、技术能力强的金融服务新进入者。这一定义不包括进入金融服务领域的大型技术公司（如苹果），或者是现有将重点放在技术上的金融机构。"

国际货币基金组织（International Monetary Fund，IMF）和世界银行组织（the World Bank Group，WB）对金融科技采用了一种较为宽泛的阐释："金融科技用来描述有可能促进金融服务提供方式转变并促进新商业模式、应用、程序和产品出现的技术进步。"国际证监会组织（International Organization of Securities Commissions，IOSCO）认为，金融科技是有潜力改变金融服务行业的各种创新的商业模式和新兴技术。

在国家层面上，爱尔兰国家数位研究中心（National Digital Research Centre，NRDC）将金融科技定义为一种"金融服务创新"，同时认可这个名词也可以用于指称那些广泛应用科技的领域，如前端的消费性产品、新进入者与现有玩家的竞争，甚至指比特币这样的新东西。美国国家经济委员会（National Economic Council，NEC）的定义为：金融科技是指不同种类的技术创新，这些技术创新影响各种各样的金融活动，包括支付、投资管理、资本筹集、存款和贷款、保险、监管合规以及金融服务领域里的其他金融活动。英国金融行为监管局（Financial Conduct Authority，FCA）指出，金融科技是创新公司利用新技术对现有金融服务公司进行去中介化；新加坡金融管理局（Monetary Authority of Singapore，MAS）指出，金融科技是通过使用科技设计新的金融服务和产品。2017年5月，中国人民银行成立金融科技委员会，此举被视为认同了金融科技是技术驱动的金融创新这一理念。

在行业实践中，金融科技这一术语在不同使用场合有不同的含义：有时是指对现行金融业务的数字化或电子化，如网上银行、手机银行等；有时是指可以应用于金融领域的各类新技术，如分布式账本、云计算、大数据等；有时则指希望涉足金融领域、与现有金融机构形成合作或竞争关系的科技企业或电信运营商；有时则是指采用新技术进行业务创新的金融机构本身。例如，国际咨询机构麦肯锡把金融科技定义为推动新型科技公司并使银行、支付和保险发生革命性变化的颠覆性技术。特许金融分析师协会将金融科技定义为：金融领域的新技术，主要是指区块链、智能投顾、移动支付等，包括"金融"与"科技"的多个方面。而第一财经研究院和埃森哲则认为金融科技是一种金融新范式：金融科技是将先进技术应用到金融体系的期限转换、信用转换、收益转换以及风险转换中，延展、升级并创新了金融服务理念、思维、流程及业务，并逐步呈现要素整合功能的金融新范式。安永国际会计师事务所的定义是：把创新商业模型与新科技相结合，从而实现、增强并颠覆金融服务。京东金融提出："金融科技是遵循金融本质，以数据为基础，以技术为手段为金融行业服务，帮助金融行业提升效率、降低成本。"

由此可见，目前金融科技尚未形成统一的定义，不同主体出于不同立场视角对金融科技有着不同的理解。概括起来，这些看法大体可分为三类：第一类观点认为金融科技就是金融，是新技术条件下金融的一种类型，这种观点以金融稳定理事会为代表，新加坡金融管理局的看法也属此类；第二类观点认为金融科技是一种新产业，包括但不限于金融服务业，例如，维基百科与国际证监会组织的定义既包含了商业模式也包含了技术因素；第三类观点认为金融科技就是指以新技术应用为核心的技术创新，这种观点的代表有美国国家经济委员会等。

综合来看，尽管不同主体定义的关注点与诉求不尽相同，定义的内涵与外延也不一致，但科技和创新的内涵却成为各方共识。因此，可以这样理解金融科技的内涵：金融科技，是创新金融实现形式，以数据为基础，以技术为手段，核心在于通过各种前沿科技的应用，实现金融服务效率提升、交易成本降低、产品和服务形式创新以及客户体验改善。随着理论和实践的进一步发展，金融科技的概念还将不断充实和完善。

（二）金融科技的外延

在外延上，根据金融稳定理事会等国际经济组织的定义与金融科技行业实践上的丰富性，金融科技既包括前端产业，也包含后台技术，具体有以下三方面含义。

①当金融科技是指前端产业时，其实质含义是指大数据、云计算、人工智能、分布式账本（区块链）等新兴信息技术在金融活动中的应用。

②当金融科技是指后台技术时，则是指大数据、人工智能等新兴信息技术本身，其实质含义是科技，是在金融业务中使用的新技术。

③当金融科技是指技术带来的金融创新载体时，其一，它所指的是金融科技企业，金融科技企业指本身不提供金融服务，却能为金融机构提供技术服务；其二，它所指的是采用新技术进行金融业务创新的持牌金融机构；其三，它所指的是金融科技企业与持牌金融机构的合作联盟，也包括发端于科技企业的利用科技力量进军传统金融市场的新入行竞争者。

显然，不同内容上的金融科技，分别对应着不同的研究对象。鉴于此，我们对金融科技的讨论将包括以下几方面内容。

①金融科技的前端产业，包含金融模式、金融产品与金融服务。
②金融科技的后台技术，包括大数据、人工智能等新兴信息技术。
③金融科技的行为主体，包括从事金融科技与金融创新活动的科技公司与金融机构。
④基于不同金融科技主体功能的金融科技风险监管。

（三）全球金融科技发展概况

金融科技萌生于20世纪80年代，在经历了起步期和成长期后，仍在快速发展。作为先进信息技术与创新商业模式的有机融合者，金融科技代表全球金融发展的潮流和趋势，具有广阔的发展空间。

金融科技一词早在1980年就见于华尔街，经过近几十年的发展，金融科技已经成为席卷全球金融的一种潮流和趋势，以新兴科技和创新商业模式演进两方面内容为依据，金融科技发展历程可分为三个阶段。

第一阶段：金融科技1.0阶段（1980—1989年），这一阶段的主要特征是金融服务数字化程度不断提高，金融行业通过信息技术实现办公和业务的电子化、自动化，从而压缩营运成本，提高服务效率。其标志性事件是直销银行的出现，1989年10月，英国米特兰银行创办了全球第一家直销银行First Direct并取得了成功。之后，欧美其他金融业发达的国家也相继创办了自己的直销银行。直销银行的出现标志着金融科技时代的开启。

第二阶段：金融科技2.0阶段（1990—2010年），在这一阶段，科技与金融的合作更加深入，以互联网金融为典型。这一时期的标志性事件主要有：1990年，移动支付出现；1992年，美国第一家互联网经纪商Etrade成立；1995年，全球第一家互联网银行SFNB成立；20世纪90年代末期，电子货币与货币基金的对接、保险公司网上直销和第三方比价等平台相继出现；2003年，互联网股权众筹问世，金融科技引起各国普遍关注等。

这个阶段的主力军是非金融机构的互联网企业，跟进者是传统金融机构。前者依托互联网技术与信息通信技术独立提供金融服务或与金融机构合作推出金融服务；后者则通过搭建在线业务平台，利用互联网或移动终端的渠道来汇集海量的用户和信息，实现金融业务中的资产端、交易端、支付端、资金端的互联互通。这一阶段的本质是传统金融渠道发生了变革，实现了金融信息共享和业务融合。

第三阶段：金融科技3.0阶段（2011年至今），在这一阶段，互联网不再是推动金融科技发展的最主要动力，而是作为金融科技的基础而继续存在，以大数据、云计算、人工智能、区块链为代表的新兴信息技术成为推动金融科技发展的动力。在互联网的基础上，这些新兴科技全面与金融融合，改变着传统的金融信息采集、风险定价模型、投资决策过程、信用中介角色，可以解决传统金融的痛点，全面提升传统金融的效率。这一阶段的标志性事件主要有：2015年10月，美国纳斯达克证券交易所发布全球首个区块链平台Ling；2016年9月，英国巴克莱银行完成基于区块链技术的首次交易。

从金融科技的发展历程来看，其初衷是通过技术创新降低获客成本，提供营销获客、身份认证、风险定价及资金流转等环节的技术支持，快速介入金融市场。伴随着网络的普及、大数据和人工智能的应用，尤其是区块链的研发，信息技术和金融的融合不断突破现有金融的边界，深刻改变着金融服务的运作方式。金融科技正从根本上改变着金融服务，并为各国经济增长创造新的发展机遇，惠及金融消费者。

近年来，金融科技在全球范围内快速发展，具体表现为产业规模迅速增长和成交数及投融资额均呈快速发展态势。另外，其在全球布局越来越广，从硅谷、纽约、伦敦等区域向全球扩展，其中以亚太地区的发展尤为瞩目。

2016年被称为金融科技元年，随着大数据、云计算、人工智能、区块链等一系列技术创新，科技和金融在支付清算、借贷融资、财富管理、零售银行、保险、交易结算等领域开启了深层次融合。2022年，全球金融科技行业投融资事件总次数为3 294次，总金额为

1 681 亿美元，第一季度和第二季度的投融资次数和金额最多，第四季度的投融资次数和金额相比前三季度又有所下降，如图 4-1 所示。

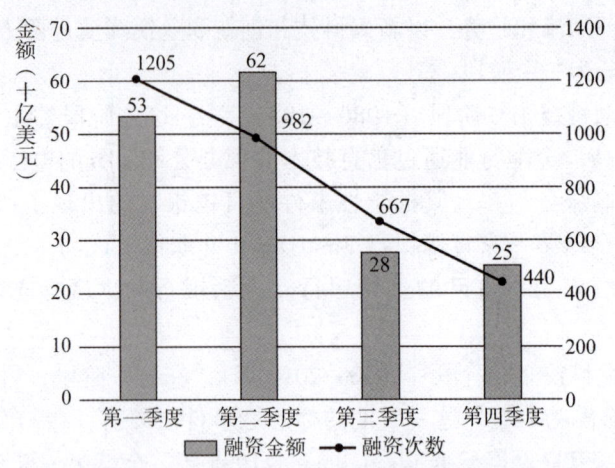

图 4-1　2022 年全球金融科技投融资事件次数与金额

美洲地区、亚太地区和欧洲地区是 2022 年投融资热门地区，其中美洲地区的金融科技创业公司的商业模式可能更成熟。三个地区投融资事件次数分别为 1 809 次、799 次和 578 次，投融资金额分别约为 807 亿美元、429 亿美元、348 亿美元，占全球总投融资金额的 96.7%，如图 4-2 所示。

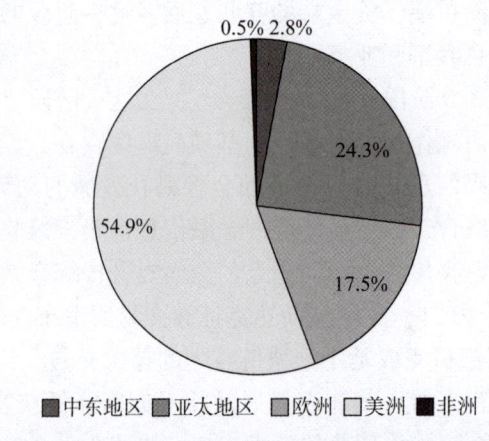

图 4-2　全球各地区金融科技投融资投融资次数占比

证券与资管、银行与借贷、支付是 2022 年投融资领域最热门的事件，占全行业投融资总额的 72%。证券与资管、银行与借贷发生的投融资事件分别为 852 次和 666 次，投融资金额分别约为 546 亿美元和 382 亿美元。区块链领域发生的投融资事件超过支付领域，为 778 次，但支付领域的投融资金额超过区块链领域，为 272 亿美元。证券与资管、支付是 2022 年金融科技发生超大投融资事件最为集中的两个细分领域，过亿投融资事件的次数占比分别为 10.88%、12.09%，获得的投融资金额占比分别高达 83.67%、85.74%。FNZ 是证券与资管领域公司，Checkout.com 是支付领域公司，它们分别以 14 亿、10 亿美元的单笔融资贡献了 2022 年度金融科技行业最大投融资事件。此外，银行与借贷、保险与保险科技领域的过亿投融资事件金额占比也均超 70%。

中国的证券与资管获融资项目多于其他领域,美国获融资最多的领域是区块链,其次为证券与资管、银行与借贷。在总量方面,2022 年中国金融科技融资次数为 123 次,美国金融科技融资次数为 1 013 次;融资轮次方面,美国在各轮次的投融资次数均多于中国,中国融资轮次中 A 轮的融资次数最多,美国对于早期项目的投融资次数占比更高,种子轮和 A 轮的次数约占总体的 71%;融资金额方面,美国在各轮次的投融资金额均高于中国,中美在各轮次的投融资金额趋势上较一致,如图 4-3 和图 4-4 所示。

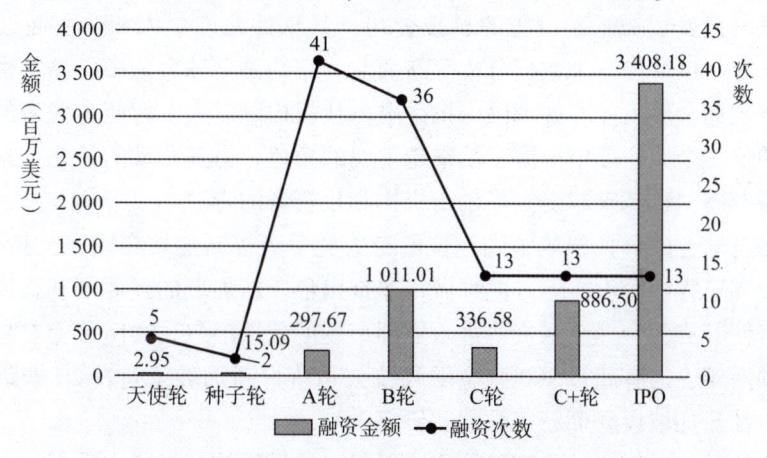

图 4-3 中国各轮次金融科技投融资事件次数与金额

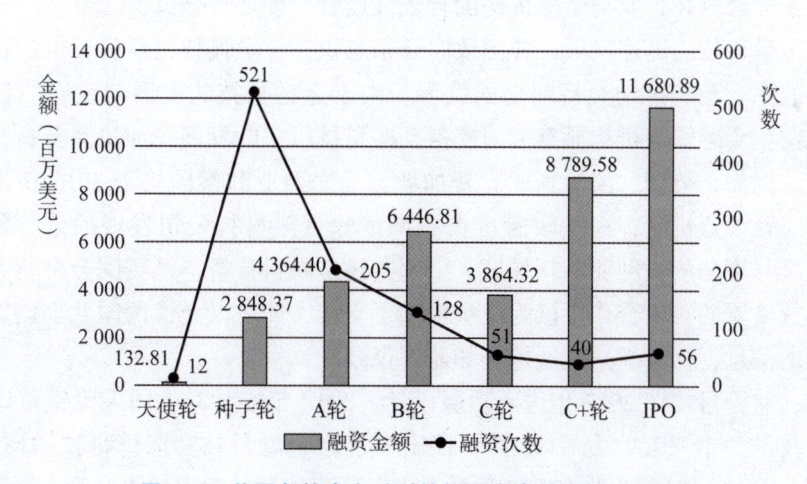

图 4-4 美国各轮次金融科技投融资事件次数与金额

注:图 4-1~图 4-4 数据来源:清华五道口金融科技研究院:全球金融科技投融资趋势报告(2022 年度)。

由于基础设施以及市场发展等优势,美国、英国、新加坡等地都是金融科技发展较为领先与集中的地区,其次为欧洲和亚洲的其他国家和地区。近年来,我国金融科技公司融资金额在全球范围内的占比不断增加。

全球金融科技的产业中心主要分布在英国、美国、新加坡、澳大利亚和中国。伦敦活跃着历史悠久的大型银行的创投基金、聚焦金融科技的天使投资人、创投资本家,以及新型金融融资工具(如众筹集资和网络借贷等),它们是金融创新公司早期阶段营运资金的

47

重要来源。伦敦在支付和消费金融（包括网络借贷、交易、个人财富管理等）、数字化银行、区块链、大数据分析方面具有极强的专业能力。从金融科技渗透的行业来看，根据安永金融科技数据库统计，半数以上的英国金融科技公司聚焦于银行和支付，另有约20%集中在信用和贷款行业。

美国的金融科技源于硅谷，而硅谷最大的优势是科技创新。众多金融科技独角兽企业（估值不低于10亿美元的初创企业）在此孵化。美国科技金融公司斯特里普公司在2019年估值达350亿美元，成为估值最高的硅谷初创企业。成立于2010年的斯特里普是一家致力于为互联网建设金融基础设施的科技公司，其软件允许个人和企业通过互联网拨付款，适用于众筹、反欺诈、大数据分析等新商业。纽约是全球金融中心，紧密依托华尔街庞大的资本基础和金融人才，涌现出一批金融科技机构。以人工智能为代表的金融新科技正在华尔街的传统金融业务中扮演着越来越重要的角色，由其驱动的量化交易、智能投资顾问等金融新业态，也越来越受到华尔街机构和投资者的青睐。

新加坡是全球金融科技领域领先地位的有力竞争者。新加坡在政府支持、资金来源、创新中心建设和监管沙盒设立等方面都做得非常出色。新加坡的经商便利程度较高，英语作为商务语言使其成为全球金融资本进入亚洲市场的首选门户。2016年是金融科技在新加坡飞速发展的一年，已有超过300家金融科技公司落户新加坡，超过20家跨国金融机构和科技企业也在新加坡设立创新实验室和研究中心。

值得注意的是，近年来，监管科技快速兴起，监管科技是指将大数据、云计算等新兴信息技术用于金融科技企业与金融机构的合规性监管，使之符合监管的要求。

伴随着金融科技的迅速发展，各国政府开始意识到金融科技创新的价值，也发现提升银行系统的效率有利于推动经济的全面发展。由于金融科技的发展与政府的目标不谋而合，政府机构和金融管理机构愿意大力支持金融科技巨头的发展，加快完善新技术冲击下的监管规定。例如，英国、澳大利亚、新加坡、马来西亚和泰国均于2016年推出了针对金融科技的监管沙盒机制，一些政府也在协调消除金融科技公司发展的监管障碍。2016年，英国政府分别与澳大利亚、新加坡、中国共建金融科技桥，是英国金融行为监管局与中国人民银行签署的一项合作协议为此举提供了支持，该协议允许两国共享创新服务和市场发展方面的信息，探讨新兴发展趋势和监管议题。

在中国，监管科技在2017年进入顶层设计。2017年6月，中国人民银行印发《中国金融业信息技术"十三五"发展规划》，提出要加强金融科技和监管科技的研究与应用。2017年8月，原中国银行业监督管理委员会表示，要用科技的手段去监管金融科技。

（四）中国金融科技发展概况

中国金融科技从互联网金融起步，正逐渐成为全球金融科技中心。根据赛迪顾问《金融科技发展白皮书》提供的数据可知，2016—2022年，中国金融科技市场规模保持增长态势，增速保持在10%左右。2022年，中国金融科技整体市场规模达到5 423亿元左右（图4-5），这表明中国拥有全球最大的消费者群体，已成为全球规模最大、技术最先进的零售电子商务市场，占全球数字化零售销售额的47%，消费者的巨大需求为金融科技公司和转型金融机构创造了机遇。金融科技公司也着眼于中产阶级趋于成熟的财富管理、保险和私人银行服务需求，阿里巴巴、腾讯、京东等行业巨头正积极建构全方位的服务平台，大力投资新兴技术，从而支持下一代金融服务。在相关政策的支持下，近年来中国的金融科技快速发展，如图 4-5 所示。

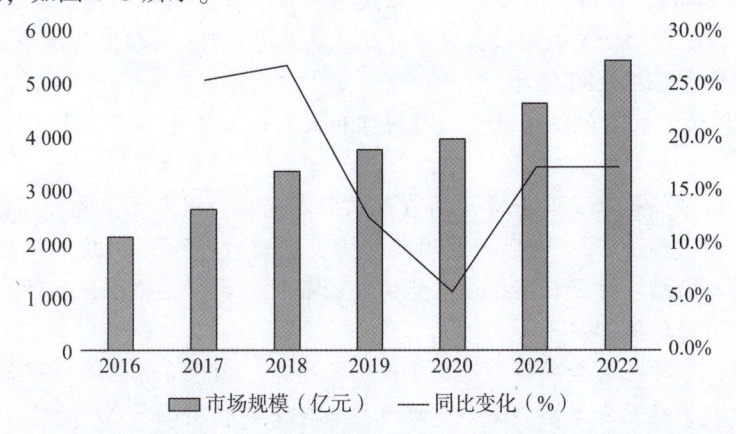

图 4-5　2016—2022 中国金融科技产业市场规模及变动情况

从广义金融与科技相结合的角度，中国金融科技的发展可以划分为三个阶段：政府主导科技和金融结合试点，技术驱动金融模式创新，金融科技规模化创新升级。

1. 政府主导科技和金融结合试点

1993 年，《中华人民共和国科学技术进步法》颁布，中国科技金融促进会宣布成立。2001 年，中华人民共和国科学技术部、中国人民银行等部门确定 16 个地区为首批促进科技和金融结合的试点地区。互联网及数字技术的出现，使一些基础的金融业务得以升级，传统金融机构开始构建信息系统，成为中国金融科技的原始起点。2004 年，支付业务的出现使金融科技从后台走向前端。这一阶段仍以政策主导、产业基金扶持技术发展为主要特征。

2. 技术驱动金融模式创新

2007 年，拍拍贷成立，标志着金融科技真正深入金融核心业务中，并通过互联网衍生出一系列风险评估新模式。2013 年，随着支付宝、积木盒子等新模式的出现，网络信贷、股权众筹等新金融服务逐渐衍生，传统金融机构纷纷展开互联网化战略布局。2014 年年底至 2016 年年初，网络信贷成为创业和投资风口。中国人民银行、原中国证券监督管理委员会、原中国银行业监督管理委员会等部门介入互联网金融行业监管。在这一阶段，人工智能、大数据、区块链等技术逐渐渗透金融行业，驱动金融服务模式的不断创新。

> **典型案例**
>
> 2016 年，中国金融市场发生了一场震惊全国的事件，那就是 e 租宝的倒闭。e 租宝是一家 P2P 网贷平台，成立于 2014 年，业务范围涵盖了租赁、购物、旅游等多个领域，曾一度在行业内名列前茅。但是，2016 年 3 月，该公司突然宣布停业，使大量投资者无法追回资金，引发了社会的广泛关注和质疑。

e租宝事件的起因可以追溯到2015年年底。当时，该公司推出"新手标"和"月月盈"等高收益的理财产品，吸引了大量投资者。然而，这些产品实际上是非法集资，没有得到相关部门的批准。此外，该公司还存在虚构项目、资金池等问题，违反了监管规定。2016年3月，该公司的资金链断裂，宣布停业。截至停业时，e租宝的注册用户数已经超过500万，投资总额达到80亿元。

　　e租宝事件的影响不仅仅局限于公司内部和投资者，还影响了整个P2P行业和金融市场。

　　一方面，该事件暴露了P2P平台存在的风险和乱象，引起了监管部门和投资者的高度关注。监管部门加强了对P2P平台的监管力度，出台了一系列政策措施，包括明确P2P平台的准入门槛、加强信息披露、建立风险备付金等。这些措施有助于规范P2P行业，提高对投资者的保护水平。

　　另一方面，事件也对金融市场造成了一定的冲击。由于e租宝是一家知名的P2P平台，其倒闭使大量投资者感到恐慌，导致市场出现了不稳定的状况。此外，该事件还暴露出金融市场存在的一些问题，如投资者的风险意识不足、监管部门的监管不力等。这些问题引起了政府的重视，开始加强对金融市场的监管和风险管控。

（资料来源：编者根据网络材料整理而成）

3. 金融科技规模化创新升级

　　自2016年以来，以大数据、云计算、区块链、人工智能等为代表的金融科技逐渐成为金融行业的热门话题。2016年至今，金融科技成为投资热点，出现了互联网金融、智能投顾、互联网保险等数十种新金融业态。金融业不再只专注于金融业务本身，金融业与科技产业资源要素将进一步融合，在这一阶段，金融科技回归金融与科技本身，基于战略性新兴技术融合创新，推动新金融合规化、高效化、个性化发展。

　　发表在英国的《经济学人》杂志上的《金融科技，中国成为领导者》中指出，从体量规模上看，中国已经是全球金融科技领域的绝对主导者，中国的电子支付规模远远高于其他国家，占全球总体规模的近一半；在互联网金融领域，中国市场规模占据全球市场规模的75%。目前，蚂蚁金服、腾讯、平安集团、铜板街等金融机构，已经把人工智能应用到产品、服务等各领域。

　　与欧美国家不同，中国金融科技市场不是集中在某一个金融中心或某个科技中心，而是分散在北京、上海、深圳、杭州、香港几个不同的城市群、中心城市。

　　从城市方面来看，国际咨询机构毕马威于2022年发布的《2021毕马威中国金融科技企业双50报告》指出，北京、上海、深圳仍是上榜企业的主要集聚城市（75%），但比2020年的占比下降了7个百分点。其中，北京金融科技企业数量较多，有27家金融科技公司入围。与此同时，杭州、成都等城市也在不断发力，吸引了诸多优质金融科技企业入驻。从地域分布情况来看，几乎所有企业都位于"十四五"规划所提出的五大优先发展的城市群中，其中位于长三角、粤港澳和京津冀城市群的企业占比达91%，比2020年下降5个百分点。成渝城市群作为西南地区的发展重点，在2021年的表现十分亮眼，共有7家企业上榜，2021年中国金融科技企业城市群及城市分布如图4-6所示。

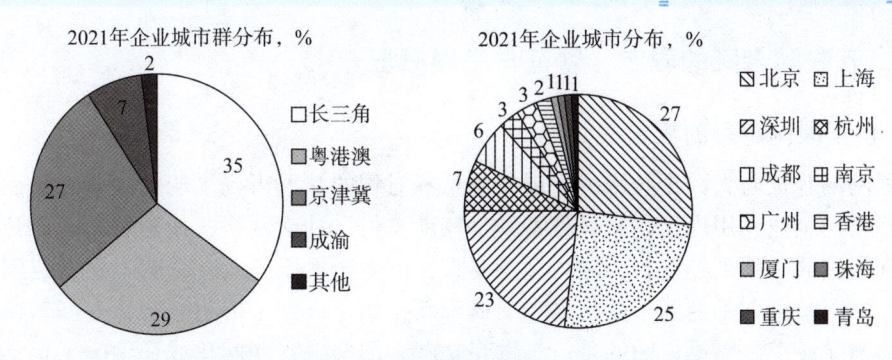

图 4-6　2021 中国金融科技企业城市群及城市分布

数据来源：毕马威

与国外不同，中国金融科技的起点并不是金融科技行业本身。中国金融科技在很长时间内都是以"互联网金融"这个概念存在的，直到 2016 年，金融科技这一概念才正式出现，并逐渐取代互联网金融的概念和模式。

金融科技是互联网金融的高级阶段，在过去普惠金融诉求迫切而传统金融服务不足的情况下，互联网金融取得了快速发展，用户规模和用户体验是决定其成败的最重要一环，但以互联网为载体、依靠流量发展金融业务对金融发展的意义仅限于前端产业。2016 年后，互联网各巨头的竞争格局基本稳定，流量巨大，在监管、成本与技术的共同推动下，互联网金融进入金融科技时代，掀开了中国金融行业发展的新篇章。

2016—2021 年，中国互联网金融正逐渐从用户流量驱动向金融科技驱动转型（图 4-7），受监管趋严的影响，互联网金融发展较为平缓，网络信贷逐步萎缩转型，股权众筹增速逐渐回落，移动支付洗牌加剧，传统金融机构的技术类基础设施愈加完善，互联网金融业务整体规模不断扩张，互联网已成为各家金融机构的标配而不再是创新的手段。与之相对应的是，以大数据、云计算、人工智能、区块链等为代表的金融科技逐渐成为金融行业的热门话题。金融创新迎来新的发展起点。无论是传统金融机构，还是新兴金融机构，都纷纷推动科技创新。

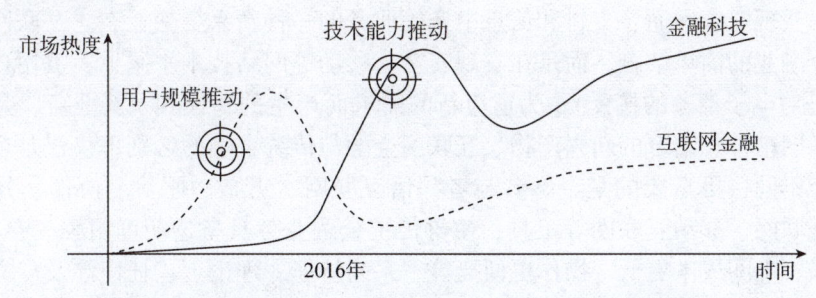

图 4-7　2016—2021 年中国金融科技发展驱动力转型图

由此，互联网金融业务也出现了以金融科技为基础的业务创新，包括智能投顾、消费金融、供应链金融等依托大数据、云计算与人工智能技术的投融资领域创新；同时，与其相应的安全问题与监管政策也随之发生了调整。

二、互联网金融的界定、特征与发展概况

（一）互联网金融的界定

互联网的普及与大数据技术的发展使信息不对称的状况得到了明显改善，从而降低了成本。互联网企业利用现代信息科技特别是移动支付、社交网络、搜索引擎和云计算等手段，将互联网的一系列经济行为融入金融要素，产生金融服务。互联网金融是我国特有的概念，互联网金融并不是简单的技术和渠道革新，而是有别于传统金融企业经营模式的一种全新的金融业态。需要说明的是，金融互联网，即金融互联网化或金融电子化，是指传统金融企业采用通信、计算机、网络等现代化技术手段，实现金融服务的自动化、信息化和科学化。因此，金融互联网化是在原有的金融框架内对金融业务实施了电子化，没有颠覆传统金融企业经营模式的意义。

从广义的角度讲，现有的互联网金融模式根据施行主体的不同可分为两大类：一是金融互联网模式，如银行、证券、保险等实体金融机构以互联网为媒介开展的线上服务（如网上银行、网上证券等）；二是基于互联网的新金融形式（即互联网金融模式），如各类互联网在线服务平台直接或间接向客户提供的第三方金融服务。在《2014年中国金融稳定报告》中，广义的互联网金融既包括作为非金融机构的互联网企业从事的金融业务，也包括金融机构通过互联网开展的业务。

从狭义的角度讲，互联网金融模式的存在是为了满足用户新的金融需求，互联网技术与金融联姻产生的金融新业态，也是本小节讨论的重点。随着互联网产业的不断发展和成熟，互联网企业不断拓展业务范围，不仅通过传统方式向金融机构提供技术和服务支持，而且不断挖掘数据、创新业务，将业务拓展至金融界，由此产生了互联网金融模式。谢平、邹传伟认为，互联网金融模式是第三种金融融资模式，因为它既不同于商业银行间接融资，也不同于资本市场直接融资。从融资模式角度看，互联网金融模式本质上是一种直接融资模式。此种定义较为理想化，是互联网金融发展的"终极模式"。

谢平等学者认为，互联网金融是指依托于支付、云计算、社交网络以及搜索引擎等互联网工具，实现资金融通、支付和信息中介等业务的一种新兴金融业态。互联网金融不是互联网和金融业的简单结合，而是在实现安全、移动等网络技术水平上，被用户熟悉接受后（尤其是对电子商务的接受），为适应新的需求而产生的新模式及新业务，是传统金融行业与互联网精神相结合的新兴产物。互联网金融与传统金融的区别不仅仅是金融业务所采用的媒介不同，更重要的是金融参与者深谙互联网"开放、平等、协作、分享"的精髓，通过互联网、移动互联网等工具，使得传统金融业务具备透明度更强、参与度更高、协作性更好、中间成本更低、操作更便捷等一系列特征。理论上，任何涉及广义金融的互联网应用，都应该是互联网金融，包括但不限于第三方支付、在线理财产品的销售、信用评价审核、金融中介、金融电子商务等模式。互联网金融的发展经历了网上银行、第三方支付、个人贷款、企业融资等多个阶段，并且越来越在融通资金、资金供需双方的匹配等方面深入传统金融业务的核心。

互联网金融与传统金融的区别在于，传统金融以二八定律为基础，而互联网金融以长尾理论为基础。互联网技术的应用使互联网金融建立于平台经济基础之上，不但具备规模经济效应，还可以使客户群体拓展到更广阔的空间，既能为客户提供个性化的专业服务，

又增强了企业的风险控制水平，还降低了金融服务成本，也提高了金融服务资源的配置效率。

（二）互联网金融的特征

1. 交易成本低

第一，互联网替代传统金融中介、市场中的物理网点和人工服务，从而降低交易成本。例如，手机银行本身不需要设立网点、不需要另外的设备与人员等，交易成本显著低于物理网点和人工柜员等方式。再如，对于部分手机银行（移动支付）用户而言，能够使用具有生物识别能力的软件远程开户，这可以显著降低交易成本。

第二，互联网促进运营优化，降低交易成本。例如，第三方支付集成多个银行账户，能提高支付清算的效率。在传统支付模式下，客户不能与中央银行直接建立联系，而必须分别与每一家商业银行建立联系，支付清算效率较低。在第三方支付模式下，客户与第三方支付公司建立联系，第三方支付公司代替客户与商业银行建立联系。此时，第三方支付公司成为客户与商业银行支付清算的对手方，第三方支付公司通过在不同银行开立的中间账户对大量交易资金实现轧差，少量的跨行支付则通过中央银行的支付清算系统来完成。第三方支付通过采用二次结算的方式实现了大量小额交易的清算，可以降低交易成本。

第三，互联网金融的去中介化趋势缩短了资金融通中的链条，能降低交易成本。

2. 信息不对称程度低

在互联网金融中，大数据被广泛应用于信息处理，提高了风险定价和风险管理效率，显著降低了信息不对称程度。

第一，大数据具有四个基本特征——数据体量庞大、价值密度低（也有人理解成应用价值巨大）、来源广泛和特征多样、增长速度快（也有人理解成需要高速分析能力）。大数据产生的背景是整个社会走向数字化，特别是社交网络和各种传感设备的发展。大数据有三个主要类型——记录数据、基于图形的数据和有序数据。云计算和搜索引擎的发展，使对大数据的高效分析成为可能，其核心问题是如何在种类繁多、数量庞大的数据中快速获取有价值信息，主要有两类任务：第一类是预测任务，目标是根据某些属性的值，预测另一些特定属性的值；第二类是描述任务，目标是导出概括数据中潜在联系的模式，包括相关、趋势、聚类、轨迹和异常等，具体可分为分类、回归、关联分析、聚类分析、推荐系统、异常检测、链接分析等。大数据分析有很强的实用主义色彩。预测在大数据分析中占有很大比例，对预测效果的后评估也是大数据分析的重要内容。大数据与超高速计算机结合，使相关性分析的重要性，超过因果分析、行为分析的重要性，且不低于财务报表分析的重要性。

第二，在信贷领域，可以根据大数据来确定动态违约概率；通过大数据分析，证券市场的信息变得充分、透明，市场定价效率非常高；在保险领域，大数据能提高保险精算的准确性并且可以动态调整，使保费满足个体差异性和投保标的时变性的需求。

第三，将风险转移给社会中有相应风险偏好的人，由他们自愿承担。

3. 交易可能性集合拓展

互联网使交易成本和信息不对称逐渐降低，金融交易可能性集合拓展，原来不可能的交易成为可能。例如，在众筹融资中，出资者和筹资者之间的交易较少受空间距离的制约。特别需要指出的是，互联网金融所具有的边际成本递减和网络效应等特征，也有助于拓展互联网金融的交易可能性集合，但交易可能性集合扩大伴随着"长尾"风险：第一，互联网金融服务人群的金融知识、风险识别和承担能力相对欠缺。第二，这些人的投资小而分散，"搭便车"问题突出，针对互联网金融的市场纪律容易失效。第三，个体非理性和集体非理性更容易出现。第四，一旦互联网金融出现风险，涉及人数多且分散，对社会负外部性影响很大。因此，金融消费者保护是互联网金融监管的重要内容。

4. 交易去中介化

在互联网金融中，资金供求的期限、数量和风险的匹配，不一定需要通过银行、证券公司和交易所等传统金融中介和市场进行，即也可以通过互联网进行。

在信贷领域，个人和小微企业在消费、投资和生产中，有内生的贷款需求（如平滑消费、启动投资项目和流动资金等）。这些贷款需求属于合法权利（即贷款权）。与此同时，个人通过投资使财富保值增值，并自担风险，也属于合法权利（即投资权）。但这些贷款权和投资权都很分散，面临匹配难题和交易成本约束。例如，我国很多地方存在的"两多两难"（企业多融资难，资金多投资难）问题，反映了信贷领域的这种摩擦。在大数据背景下，金融民主化、普惠化与数据积累之间具有正向激励机制。

5. 支付变革与金融产品货币化

在互联网金融中，支付以移动支付和第三方支付为基础，在很大程度上活跃在银行主导的传统支付清算体系，并且显著降低了交易成本。如果第三方支付发展得足够强大，并联合起来形成中央银行之外的支付清算系统，从理论上有可能挑战中央银行作为支付清算中心的地位。此外，如果所有个人和机构通过互联网在中央银行的超级网银开设账户，这样，二级银行账户体系就没有存在的必要，货币政策操作方式会完全改变。

在互联网金融中，支付与金融产品挂钩，会促成丰富的商业模式。突出的例子是以余额宝为代表的"第三方支付+货币市场基金"合作产品——平时作为投资产品获取收益，需要时快速转换为支付工具。通常情况下，当一种金融产品的流动性趋向无穷大的时候，收益会趋向0。但余额宝通过"T+0"和移动支付使货币市场基金既能作为投资品，也能作为货币使用，同时实现支付、货币、存款和投资四个功能。未来，随着支付的发展，在流动性趋向无穷大的情况下，金融产品仍可以有正收益。许多金融产品将同时具有类似现金的支付功能，称为"金融产品货币化"。例如，可能用某一个保险产品或某一只股票来换取商品，这对货币政策和金融监管都是挑战，需要重新定义货币、支付、存款和投资的功能。

特别重要的是，互联网金融中出现了新型货币，即互联网货币，这是点对点、去中心化的私人货币，在纯粹竞争环境下，不一定比不上中央银行的法定货币。此外，互联网货币天生的国际性、超主权性，使兑换更便捷。

从理论上讲，互联网市场体系中产生了多边交易所认可的互联网货币，以"自适应"方式存在于互联网，内生于以互联网为主的经济交易中，根据规则自动调整发行量以保持币值稳定。这种情况下，货币政策也会完全改变。主流的货币理论假设货币是外生变量，因此，有控制的必要；但对这种内生、超主权的互联网货币，货币政策既不是数量控制，也不是价值控制，而是对经济体中总体风险承担水平的控制，因此，更接近宏观审慎监管。

6. 银行、证券和保险的边界模糊

一些互联网金融活动天然具有混业特征。例如，在金融产品的网络销售中，银行理财产品、证券投资产品、基金、保险产品和信托产品完全可以通过同一个网络平台销售。又如，一些网络贷款就涉及银、证、保三个领域，从功能上，P2P 网络贷款是替代银行存贷款，还可以视为通过互联网的直接债权融资。从保险角度讲，P2P 网络贷款的投资人相当于购买信用保险产品，一名投资者有 100 万，若去银行存款，假设每年期利率是 3.5%，年收益为 3.5 万；在 P2P 网络贷款平台上给 50 个人贷款（假设平均贷给每人 2 万），利率为 12%~15%。在 50 名借款人中，如果只有 3 人违约（假设违约后贷款完全损失），投资者的年净收益为 47×2×12%−3×2＝5.28（万元）（按最低利率 12% 计算），高于银行 3.5 万的存款收益。需要指出的是，互联网金融的混业特征会带来一些监管难题。

7. 金融和非金融因素融合

互联网金融创新内生于实体经济的金融需求，在一定程度上接近王国刚提出的"内生金融"概念。一些实体经济企业积累了大量数据和风险控制工具，可以用在金融活动中，代表者是阿里巴巴和京东等电子商务公司。例如，阿里巴巴为促进网络购物、改善消费者体验感，先通过支付宝打通支付环节，再利用网上积累的数据发放小额信贷，然后又开发出余额宝，以盘活支付宝账户的沉淀资金，满足消费者的理财需求。阿里巴巴的金融创新经验表明，互联网金融的根基是实体经济，一旦离开实体经济，互联网金融就会变成无源之水、无本之木。

电子商务、共享经济与互联网金融有着天然的紧密联系。它们既为互联网金融提供了应用场景，也为互联网金融打下数据和客户基础，而互联网金融对它们也有促进作用，从而形成一个良性循环。未来，实体经济和金融活动在互联网上会达到高度融合，这就使得互联网金融创新具有非常不同于传统金融创新的特点。

传统金融创新主要是金融产品（契约）创新，即使用金融工程技术和法律手段，设计新的金融产品。部分新产品具有新的现金流、风险和收益特征，实现新的风险管理和价格发现功能，从而提高市场完全性，如期权、期货和掉期等衍生品。部分创新产品则以更低交易成本实现已有金融产品（及其组合）的功能，如交易所交易基金。总的来说，传统金融创新强调流动性、风险收益转换。

互联网金融创新体现了互联网精神对金融的影响。互联网精神的核心是开放、共享、去中心化、平等、自由选择、普惠和民主。互联网金融反映了平台模式在金融业的兴起，金融分工和专业化淡化，金融产品简单化，金融脱媒、去中介化，金融民主化、普惠化。因此，互联网金融的很多创新产品与衣食住行和社交联系在一起，内嵌在应用程序中，产品实用化、软件化、自适应生成，强调行为数据的应用，在一定程度上体现了共享原则，目前的典型案例包括余额宝，其实现了支付、货币、存款和投资的一体化；京东白条，其本质是"免息赊购＋商品价格溢价"，给消费者一定的信用额度，不计利息；微信红包，其颠覆了传统的红包概念，体现了互联网金融在社交中的应用。

特别要指出的是互联网金融具有普惠性。金融与互联网信息技术的结合，使金融具有了普惠性。传统金融机构主要以对贷款有稳定需求的大企业客户，以及高端零售客户为服务对象，而互联网金融能够解决信息不对称和融资成本较高的问题，满足了中小企业和普通大众的金融需求，使金融市场参与者更为大众化。合理健康的互联网金融既帮助中小企

业获得低息、稳定、快捷的贷款，又使理财用户获得高息、安全、有保障的丰厚回报，不但促进了经济的健康发展，还保证了平台安全运转。但不排除有的互联网金融平台资金流向了高风险的证券、期货等资本市场，不但没用于支持实体经济，还增加了平台的金融风险，这样的互联网金融并不具备普惠性。

（三）互联网金融的发展概况

互联网金融的雏形出现于 20 世纪 90 年代中期，以 1995 年在美国诞生的安全第一网络银行（Security First Network Bank，SFNB）为标志。它的诞生给全世界金融业带来了强烈的震撼。随后几年，互联网金融开始在欧洲和亚洲一些国家和地区逐渐兴起，中国的互联网金融发展经历了三个主要时期。

1. 萌芽期（2005 年以前）

中国互联网金融的萌芽期在 2005 年以前，主要表现为传统金融机构利用互联网技术把简单的金融业务搬到网上，尚未出现真正意义上的互联网金融业态。1993 年互联网将人类的商务活动带入全面的电子化时代，电子商务作为一种全新的商务运作模式对金融业产生了深远的影响。这一全新的交易和营销模式要求转变传统银行的支付观念、支付体系和支付方式，银行业为了在竞争中求生存，开始迎合金融业电子化的发展趋势，极力创新金融业务。由此，网上银行、网上证券交易、网上保险等互联网金融业务应运而生，它们的发展在给传统金融业务模式和服务方式带来巨大变革的同时，也掀起了互联网金融发展的第一波浪潮。

2. 起步期（2005—2012 年）

中国互联网金融发展的起步期是 2005—2012 年，此时互联网与金融的结合从早期的技术领域深入金融业务领域，开始出现如第三方支付机构、网络借贷等真正的互联网金融业务形态。为了支持电子商务的进一步发展，第三方支付机构作为买卖双方交易过程中的信用平台应运而生，到 2008 年，第三方支付的应用范围已经拓展到生活服务领域，随着移动通信技术的迅速发展，作为未来第三方支付市场重点争夺领域的移动支付也在 2012 以后进入高速发展阶段，第三方支付市场向正规化和成熟化方向发展。此外，互联网金融发展的另一个标志性业务形态，即网络借贷在这一时期也得到发展，网络借贷于 2007 年在中国萌芽并发展，由于市场利率化及金融非中介化，进入 2010 年后，该行业呈现快速增长态势，到 2012 年，由于缺乏必要的法律法规监管和约束，大量劣质公司涌入市场，导致互联网金融公司恶性事件不断，严重损害了消费者权益，也给正常的金融秩序带来了不利影响，市场淘汰了一批不正规的、竞争力弱的劣质企业，在一定程度上整合了行业。

3. 高速发展期（2013 年至今）

2013 年被称为互联网金融发展元年，也是互联网金融迅猛发展的一年，以"余额宝"上线为代表。自此，第三方支付机构开始走向成熟化，网络借贷平台爆发式增长，众筹平台开始起步，消费金融稳步发展，互联网保险和互联网银行相继获批筹建。同时，券商、信托、基金等也以互联网为依托，对业务模式进行重组改造，加速建设线上创新平台，金融搜索和网络金融超市等为客户提供整合式服务体验的资源整合平台也应运而生，中国互联网金融进入高速发展期。此外，互联网金融日益得到国家相关部门的关注，监管部门纷纷出台政策，加强对互联网金融行业及各个细分业态的引导与规范，互联网金融开启了新的发展阶段。

三、金融科技与互联网金融的联系与区别

金融科技与国内的互联网金融概念既有联系又有重大区别。前者是指金融的科技化，后者是指金融的互联网渠道化。二者之间的关系不宜混淆，也不宜以互联网金融的讨论来替代金融科技。

虽然互联网金融和金融科技都是信息科技和金融服务彼此融合的结果，但互联网金融主要是利用互联网把金融业务从线下搬到线上，属于业务渠道创新，通过互联网，可以拓展金融机构接触和服务客户的渠道和方式，为客户提供更及时、更方便的服务；而金融科技的核心是科技，更强调新技术对金融业务的辅助、支持和优化作用，重点在于技术变革，是用大数据、人工智能、区块链等技术，为金融机构服务。因此可以说，金融科技对包含互联网在内的新技术要求更高、变革更深，科技逐渐由渠道拓展者演变成金融发展的核心。因此，虽然互联网金融和金融科技都是信息技术和金融服务彼此融合的结果，但互联网金融更加强调金融行业对于互联网这一新渠道的应用；而金融科技则强调科技对金融服务的颠覆与赋能，从而提升金融服务效率，创新服务业态。

互联网金融可视为金融科技的早期业态。"互联网金融"的提法把金融与技术相混淆，导致实践中出现了为数不少的脱离和违背金融行业规则的所谓创新，甚至在监管和经营理念上也出现了偏差，出现了许多风险事件和群体性事件，增加了金融系统风险。随着国内互联网金融专项整治的深入，粗放经营的互联网金融时代已经成为过去。互联网金融阶段的技术和资本沉淀促使新技术与金融深度结合，并对金融行业深度改造，目前正在朝着移动化、数字化和智能化的金融科技阶段发展。从未来发展的角度看，国内的互联网金融概念将逐步被金融科技的概念融合，最终与国际通行概念一致。

第二节 科技驱动的金融服务

一、金融科技产品与应用场景

通俗地讲，金融产品是指资金融通过程中的各种载体，如银行市场上的信贷和理财产品，证券市场上的股票和期货，保险市场上各类寿险和财险产品等。参照这个概念，金融科技产品就是在金融科技背景下，用各类先进技术改造金融产品，供求双方基于这些具有创新特色的买卖对象形成交易关系。

目前，金融市场上已涌现出近千种金融科技产品，后续也必将有更多的金融科技产品不断问世。我们无法枚举具体产品，只能通过分类认知和特色案例相结合的方式简要介绍金融科技产品的全貌、供求状况和应用场景。

（一）金融科技产品概览

产品往往因一定的需求而开发，而需求又对应某一市场，从而形成了特定的细分领域。因此，了解金融科技的细分市场是十分便捷的了解金融科技产品的方式。

国际组织、各国政府在金融科技的细分门类上并没有统一的标准，目前最全面的方案

57

是天使投资机构阿尔法公社基于 Venture Scanner 网站上的 1 885 家金融科技公司所提出的 16 类分法。分别是消费信贷、支付后端、商业信贷、消费支付、POS 支付、企业级工具、私人财务管理、散户投资、金融安全、银行基础设施、转账汇款、数据和研究、机构投资、股权投资、虚拟银行和众筹。在每个细分市场中，传统金融机构和金融科技公司都开发了大同小异的金融产品以满足用户的信贷、支付、财富管理等方面的需求。

阿里巴巴旗下的蚂蚁金服受平台和生态圈经营理念的影响，其产品类别已覆盖主要金融科技领域，国内外多家公司以它为参考开发自己的产品。因此，通过它的业务布局和产品体系，可以一窥目前金融市场上主要的金融科技产品，如图 4-8 所示。

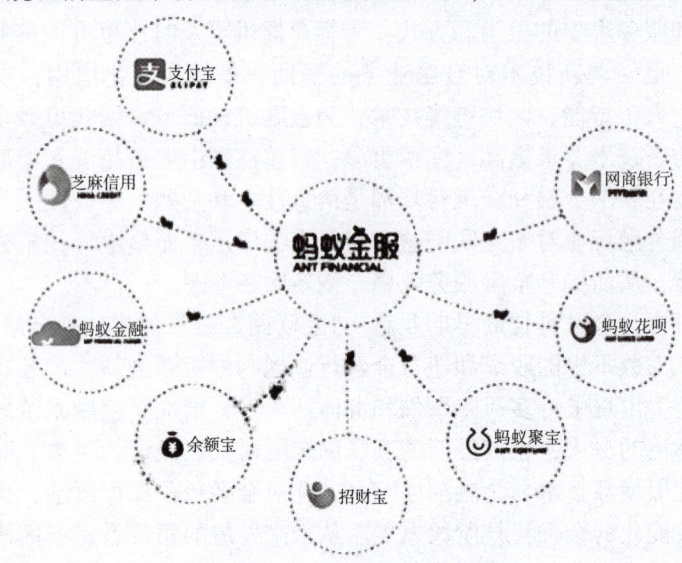

图 4-8　蚂蚁金服业务布局和产品体系

其中，支付宝是国内第三方支付行业的龙头；芝麻信用是蚂蚁金服自建的信用评估系统，它是蚂蚁花呗和蚂蚁借呗两款消费信贷产品的授信基础；蚂蚁金融云是针对中小金融机构开发的 IT 应用自主可控技术平台，属于金融基础设施领域的金融科技产品；余额宝是小额活期理财平台，开创了中国低门槛、小额度理财产品的先河，已成为国内规模最大的货币基金；招财宝是撮合借贷交易的定期理财平台；蚂蚁聚宝是面向大众的财富管理平台，可以提供智能投顾服务；蚂蚁小贷致力于为小微企业和网商创业者提供互联网化的小额贷款服务；网商银行是定位为服务小微企业的网络银行，实际上集合了贷款、转账、理财等金融服务，是阿里金服旗下多种金融科技服务的整合体。

（二）金融科技产品概览

供求关系是商品经济中的一项基本关系，在其他因素不变的情况下，产品供给量与价格存在正比变化关系，而需求量与价格成反比变化。为了使利润最大化，生产商通常要控制成本，把有限的资源用于能产生 80% 利润的客群服务，而其通常只占全部客群的 20%，遵循二八法则。

但由于互联网技术的发展，资源稀缺被信息爆炸和经济富足取代，"长尾理论"成为新时代的经营圭臬。金融科技产品的供求关系同样受此影响，如表 4-1 所示。

第四章 金融科技概述

表 4-1 工业时代和互联网时代金融产品/服务对比

对标指标	工业时代	互联网时代
金融产品/服务的提供者	受限	多元
金融产品/服务的种类	种类匮乏、服务单一	多样、透明、普惠
金融产品/服务的用户	以高净值人群为主	扩展到未被覆盖的人群
金融产品/服务的市场需求	被动接受；通用、标准化	主动选择；定制、个性化

2004 年 10 月，美国《连线》杂志主编克里斯·安德森（Chris Anderson）发表《长尾》一文，他对比了亚马逊等互联网零售商与沃尔玛等传统零售商的销售数据，发现亚马逊的图书销售额中有 1/4 来自排名 10 万以后的书籍。在收益—产品品类的坐标系下，需求曲线拖着长长的尾巴，向代表"产品品类"的横轴尽头延伸。总供给曲线 S 与总成本线 C（其中固定成本线为 F）相交于盈亏平衡点，对应的销量为 Q_0，该销量投射于横轴的产品品类，将需求曲线划分为"头部"和"尾部"。安德森由此提出，在网络时代，人们有可能用很低的成本关注正态分布曲线的"尾部"，关注"尾部"产生的总体效益甚至会超过"头部"，即长尾理论，如图 4-9 所示。

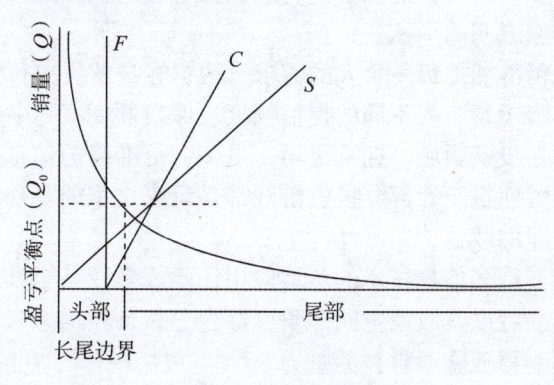

图 4-9 长尾理论

长尾理论表明，面向细分人群、提供个性化产品的新型商业模式已然崛起。应用到金融科技领域，这意味着中小微企业和未被传统金融体系覆盖的中低净值客户将成为新的利润增长点，有望成就金融新蓝海。企业占领这类长尾客户的能力将成为未来金融科技企业的核心竞争力。

顺应这一逻辑，未来金融科技产品会向着定位更细分、种类更多样、功能更个性化的方向发展。由此，新的金融体系会融入更多参与者，尤其是在消费端；各类金融企业会更加重视客户体验；金融科技的发展也将更加依赖科技创新之力。

（三）金融科技应用场景

金融科技全面应用于支付清算、借贷融资、财富管理、零售银行、保险交易和结算六大金融领域。其以新一代信息科技服务更多人群、革新金融产品、创新服务模式、提升服务效率、降低交易成本，是时代给予金融业的发展道路。大数据、云计算、区块链、人工智能等技术的应用将是金融创新的"第三级火箭"，引领金融业转型、升级。图 4-10 展示了未来金融科技应用场景可能的发展路径。

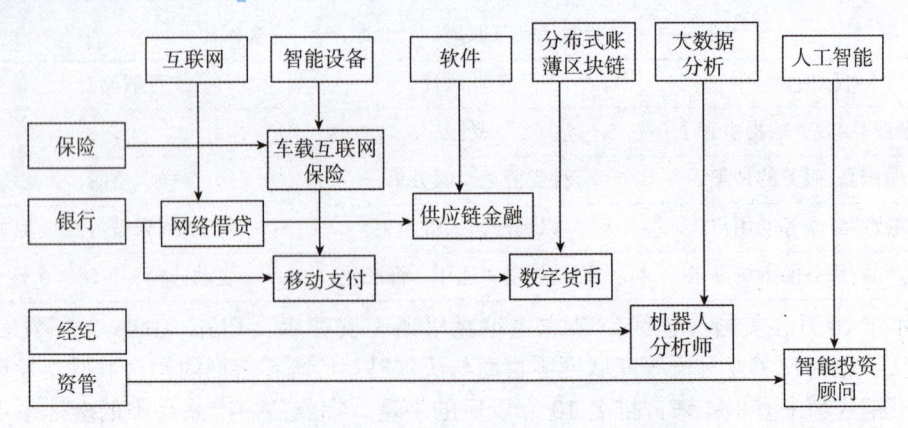

图 4-10　未来金融科技应用场景可能的发展路径

下面对金融科技主要产品技术的应用场景进行概述。

(1) 大数据。大数据在金融业主要有两大类应用。

第一，风险定价。定价永远是金融或多数市场中最核心的部分之一，大部分金融活动都涉及风险和收益的平衡。放贷，是在平衡利息收益与违约风险之间的平衡；保险，是在平衡保费收入与理赔金额之间的平衡。

大数据技术，可以精准捕捉每一个人的需求，根据客户的历史行为推测其未来的财务状况及履约情况，从而给予每个人不同的授信额度、保费额度、利率等。

第二，信息优势。在投资领域，拥有更早、更多、更准确的信息，会让投资人获得先发优势而最终转化为投资回报。大部分投资游戏都是玩家之家的零和博弈，谁下手早、下手准，谁就能获得最丰厚的收益。

目前，在金融领域，许多信息技术的落地应用还不成熟，甚至处于概念阶段。但从技术可能性、金融业的接受程度及政策空间等角度综合分析，相信未来，人们会在更多金融业务中看到科技的踪影、释放金融科技的魅力。

(2) 云计算。

现在，最简单的云计算技术在网络服务中已经随处可见，如搜索引擎、网络信箱等，使用者只要输入简单指令即能得到大量信息。未来如手机、全球卫星定位系统等英东装置都可以通过云计算技术，发展出更多的应用服务。进一步的云计算还可具有资料搜寻、分析的功能。

(3) 区块链。

区块链技术的实质是在信息不对称的情况下，无须相互担保信任或中心机构核发信用证书，采用基于互联网大数据的加密算法创设的节点信任机制，该机制规则为系统中的节点普遍通过即为成立。它能低成本地解决金融活动的信任难题并将金融信任由双边互信或建立中央信任机制演化为多边共信、社会共信。

就区块链在金融业的应用场景而言，目前最成熟的是数字货币，且具有许多应用场景，如表 4-2 所示。

表 4-2　区块链在金融业的应用场景及示例

应用领域	示例
银行业	R3CEV 为多家银行开发定制化区块链（联盟链），成员已发展到 50 多家

续表

应用领域	示例
证券业	Overstock 推出区块链交易平台 tZero.com
保险业	LenderBot 是一款为共享经济而设计的微保险概念产品
信托业	印度区块链技术初创公司 Signzy Technologies 打造数字化信托平台
租赁业	Visa 和 DocuSign 合作利用区块链来简化汽车租赁过程
数字货币	厄瓜多尔推出法定数字货币，既减少了货币发行成本，也推动了普惠金融服务的发展
跨境支付与结算	中国招商银行开发跨境直联清算系统
票据	浙商银行上线国内首个区块链移动汇票应用
征信	中国创业公司 LinkEye 致力于创建区块链征信联盟
供应链金融	Skuchain 为 B2B 交易和供应链金融市场开发了一些基于区块链的产品
资产托管	邮政储蓄银行与 IBM 合作开发基于区块链的资产托管系统
资产证券化	京东金融推出基于区块链的资产云工厂底层资产管理系统

(4) 人工智能。

根据人工智能的发展状况，率先应用于金融业的技术是语音识别技术，目前市场上已具有较为成熟的案例和框架。而其他类型的人工智能技术的商业化还处于初级发展阶段，需要进一步研究和开发。结合人工智能的发展趋势，人工智能在金融业有以下应用场景。

第一，语音识别技术和自然语言处理——智能客服。通过语音识别和自然语言处理技术的使用、集团客户服务渠道（包括电话、短信、网络在线、微信、App 等）的整合，建立起客户服务机器人，提供在线的智能客户服务。

第二，计算机视觉与生物特征识别应用——人脸识别与安全监控。这种人工智能技术可以让机器更加准确地识别人的身份和行为，为金融机构的客户识别和安全监控提供便利。

第三，机器学习、神经网络与知识图谱应用——预测分析与智能投顾。机器学习最大的特点是机器可以通过对已有数据进行分析建模来完成学习，自动构建、优化模型，预测判断事物的变化趋势和规律。

第四，服务机器人技术应用——机房巡检和网点智能机器人。引入智能机器人，24 小时巡视机房等核心区域，在一定程度上替代人工完成监控工作，及时发现潜在风险。同时，其还可以将智能机器人投放到网点，它们能结合知识库对客户的反馈进行判断，并给出相应回答，以减轻服务人员的工作。还可以用于采集客户数据，通过需求分析开展精准营销。

二、金融科技公司与传统金融机构的融合

在金融科技快速发展的大趋势下，银行、券商和交易所等中介作用都被削弱，贷款、股票、债券等的发行和交易及券款支付都可直接在网上实现，大幅减少了信息成本和交易成本，可以更加有效地进行资源配置，真正实现低成本、高效率的管理运作。金融科技正以迅猛的态势，以抢入口、抢流量、抢客户为切入点，以更快速、更便捷、更省心为服务优势，以产品新、门槛低、收益高为卖点向传统的金融行业发起强烈的挑战，这无疑对传统金融行业产生了重大的影响。现在崭新的金融科技环境正在形成，互联网生态必将深刻

影响中国的金融体系。

（一）金融科技公司对传统银行业的影响

自2013年以来，互联网金融的蓬勃发展及其对传统银行业的冲击成为热门的话题。行业的佼佼者当属以京东、阿里巴巴和腾讯三家为代表的互联网企业，它们将互联网平台资源与金融产品或服务进行整合，推出了包括小额借贷、移动支付、余额宝等众多新型的互联网金融业务模式及产品，这些业务模式及产品一经推出便产生了巨大的反响。互联网金融既通过互联网特色的用户体验优势迎合了广大客户对便利的金融服务的需求，也凭借互联网本身强大的媒介影响改变着客户的传统金融行为和资金流转方式。

典型案例

善融商务

善融商务是中国建设银行推出的以专业化金融服务为依托的电子商务金融服务平台，集金流、信息流和物流为一体，为客户提供信息发布、在线交易、支付结算、分期付款、融资贷款、资金托管、房地产交易等全方位的专业服务。

"善融商务"以"亦商亦融，买卖轻松"为出发点，面向广大企业和个人提供专业化的电子商务服务和金融支持服务。在电商服务方面，提供B2B和B2C客户操作模式，其业务范围涵盖商品批发、商品零售、房屋交易等领域，为客户提供信息发布、交易撮合、社区服务、在线财务管理、在线客服等配套服务。

"善融商务个人商城"的定位是B2C平台，面向的是个人消费者。"善融商务个人商城"目前出售服饰、箱包、图书、电器等14个品类的商品，其采用通过加盟商家向消费者提供产品的模式，目前共有218家店铺入驻了个人商城，如海尔集团、银泰百货、美孚、壳牌、深特汽配、玫瑰人生等。消费者在购买商品时可以直接实现分期支付或者申请贷款支付，也可采用信用卡积分兑换券。

"善融商务企业商城"的定位是独立B2B平台。2010年3月，阿里巴巴拿到了小贷牌照，面向小微企业的信贷业务蓬勃发展，据报道，仅2012年上半年，阿里金融就完成了170万笔贷款，累计投放贷款130亿元。建行从中学到了不少经验。虽然目前阿里金融这个业务量对建行而言还不足为惧，但银行担忧的是，面向企业客户的在线信贷服务，是战略性的新兴市场，有可能影响未来银行业的竞争格局。这种情况下，建行下决心自己做电商。自2010年下半年开始，建行就开始探索大型国有商业银行如何在电子商务环境下提供金融服务，在自己的几十家咨询商里征求银行做电商的方案，但一直没有找到合适的合作方。这是因为一方面，以前服务于银行的咨询商都是传统IT企业，对互联网并不精通；另一方面，互联网企业对银行的行事规则不能完全适应。因此，阿里巴巴历经一年多的筹备，才在2012年6月推出善融商务。

请问，善融商务的优势是什么？

1. 对商业银行金融地位的影响

（1）弱化商业银行的金融中介功能。

商业银行的金融中介功能包括两个：一是银行具有资金清算中介的功能，银行是货币流通的媒介，银行业间有配套及成型的清算、支付系统，便于银行与客户、银行与同业间的清算，同时能降低资金融通的交易成本。二是银行又具有信息中介的功能，银行在为客户办理业务的过程中，在客户信息的收集、处理、分析等方面有较强的能力，能够缓解储蓄者与资金短缺者之间的信息不对称。而互联网金融的产生及快速发展，使商业银行面临金融中介功能弱化的风险。

（2）冲击了商业银行的支付中介地位。

商业银行支付中介功能的发挥主要基于债权债务清偿活动中，人们在空间上的分离和在时间上的不匹配。2011年5月，中国人民银行颁发首批第三方支付牌照（支付业务许可证），截至2015年9月底，已有271家企业获得第三方支付牌照，业务涉及货币兑换、互联网支付、数字电视支付、预付卡发行与受理、银行卡收单等多种类型。从2016年8月起，在四次续牌中，有24张支付牌照被注销。目前，第三方支付模式已经成为电子商务领域应用最广泛的支付模式。以充值业务为例，只需通过支付平台将该账户中的资金划转到收款人的账户中，即可完成支付。第三方支付模式打破了商业银行对于线下支付的垄断，商业银行的垄断收益被持续分流。

第三方支付涉及的客户数量越来越多，第三方支付平台的功能越来越重要，交易量也越来越大，不断将银行结算功能弱化。2014年，第三方支付交易量已接近23万亿元。中国人民银行公布的数据显示，2016年，第三方支付机构累计发生网络支付业务1 639亿笔，金额达58万亿元，同比分别增长99.5%和87%。2017年，第三方支付交易量超过100万亿元。2023年，第三方支付交易量已经超过380万亿元。

2. 对商业银行经营理念的影响

互联网金融独有的竞争优势，对商业银行的经营理念与经营行为产生了很大的冲击，发挥"鲶鱼效应"倒逼商业银行从经营理念、业务结构、盈利模式、客户群体、服务水平等各个方面进行大规模调整，商业银行的价值创造和价值实现方式也将被互联网金融改变。

（1）商业银行的发展模式和盈利方式发生改变。

近年来，中国商业银行虽处在快速稳定的发展阶段，但仍属于传统上"重投入轻效益、重数量轻质量、重规模轻结构、重速度轻管理"的外延粗放式增长模式。在盈利方式上，利差仍然是商业银行的主要收入来源，我国银行业利息收入仍占较大比例，非利息收入占比仍较少。

（2）客户的价值诉求发生根本性转变。

在互联网金融模式下，客户的消费习惯和消费模式发生了变化，目标客户类型也悄然改变。客户更为大众化，参与各种互联网金融交易的人群包括中小企业和普通大众。互联网技术的日新月异，使客户更关注效率与成本，同时追求多样化、差异化和个性化服务，注重方便、快捷、参与和体验成为客户的重要诉求。

（3）商业银行的竞争基础发生改变。

商业银行为客户提供的是复杂技术的金融产品，而互联网金融机构依托互联网技术，提供的是简单、快捷、低成本的金融产品。互联网金融的发展将由安全、稳定、低成本和低风险转向快捷、便利，进而对商业银行核心业务造成冲击。

3. 对商业银行经营模式的影响

（1）银行信贷供给格局被改变。

网络借贷平台提供的贷款模式不同于商业银行的操作模式，资金供求双方依赖平台寻找与其资金期限、金额、利率相匹配的一方便可完成资金的借贷。这种模式不仅手续简便、操作简单，也适合个性化的要求，能够很好地满足客户的需求，因此受到大众的认可。截至2014年上半年，仅阿里巴巴小贷发放的贷款已累计超过2 000亿元，服务的小微企业达80万家，而2016年阿里巴巴发放小额贷款达到8 000亿元。互联网的直接融资模式正在形成，这给商业银行的信贷业务，尤其是小微企业贷款业务造成了重创。

（2）银行客户基础被动摇。

伴随互联网技术的高速发展及金融脱媒，银行赖以生存的客户群体也受到了互联网金融的冲击。大量的客户在办理金融业务时借助互联网，摆脱了商业银行这个中介，客户信息被互联网金融企业沉淀下来。

4. 对商业银行服务模式的影响

（1）商业银行"以客户为中心"的服务模式需要进一步完善。

商业银行一向以客户为业务开展的基础，客户是商业银行持续发展的源泉，但受到互联网金融的冲击后，互联网企业的客户数量大幅提升。互联网金融模式下，商业银行原有的物理网点优势被弱化，客户将更多地以互联网为媒介，尤其是中小企业和个人客户比较关注便捷性、高效性，同时又倾向于个性化的服务。在这种状况下，商业银行的客户群体会有所调整，因此，商业银行原有的"以客户为中心"的服务模式不再适合互联网金融模式下的客户群体，需要进一步改进。

（2）商业银行针对小微企业的金融服务模式尚需进一步创新。

互联网金融模式下信息更加透明化，增强了人与人之间的信任，而信用恰恰是金融的本质与核心。在无抵押、无担保的情况下为陌生人成功融资，这种状况在传统金融模式下是不可想象的，而在互联网金融时代却成为现实。互联网金融企业拥有大数据、云计算等技术，这些技术能够帮助互联网金融企业在信贷审核时，把借款人的网络交易和信用记录作为参考和分析指标，从而降低了投资者的风险。因此，互联网金融模式可以超越传统融资方式，使资源配置更有效率，交易成本大幅减少，有力地支持实体经济的发展。中国银行在2004年提出，将中小企业业务作为银行的转型方向，但推进难度比较大，依旧没有解决中小企业融资难的问题。而与此同时，网络小微贷款模式的竞争力迅速显现，如阿里小贷结合互联网技术，针对国内小微企业数量多、融资需求频率高、需求额度小的特点，建立了以网络数据为核心的小额贷款模式。该模式体现出"小额、信用、期限灵活和较高利率"的特点，在放款规模、贷款方式、社会影响力等方面都堪称行业内的翘楚。互联网金融企业灵活多变的应对方式与积极创新的行动力，要求商业银行加快调整步伐。

（3）商业银行互联网化经营进程尚待进一步加快。

面对互联网金融的猛烈冲击，商业银行也迅速调整业务模式。近年来，商业银行利用互联网技术将线下业务转移到线上，但面对互联网金融的重大影响，要想稳住当前的市场份额，逆转互联网金融发展的迅猛势头，其就要以互联网技术为依托，结合金融产品进行大胆创新，而不是仅将商业银行产品简单互联网化。以网上银行为例，以往其网上银行业务仅涉及存款、转账等几种常见业务，但新网上银行业务借助互联网金融平台，在网上银行可以实现基金的购买与赎回、记账式国债的购买与出售、股票保证金账户的实时划转等。

5. 对商业银行收入来源的影响

商业银行的收入来源主要是利差收入和中间业务收入。互联网金融模式打破了商业银行利率固定化的特征，能够通过市场反映供求双方的价格偏好，使双方可以通过议价成交。利率的市场化使商业银行的定价权不受央行基准利率指导的限制，互联网金融利用其高效、便捷、低成本等特点，将商业银行的客户吸引过去，影响商业银行的盈利状况。

（1）网络借贷将影响商业银行的利差收入。

网络借贷短时间内就得到了广大中小微企业的热捧，这不仅是商业银行难以利用传统的服务模式满足中小微企业的融资需求，也是网络借贷公司不归入金融机构，不受金融监管部门的监管；网络借贷可提供"金额小、期限短、随借随还"的小额贷款，非常适合中小微企业的发展现状。因此，这些资金需求者愿意选择手续简单、便捷高效的互联网金融企业，商业银行的潜在信贷客户大量流失，利差收入大大减少。

（2）第三方支付服务内容的不断增加将影响商业银行的中间业务收入。

第三方支付牌照的发放使第三方支付的业务范围不断扩大，第三方支付模式打破了商业银行对线下支付的垄断，商业银行的垄断利益也将被互联网公司持续分流。互联网金融企业快速抢占线上业务后，又调头向线下业务发起进攻。

（二）金融科技公司对证券行业的影响

互联网金融使整个金融行业发生了巨大变化，作为金融行业龙头之一的证券行业不可避免地受到了冲击。从根本上来看，互联网金融的出现既给证券行业带来了冲击，也为证券行业带来了发展机遇。证券公司在面临新的激烈竞争的同时，也可充分利用互联网金融工具促进本公司的发展，帮助自身在激烈的金融市场竞争中取得优势地位，产生经济效益。

1. 证券通道业务变革、两融业务成大势

（1）证券业务收入变化。

根据中国证券业协会的数据，2013 年，我国 115 家证券公司全年实现营业收入 1 592.41 亿元，同比增长 23%，实现净利润 440.21 亿元，同比增长 33.7%。2014 年，我国 120 家证券公司实现营业收入 2 603 亿元，同比增长 63%，实现净利润 966 亿元，同比增长 119%。2015 年，我国 125 家证券公司实现营业收入 5 751.55 亿元，同比增长 121%，实现净利润 2 447.63 亿元，同比增长 153.4%。2023 年，我国 145 家证券公司实现营业收入为 4 059.02 亿元，同比增长 2.77%，实现净利润 1 378.33 亿元，同比下降 3.14%。

传统的证券公司业务范围主要由四个板块组成：经纪业务、投资银行业务、资产管理业务和自营业务，近年来，各种业务的增长速度、占收入比例有明显变化。2013 年，证券公司经纪业务收入（含通道收入、代销金融产品收入等）占据券商全部收入的一半。作为主要由自营业务获得的证券投资收益只占到了 20%，其余业务收入微乎其微，收入占比最少的为财务顾问、投资咨询和资产管理这三项业务。2014 年各大券商的主要收入仍然来源于经纪业务，不过相比 2013 年的数据，经纪业务收入占比有所下降，由占比过半下降至 39.42%。同时，承销业务所带来的收入占比也有所下降，取而代之的是两融业务（融资融券）收入的上升，占比为 16.76%。另外，收入占比最小的仍然是财务顾问、投资咨询和资产管理这三大业务。而 2015 年证券公司各主营业务收入分别为：代理买卖证券业务净收入 2 690.96 亿元，证券承销与保荐业务净收入 393.52 亿元，财务顾问业务净收入 137.93 亿元，资产管理业务净收入 274.88 亿元，证券投资收益含公允价值变动 1 413.54 亿元。

对比 2013 年、2014 年和 2015 年的数据后可以发现，券商的盈利结构单一，主要依赖经济承销和自营业务来获取利润，面临越来越激烈的行业竞争，这种对业务的依赖会使证券公司丧失竞争优势。为了解决这一问题，券商应该积极拓展业务空间，优化业务结构，在调整经纪业务的同时开拓投行业务，大力发展和创新财务顾问、投资咨询和资产管理业务。当然，券商不仅要在业务结构方面努力改进，还需要提供个性化、专业化的品牌金融服务。具体应从产品设计、佣金定价、销售渠道、售后服务等方面进行整体策划，建立服务品牌；遵循市场化、专业化的原则，培育一批有市场影响力的投资分析师；研发更具超前性的产品，注重用资信品牌、专业咨询服务来吸引客户；实施品牌管理，统一标识、统一业务流程、统一服务标准，真正通过有特色的品牌服务来进行竞争，赢得客户和市场。

（2）融资融券业务势如破竹。

2010年出台的《关于开展证券公司融资融券业务试点工作的指导意见》释放了融资融券业务增长潜力后，两融业务备受关注，融资融券余额快速增加，券商的利息收入在营业收入中的比例逐渐上升。2012年，两融业务收入仅占全部营业收入的4.06%；2013年，融资融券业务在各项业务中的排名仅次于代理买卖证券业务的净收入和证券投资收益，占比为12%；2014年，两融业务收入已占全部营业收入的17%，同比增长141.71%。

（3）收入影响因素多，稳健差异化经营。

2014年，上海、深圳两交易所成交总额为73.78万亿元，同比增长59.15%，而与成交金额密切相关的券商经纪业务收入仅占38.23%，明显低于两市成交额的增长率，其主要原因是佣金率的下滑，2013年行业平均佣金率为0.079%，2014年行业平均佣金率为0.071%。

根据美国互联网金融的发展经验，嘉信等股票经纪商通过网络化运营实现自身成本优化，同时积极推行低佣策略，迫使行业佣金水平逐渐下滑。2011年，美国网上股票单笔交易的平均佣金仅为8.27美元，与10年前30美元左右的交易佣金相比，下滑了72.4%。而在我国，随着2014年一码通、新型营业部、网上开户等业务的开展，券商对于经纪业务客户的争夺更加激烈，从而导致佣金率下滑。随着互联网技术的发展及相关政策的配套落实，未来券商佣金率还将进一步下滑。

对券商而言，佣金率下滑虽然不会立即对主流客户形成分流，但互联网金融使券商对长尾市场更加重视，需要加快提升对高端核心客户的服务。经纪业务是资产管理的基础，经纪业务受冲击后，随之而来的是大量长尾资金，理财营销渠道也将发生变化。两融业务的利润主要来源于每笔交易的佣金和利息，利息收入占2/3，佣金率下滑会波及两融业务，但是影响不会太大。

我国证券业务盈利模式以经纪、自营和承销等传统业务为主，行业的收入和利润对证券市场变化趋势依赖程度较高，上证综指与行业营业收入有高趋势性，单一通道业务占比过高带来的是证券公司收入不稳定，受股票指数波动影响较大。近年来，随着我国多层次资本市场建设的不断推进，互联网金融的多种思维和技术创新不断涌现，证券公司加快创新转型和业务多元化、差异化，降低收入、利润对股票市场的依赖度，从而有利于稳健中国的金融市场。

2. 互联网金融的"鲶鱼式"搅局

（1）佣金宝引发的佣金战。

2014年3月7日，佣金宝手机开户上线。

2014年3月24日，佣金宝开通创业板投资权限在线转签功能。

2014年5月20日零时起，佣金宝把新开户客户佣金上调至万分之二点五，2014年5月20日零时前开户的股民，仍享受万分之二的沪深A股、基金交易佣金率。

2014年7月7日，佣金宝官方微信正式上线，实现闲散资金理财份额微信取现、理财收益查询、账户持仓信息查看等功能，其中成交回报提醒与银证转账提醒功能是其他券商不具备的。微信端服务中的最大亮点是实现了货币基金微信一键快速取现。佣金宝开启微信服务，一方面表现了国金证券的互联网创新意识，另一方面也标志着国金证券与腾讯的战略合作再度深化。

2014年11月17日，佣金宝沪港通业务正式起航，其港股交易佣金为万分之一点五。

面对国金证券的大动作，券商反应不一。华泰证券推出客户上海武定路营业部在网上开户，基础佣金万分之三起，客户完成开户申请并成功激活后，则赠送一个月"成交回报（短信）"资讯，算是对国金证券的回应。中山证券以零佣金的噱头吸引客户后被叫停，但中山证券仍奉行超低佣金策略将佣金战进行到底，一些大券商也在暗暗降价。

随着券商佣金战的全方位开展，券商经纪业务的利润率也经历了由高到低的过程。2010年券商经纪业务利润率基本上维持在50%~60%的水平，到2013年，平均水平已不到40%。由于交易规费近万分之二的刚性成本，零佣金不太现实，但市场平均万分之七的佣金水平的确有下降的空间。互联网证券加速客户的分层，仅需要通道的客户会从传统营业部转移到网络渠道，对服务有需求的客户会得到更好的服务，从而不会抵制低价策略。在投资者机构化的趋势下，定位高端业务的券商同样有巨大的发展空间。

（2）互联网证券的竞争格局。

如今，互联网发展迅速，中国互联网市场已经形成三股力量：BAT（百度、阿里巴巴、腾讯）巨头公司，海量创业公司，变量公司（小米、美团等互联网企业及传统业）。虽然这三股势力此消彼长、互相博弈，三家纷纷涉足金融领域，试图从中分得一杯羹。

其中最受人瞩目的当属阿里巴巴推出的余额宝货币基金理财服务。鉴于余额宝的巨大成功，腾讯推出了微信支付功能和微信理财通服务，百度的动作虽小，但也推出了相应的理财服务。

随着互联网企业逐步涉足移动支付、理财、保险、基金和信贷等金融领域，也有不少互联网企业将触角伸到了证券行业，如今互联网企业与券商开展合作的例子屡见不鲜。例如，方正证券在天猫商城开设了全友汇旗舰店，国际证券联手腾讯推出佣金宝，华泰证券与网易展开深度战略合作等。随着互联网证券的形成和初步发展，国内目前的互联网证券业可划分为四大体系：腾讯体系、阿里巴巴体系、大智慧体系和东方财富体系。

① 腾讯体系。腾讯自选股App于2014年3月27日发布安卓3.0版本，在新版本中增加了股票交易功能，首批接入的七家证券公司分别为国金证券、中山证券、中信证券、海通证券、同信证券、民族证券和湘财证券。腾讯自选股交易功能采用外部模块接入自选股，只提供入口，交易模块功能由各券商自主开发，用户的交易行为完全通过券商进行，腾讯不介入其中任何环节。腾讯从2014年起，连续三轮投资了可以提供港股、美股交易的富途证券，三度加持达2亿美元。

②阿里巴巴体系。阿里巴巴是最早布局互联网金融的公司，2018年7月，蚂蚁金服向社交投资平台雪球战略投资1.2亿美元，打响了进入互联网证券赛道的"第一枪"，而雪

球仅是为其他券商引流,并无自己的实体交易核心系统,蚂蚁金服战略投资雪球,相对腾讯三轮跟投途途证券,阿里巴巴在互联网证券的布局仍较为克制。

③大智慧体系。大智慧正在加强互联网金融方面的扩展,向基金销售、场外交易市场、彩票及理财产品的研发与营销等方面持续发力。2014年8月12日,大智慧发布公告,拟以股份发行方式整体收购湘财证券96.5%的股份,剩余3.5%的股份将由财汇科技以现金方式购买,后者为大智慧控股子公司。大智慧在收购湘财证券后将成为首个拥有证券牌照的互联网金融公司,未来有望发挥资源协同效应,深入挖掘互联网证券领域的"金矿"。

④东方财富体系。东方财富公司以互联网采集服务为基础,逐步发展财经媒介和数据终端服务,集合了包括东方财富网财经门户、天天基金垂直频道、股吧互动社区在内的网络财经媒体业务,以及服务于个人投资者、机构投资者的金融数据终端业务。东方财富公司凭借用户规模、用户忠诚度及品牌优势,于2012年获得首批第三方基金销售牌照,正式进军金融电子商务,未来有望借助平台优势发展证券经纪等各类证券业务。

(3) 互联网金融对证券业的影响。

互联网金融不仅可以促进国民经济的发展,还能够最大限度地降低交易成本,达到融资目的,这对我国证券业的发展产生了很大的影响。

①证券行业价值实现发生改变。互联网金融的虚拟性特征,使证券业的价值创造更加快速,从而引起价值的扩张。一方面,互联网金融使金融产品和服务的交易结构及交易主体发生了一定程度的变化,使金融更加民主化,导致证券的传统价值实现和创造方式发生了一定程度的改变;另一方面,互联网技术在减少信息不对称上发挥了巨大的作用,也在很大程度上节约了金融交易的中间成本。互联网技术使金融业信息不对称,由传统的金字塔形变成了扁平形,这使参与者可以在进行决策时减少信息不对称带来的不利影响,提高金融服务的民主化和有效性,使证券业的服务边界进一步扩大。

同时,互联网实现了证券业非现场开户,为证券业带来了新的业务增长点。另外,基于互联网的移动客户端能为客户提供更为方便快捷的金融服务,对优化证券业服务质量和效率发挥了的作用,这也是证券业新的业务增长点之一。随着电子商务、社交网络及第三方支付的发展和服务的完善,这些网络信息将产生大量有价值的数据,通过神经网络和云计算等对这些信息进行分析处理,证券业将获得丰富的信息,这是证券业的战略资产之一。

②财务管理和证券经纪渠道发生改变。随着证券业与互联网的不断融合,证券业的营销渠道得到了极大的拓展,也优化了目前的财务管理和经纪业务模式,使服务边界进一步扩大。在未来一段时间内,证券业的主要财富管理和经纪业务将依托互联网平台实现,这将使证券业的目标群体更加大众化,客户需求也将趋于多样化。

③弱化了证券业金融中介的功能。传统金融模式下,金融中介的存在主要是由于客户缺乏专门的金融知识和技术,无法实现规模效应,而金融中介可以有效地降低交易成本和进行专业化管理,还能够在一定程度上消除投资者和融资者之间的信息不对称和由信息不对称引起的道德风险。因此,金融中介的主要功能是信息媒介和资本媒介,这两个功能的实现依托其信息的收集和处理能力,但是信息的收集和处理是互联网最大的优势,甚至在互联网金融模式下,资金的供求双方可以避开金融中介直接进行匹配,使资源配置效率进一步提高。因此,互联网金融的发展必然弱化证券业的金融中介地位。

（三）金融科技公司对保险行业的影响

1. 互联网保险的含义

互联网保险是一种以计算机互联网为媒介的新兴保险营销模式，有别于传统的保险代理人营销模式，实际上就是保险电子商务或网络保险。互联网保险是指保险公司或新型第三方保险网站，以互联网和电子商务技术为工具支持保险销售的行为。

2. 互联网保险思维

（1）互联网保险的碎片化思维。

互联网保险的碎片化思维应基于客户的细分需求，可以独立存在，并且不会增加客户的负担。设计互联网保险新产品的本质是要真正做到产品的标准化、产品的组合化、产品信息的透明化和产品条款的通俗化。互联网保险碎片化思维的经典案例就是退货的运费险。

（2）互联网保险的创新思维。

互联网保险的创新是在一个足够大的市场上发掘新机会，为客户创造或增加价值、使他们提高效率，降低成本。

（3）互联网保险的免费思维。

免费是互联网思维的一种逻辑模式，吸引了大量的用户，然后将其中的一部分转化为付费用户，从而实现盈利。

3. 互联网保险的起源与发展

随着互联网金融对保险业的不断渗透，互联网保险作为一种新兴模式逐渐发展起来。互联网保险发展历程中的标志性事件如下。

1997年，第一家保险网站——中国保险信息网建成，这是我国最早的保险行业第三方网站。同年11月，该网站为新华人寿保险股份有限公司促成了第一份电子商务保单签约。

2001年3月，太平洋保险北京分公司开通"网神"，推出了30多个险种，开始了真正意义上的保险网销。

2005年4月，《中华人民共和国电子签名法》颁布，使互联网保险真正发展起来。此后，中国人民财产保险股份有限公司实现了第一张全流程电子保单。

2011年9月，原保监会正式颁发的《保险代理、经纪公司互联网保险业务监管办法（试行）》，标志着中国互联网保险业务逐渐走向规范化、专业化。

2012年12月，中国平安保险（集团）股份有限公司（以下简称"平安保险"）发布首个应用于寿险保单服务的App应用程序"平安人寿E服务"；同月，泰康人寿保险股份有限公司（以下简称"泰康人寿"）携手携程网、淘宝网打造互联网保险。

之后，越来越多的保险公司推出了意外险、健康险、母婴险、重疾险等，更多的中介及第三方代理公司纷纷加入国内互联网保险行业，使保险更加多元化，消费者的需求得到最大程度的满足。

2014年，原保监会下发《关于促进人身险公司互联网保险业务规范发展的通知（征求意见稿）》，成为我国保险监管部门首部针对互联网金融领域的规范性文件，主要内容包括保险公司经营范围、认可赠险或服务赠送行为的相关规定，并强调对网络销售的严格监管。

2015年7月26日，原保监会印发关于《互联网保险业务监管暂行办法》，《互联网保险业务监管暂行办法》对互联网保险进行了定义，互联网保险业务是指保险机构依托互联网和移动通信等技术，通过自营网络平台、第三方网络平台等订立保险合同，提供保险服务的业务。在风险管控上，《互联网保险业务监管暂行办法》提出，不能确保客户服务质量和风险管控的保险产品，保险机构应及时予以调整。同时，互联网保险消费者享有不低于其他业务渠道的投保和理赔等保险服务。此外，在经营条件、经营区域、信息披露、经营规则、监督管理等方面也都提出明确的要求。《互联网保险业务监管暂行办法》自2015年10月1日起施行，同时废止了《保险代理、经纪公司互联网保险业务监管办法（试行）》。

2016年，我国共有117家保险机构经营互联网保险业务，76%的保险公司通过自建网站、与第三方平台合作等不同模式开展了互联网保险业务。当年，我国互联网保费收入达2 347亿元，较2015年增长了113亿元，增幅5%。2017年，我国互联网保费收入1 835.29亿元，同比下降21.83%。这是自2012年以来首次出现的逆增长，主要是因为通过互联网渠道销售的车险和投资型业务出现较大幅度下降。2017年，互联网财产险和互联网人身险分别实现保费收入493.49亿元和1 383.2亿元，在互联网保险保费总收入中的占比分别是26.29%和73.71%。由此可以看出，互联网人身险保费依旧占据主导地位。2012—2017年我国互联网保费收入和渗透率如图4-11所示。

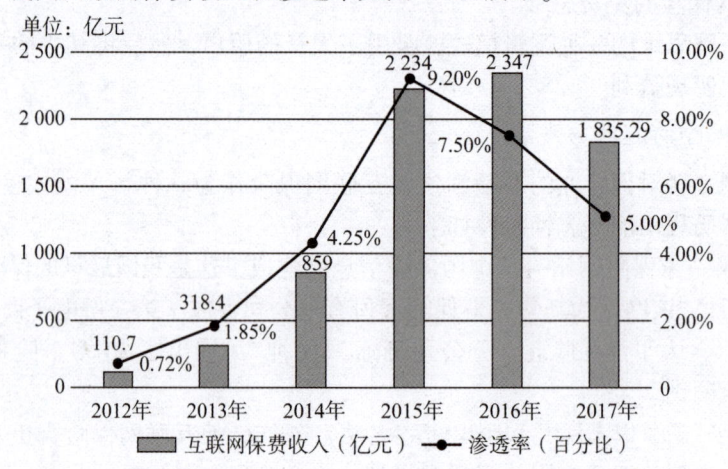

图4-11　2012—2017我国年互联网保费收入和渗透率

未来，移动互联网产业的发展将掀起互联网保险新一轮高潮，将围绕移动终端开展全方位的保险业务，包括产品销售、保费支付、移动营销及客户维护服务等一系列业务活动。保险业在移动终端的应用可分为四步：第一步是无纸化，将纸质保单转换为电子保单；第二步是智能化，在无纸化基础上实现投保的简易规范操作；第三步是定制化，为客户提供回归保险本质的高级定制保险产品；第四步是打造智能移动保险业态系统，包括高级定制的产品线，也包括打破时间、空间局限的全方位移动服务。

4. 互联网保险的优势

（1）拓展销售渠道。

对于新兴的企业而言，可以基于互联网平台逐步布局全国市场；对于资质较老的企业而言，可以利用互联网平台树立企业形象，改善服务品质，缓冲保险营销员增员困难和银保渠道受限的压力。

（2）节约销售成本。

利用互联网销售保险，可以减少营业点的销售成本和广告费用，以及代理人成本的佣金支出。

（3）助推产品服务。

用户通过互联网平台可以直接比较各产品的优劣势，公司要占据市场则必须采取差异化竞争策略，不断创新产品与服务。

5. **互联网金融对保险企业经营的影响**

保险企业经营的价值链主要包括产品开发、销售、承保、理赔、服务、后援、风控等，互联网金融对保险业的影响涉及保险价值链上的各个环节。通过对互联网金融主要特征的分析，结合互联网保险发展现状，其思维和技术将从产品、销售、客户这价值三要素及保险企业的风控产生深刻影响。

1) 对保险产品开发的影响

①互联网金融的发展将催生新的保险需求。互联网金融已渗入人们生活的各个领域，将催生新的保险要求，既包括保障需求（如支付领域的消费者个人信用保险、网购领域的退货运费损失保险、网络借贷领域的借款人履约保险等），也包括理财需求（如互联网平台上的理财产品需求等）。

②保险产品的开发体系将发生改变。互联网金融让保险企业可获取大量关于客户个性、偏好、信用等数据，而且获取的速度大大提升，成本大大降低，从而丰富了保险产品开发的信息源头，帮助保险企业有针对性地开发相应的保险产品和服务。此外，互联网金融加速发展也要求保险企业改变传统的产品研发流程，缩短决策链条，以适应互联网环境下快速变化的产品生命周期。

③保险产品的形态将发生改变。互联网金融时代，要求保险产品条款简单易懂，产品说明富有人性化，这样才能有较好的客户体验。互联网金融还将使保险产品更加电子化、网络化，如电子保单、电子签名、电子支付等。

2) 对保险销售渠道的影响

①提供了新的销售渠道。

②互联网金融将对传统销售模式产生冲击。一方面，传统的个人代理和经销商代理模式将受到冲击，面临整合与转型；另一方面，电商巨头加入保险销售阵营，凭借其交易入口、客户流量、消费数据、用户体验、线上与线下融合等优势，将引领保险销售渠道创新发展，使保险企业更多地参与互联网竞争。

③对销售误导和异地销售的问题有所解决。互联网金融大数据和去中介的特性，有助于解决销售过程中的信息不对称，从而在一定程度上解决销售误导的问题，保险跨区域销售的问题在一定条件下也将得以解决。

3) 对保险客户服务的影响

①保险企业将改变传统模式，做到"以客户为中心"。通过大数据的挖掘与分析，对客户进行细分，为客户提供更好的服务；还可以基于互联网技术的运用，提高客户交互水平，帮助改进公司客户服务，提升客户体验。

②保险企业客户服务范围将发生改变。互联网金融产生了两类新的客户群：一类是"80后""90后"；另一类是金融需求长期得不到满足的那80%的长尾客户。这两类客户

群的消费观念、消费习惯等与以往的消费人群有很大的区别，服务对象的改变将促使保险企业完善自身的客户服务方式，如直接在互联网、App 上提供服务，还可以与其他社交平台如微信、微博等联合推出客服平台等。

③保险企业客户服务内容将发生改变。保险企业将为客户提供更多的信息查询、移动查勘、客户提醒等服务。

4）对保险风险管控的影响

①认识层面。要意识到风险的无处不在及影响力。在社会及行业的信用体系建立起来之前，应高度重视风险管理，一旦遭遇金融的杠杆及连锁反应，很容易导致"千里之堤，溃于蚁穴"。

②操作层面。互联网金融的大数据、云计算在保险风险管控上得到广泛应用。保险行业风险管控的过程如图 4-12 所示。保险企业利用大数据和云计算可以进行社交媒体及舆情分析，帮助公司实时了解市场动向，做好舆情监控和声誉风险管理；进行风险暴露分析和事件监测，提高风险预测能力；更全面地分析客户信息，减少投保信息不对称，降低逆向选择；更深入地评估保险标的风险状况，制定个性化、差异化的条款费率等。

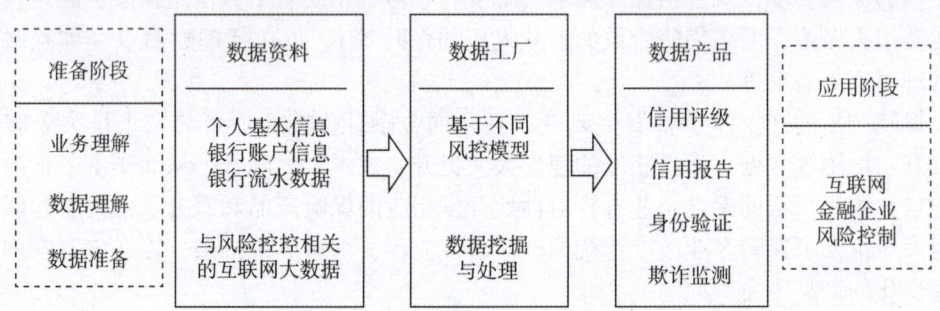

准备阶段	数据资料	数据工厂	数据产品	应用阶段
业务理解 数据理解 数据准备	个人基本信息 银行账户信息 银行流水数据 与风险控控相关的互联网大数据	基于不同风控模型 数据挖掘与处理	信用评级 信用报告 身份验证 欺诈监测	互联网金融企业风险控制

图 4-12 保险行业风险管控的过程

第三节　金融科技的前景与挑战

一、金融科技发展的前景

未来，金融科技的发展可能会出现以下三个趋势：金融行业间数字化鸿沟逐步缩小，科技助力金融机构运营智能化，金融机构与科技公司的并购促进数字化转型。

1. 金融行业间数字化鸿沟逐步缩小

从各国数字化战略、构建金融科技市场新格局的角度来看，数字化转型较为成功的金融机构有充分的动机主动作为，积极输出数字化理念及经验，推动了中小金融机构的数字化进程，缩小了金融行业间的数字化鸿沟。

中小金融机构普遍存在着高质量服务客户难、高质量强化风控难、高质量升级管理难、高质量配置资产难等问题，数字化程度较高的大型金融机构在技术、资源、产品等方面都可以对中小金融机构进行数字化赋能。大型金融机构以其积累的管理和技术赋能中小金融机构，助力中小金融机构朝着规范化、数字化方向发展；金融机构间的产品服务有相对较高的契合度，大型金融机构可为中小金融机构提供成熟的产品运营模式，以及管理架构；大型金融机构可依托成熟的科技发展水平，为中小金融机构提供信息安全保障。

2. 科技助力金融机构运营智能化

金融业的资金规模不断扩大，通过人工智能和大数据分析，建立智能资产负债表，不仅可以提高资金利用效率，还可以为管理者提供决策支持；智能化可以将传统的线下条件审查转变为线上审核，降低业务成本；智能化能推进联合风控网络的形成。共享智能技术的不断升级为金融生态共同组建安全风控网络提供了契机，实现多方"共建模型、共同决策、共防风险"。

3. 金融机构与科技公司的并购促进数字化转型

随着科技的不断发展，传统金融业同科技行业的业务界限越来越模糊。根据国际清算银行分析，大型科技公司的金融业务收入占比超过10%，并且科技公司在金融领域的业务呈加速布局的态势。由于从事金融业务的科技公司有先天优势，如场景化的数据资源较多、与B/C端客户的黏性较大，部分机构也获取了金融牌照。金融机构则希望增强自身数字化能力，在新的细分市场领域占有一席之地。二者都朝着"金融+科技"的方向发展，而科技公司和金融机构的并购有望成为下一阶段的主旋律。

二、金融科技发展面临的挑战

金融科技的高速发展对金融稳定提出了新的挑战，因此，面对金融科技发展的新形势和新挑战，金融科技监管应向全方位、多层次、立体化方向转变，即以包容性、稳定性、公平性与保护消费者权益为监管目标，持续完善数据和平台治理体系，推动金融科技行稳致远。金融科技发展面临的挑战主要包括以下四个方面。

1. 网络技术的风险威胁

网络攻击对金融领域的威胁日益严峻，欧洲央行甚至认为遭遇重大网络攻击只是时间问题。随着技术与数字化解决方案的广泛使用，尤其是非现金支付的兴起，网络黑客攻击入口的数量更多，范围更广。从影响范围来看，网络风险不仅表现在单个公司层面，金融科技的平台效应也给网络风险由异质性向系统性的传导提供了可能。在单个机构层面上，对云计算等数字技术的依赖性越大，金融公司受到网络攻击的风险就越大。在整个网络系统的层面上，网络中连接的机构数目越多，其面对攻击时表现出的脆弱性越明显，且当系统存在单一故障点时，这种攻击造成的潜在威胁也越大。

2. 数字时代的隐私风险

数据隐私风险是指机构滥用或泄露客户数据，从而侵害消费者隐私权，严重损害客户对金融机构的信任。由于客户的信任对金融体系的正常运转有着极为重要的意义，而对于客户数据的广泛运用又是金融科技发展的主要优势之一，数据隐私风险备受关注。有些国家和地区已经针对这一问题建立核心法律体系和保障措施，如欧盟在2018年颁布了《通用数据保护条例》以规范客户数据的使用。在表现形式上，数据隐私风险可以分为数据泄露和数据滥用，数据泄露主要指金融机构在未经客户授权的情况下共享甚至出售客户数据；数据滥用有三种表现形式，一是使用灰色数据或黑色数据进行金融信用评级以对借款人进行筛选，二是数字垄断，主要指金融机构在数据领域确立了自己的主导地位后实施价格歧视，如利用数据优势确定客户愿意为贷款支付的最高利率；三是有研究提出的用户歧视，指金融机构用于处理个人数据的算法可能会对少数人产生偏见。

3. 顺周期性和流动性风险

在信贷领域，科技金融往往提供短期信贷，与长期贷款相比，在经济低迷时更容易受到消费者信心不足的影响，并且由于缺乏激励机制，科技金融准确评估贷款质量和客户信用水平的动机可能没有传统金融机构那么强烈。在投资领域，对于相同算法的依赖会使得投资策略的相关性增加，风险难以收敛，从而放大资产的顺周期波动。新技术的应用使得客户可以更加自由地在不同的存储账户和共同基金之间做出更有利于收益的选择，这在提高了投资效率的同时也加大了金融科技的流动性风险，金融科技在货币市场基金领域的业务开展使得这一情况变得更加复杂。但从微观角度看，科技金融的"宝宝类"产品虽然规模过大，存在一定的系统性风险隐患，但由于其客户和产品特征，其流动性风险比机构投资者小很多，并存在一定的风险平滑和逆周期调节效果。

4. 监管边界的模糊

金融科技既可以单独提供金融服务，也可以与金融机构合作提供移动支付或云服务等技术支持，这些都给金融监管边界的界定带来了困难，如针对助贷和联合贷款的管理就存在模糊地带。此外，科技金融对新兴技术的采用也给监管当局带来极大的挑战。而一些分析模型的复杂性和不透明性使得模型的稳健性评估更加困难，也可能带来新的不可预见的风险。

知识总结

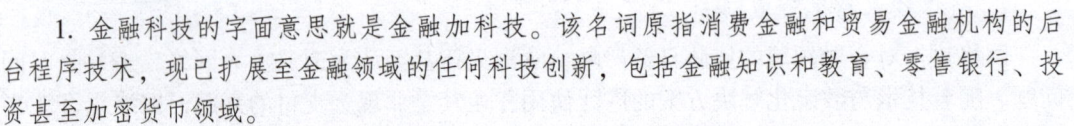

1. 金融科技的字面意思就是金融加科技。该名词原指消费金融和贸易金融机构的后台程序技术，现已扩展至金融领域的任何科技创新，包括金融知识和教育、零售银行、投资甚至加密货币领域。

2. 在金融科技快速发展的大趋势下，银行、券商和交易所等中介作用都被削弱，贷款、股票、债券等的发行和交易及券款支付直接在网上实现，大大减少了信息成本和交易成本，可以更加有效地进行资源配置，真正实现低成本、高效率的管理，从而满足客户的金融需求。

自测练习

1. 金融科技与互联网金融的区别是什么？
2. 金融科技公司对传统金融机构产生了哪些影响？
3. 金融科技公司如何冲击商业银行的中介地位？

第五章 金融科技的核心技术

见微知著，以学立人

以科技金融核心技术的知识点和思想为基础，探究其蕴含的优秀传统文化。

1. 独脚难行，孤掌难鸣

区块链设计者没有为专业的账本记录者预留特定的中心位置和中心权限，而是希望通过自愿原则建立一套人人可以参与记录信息的分布式记账体系，从而将会计责任分散化，由整个网络的所有参与者共同记录。

合作共赢是指交易双方或共事双方或多方，在完成一项交易活动或共担一项任务的过程中互惠互利、相得益彰，能够使双方或多方都得到收益。

2. 秉承公正论公平，科技创新要慎行

机器学习是人工智能的一个分支，是实现人工智能的必要手段。机器学习使人们可以将某些重复的工作交给算法处理。如果说工业革命是手工业自动化，那么机器学习便是使机器本身自动化。

古人说，"头上三尺有神明"，科技创新者要怀着一种敬畏之心，接受法律法规的监管和社会舆论的监督。

知识要点

了解大数据、云计算、区块链及人工智能的技术原理；熟悉云计算和人工智能的核心技术；掌握区块链核心技术的特征及优势。

核心概念

物联网（Internet of Things）
分布式存储（Distributed Storage）
共识机制（Consensus Mechanism）
智能合约（Smart Contracts）
机器学习（Machine Learning）

典型案例

苹果，挖出"潜伏"的数据价值

在 iPhone 推出之前，移动运营商从用户手中收集了大量具有潜在价值的数据，但是没能深入挖掘其价值。苹果公司在与运营商签订的合约中规定运营商要提供大部分客户数据。通过这种方式，苹果公司得到的关于用户体验的数据比任何一个运营商都多，其规模效益体现在用户数据上，而不是固有资产上。

大数据也为小公司带来了机遇，用埃里克教授的话说：聪明而灵活的小公司能享受到非固有资产规模带来的好处。也就是说，小公司可能没有很多的固有资产，但是存在感非常强，可以低成本地传播它们的创新成果。

请问，智能手机是如何捕捉并使用用户数据的？

第一节　大数据

大数据，也称海量数据，是伴随信息数据爆炸式增长和网络计算技术迅速发展而兴起的一个新型概念。大数据促成了广泛主题的新型研究，促成了各种大数据统计方法的发展。

大数据由巨型数据集组成，其规模之大往往超出人类在可接受时间下的收集、储存、管理和处理能力。大数据未经统计抽样，仅对实际发生的数据进行记录，既包含大量结构化数据，也包括大量非结构化数据。因此，大数据所包含的数据规模与结构复杂程度大大超出传统软件在可接受的时间内的处理能力。

大数据的发展与物联网和云计算密不可分，而物联网和云计算是大数据的基础设施。其中，物联网是大数据的采集端，而云计算则是大数据的核心技术处理端。

一、物联网技术

物联网，即"万物相连的互联网"，是在互联网基础上进行延伸和扩展的网络，它将各种信息传感设备与互联网结合起来，形成一个巨大的网络，从而在任何时间、任何地点实现人、机、物的互联互通。物联网可以为大数据提供全面的信息来源，广泛应用于各个领域。

具体而言，物联网可以通过射频识别、红外感应器、全球定位系统、激光扫描器等信息传感设备，按约定的协议，将任何物品与互联网相连并进行信息交换，以实现对物品的智能化识别、定位、跟踪、监控和管理。例如，公交车上安装的实时定位系统可以向居民提供公交车的到站信息，使居民的出行更加便捷。物联网渗透到了我们生活的方方面面，在这个过程中会产生海量的数据，这些数据成为大数据技术的重要来源。

二、大数据技术

大数据技术是先利用合适的工具对海量数据源进行抽取和集成，然后按照某一标准统一存储，再对存储的数据进行分析，从中提取有益的信息并将结果提供给终端用户。具体来说，大数据处理的流程通常包括数据采集、数据存储、数据处理和数据挖掘。

（一）数据采集

数据采集是指利用多个数据库接收来自客户端（包括传感器、网站网页、移动应用程序）的数据。数据采集是大数据处理流程的第一步，也是最基础和最根本的部分。随着互联网技术的普及，每时每刻都有海量的数据产生，这些数据以不同形式散布在互联网的各个角落，使数据采集成为一项复杂的工程。具体来看，大数据的数据源主要包括以下三个方面。

1. 各种智能设备中的运行数据

在智能制造、可穿戴设备、物联网等越来越普及的今天，对智能设备数据的采集非常重要。例如，通过汽车内置的传感器和黑盒能收集车速、行驶里程等数据，连所去之处、何时到达这类信息都能掌握；通过可穿戴设备可以收集、监测使用者的生理状况。但是，通过智能设备采集的数据包括结构化、半结构化、非结构化等多种类型与以前的纯结构化数据采集大不相同，还存在不少需要克服的技术难题。

2. 互联网网页数据

社交网络、电商或官方网站、App 中的用户数据是商家获取用户消费、交易、产品评价信息以及其他社交信息的重要渠道。这类数据可以通过网络爬虫等方式获取，将非结构化数据、半结构化数据从网页中提取出来，并以结构化的方式将其存储为统一的本地数据文件。

3. 无线射频数据

在制造和零售业，有了无线射频标签，就不再需要人工记录和盘点每个商品，提高了商家清点商品的效率。在物流领域，有了无线射频标签，司机通过高速公路收费站时不需要停车缴费，提高了道路的通行效率。

（二）数据存储

在大数据时代，数据量正以前所未有的速度扩大，这就需要构建一套成熟的数据存储和管理体系。在选择存储设备时，用户需要考虑功能的集成度、数据的安全、系统的稳定性以及系统自身的可拓展性等因素。

大数据来源不同，其格式也多种多样，根据不同的分类标准，既可分为结构化数据、半结构化数据、非结构化数据；也可分为元数据、主数据、业务数据；还可以分为文本、视频、音频、地理位置信息等。传统的结构化数据库已经无法满足数据多样性的存储要求，因此，大数据的存储系统必须对多种数据及软硬件平台有较好的兼容性，以便适应各种应用算法或数据提取转换与加载需求。较为常用的大数据存储技术如下。

1. 采用大规模并行处理系统（MPP）架构的新型数据库集群

这种储存技术重点面向行业大数据，采用无共享架构，先通过列存储、粗粒度索引等大数据处理技术，再结合高效的分布式计算模式，从而完成对分析类应用的支撑。其运行环境多为低成本计算机服务器，具有高性能和高扩展性的特点，在企业分析类应用领域中的应用十分广泛。

2. 基于 Hadoop 技术扩展和封装衍生出的大数据技术

这种技术用于应对传统关系型数据库较难处理的数据和场景，充分利用 Hadoop 开源的优势。伴随着相关技术的不断进步，其应用场景也将逐步扩大，最为典型的是通过扩展和封装 Hadoop 来实现对互联网大数据存储、分析的支撑。对于非结构、半结构化数据处理，复杂的 ETL 流程，复杂的数据挖掘和计算模型，Hadoop 平台更擅长。

3. 大数据一体机

这是一种专为大数据分析处理而设计的软硬件结合的产品，由一组集成的服务器、存储设备、操作系统、数据库管理系统以及为数据查询、处理、分析而预先安装及优化的软件组成，高性能大数据一体机具有良好的稳定性和纵向扩展性。

（三）数据处理

在数据处理环节，大数据技术主要完成对已接收数据的抽取、清洗、脱敏等操作。

1. 抽取

由于获取的数据可能有多种结构和类型，数据抽取过程可以帮助我们将这些复杂的数据转化为单一的或者便于处理的类型，以达到快速分析处理的目的。在实际应用中，数据源较多采用的是关系数据库。从数据库中抽取数据一般有两种方式。

（1）全量抽取。

类似于数据迁移或数据复制，它将数据源中的表格或视图的数据原封不动地从数据库中抽取出来，并转换成自己的 ETL（Extraction-Transformation-Loading，提取、转换和加载）工具可以识别的格式。

（2）增量抽取。

抽取自上次抽取后数据库中发生变化的数据。在 ETL 使用过程中，增量抽取较全量抽取应用得更广，如何捕获变化的数据是增量抽取的关键。对捕获方法一般有两点要求：一是准确性，能够将业务系统中的变化数据准确捕获到；二是性能，尽量减少对业务系统造成太大的压力，影响现有业务。

2. 清洗

采集数据中存在大量的"脏数据"，由于这些数据或与需求无关，或是错误数据，或是数据之间有冲突，要通过"去噪"过滤掉不符合要求的数据，从而提取出有效数据，这一过程被称为"数据清洗"。数据清洗不仅有利于提高搜索处理效率，还能给用户信息多提供一层保护。

3. 脱敏

脱敏指对一些涉及个人隐私的敏感信息，如身份证号、电话号码、银行账户等，进行数据的变形处理，达到保护个人隐私的目的。

目前，常用的大数据脱敏技术有统计技术、密码技术、抑制技术、假名化技术及泛化和随机化技术。

（四）数据挖掘

数据挖掘的前身是数据库中的知识发现技术（Knowledge Discovery in Databases, KDD），最早在 1989 年举办的第 11 届国际联合人工智能学术会议上提出。1995 年，人们在美国计算机年会上首次提出了数据挖掘的概念。

数据挖掘是指运用大数据技术从大量的数据中将隐藏的有价值的信息提取出来的过程。数据挖掘具有以下几个特点：一是基于海量数据；二是非平凡性，即挖掘出来的知识应该是不简单的数据；三是隐藏性，即数据挖掘是要发现深藏在数据内部而非浮在数据表面的知识；四是价值性，即挖掘的数据能带来直接或间接的效益。

典型案例

大数据助推智慧城市发展

智慧城市是指利用先进信息技术，实现城市智慧式管理和运行，促进城市和谐、可持续发展。智慧城市建设离不开大数据支撑，智慧城市之所以能够对现实世界进行数据分析、感知、应用，依托的就是大数据技术。在此方面，重庆市永川区取得了显著的成效。

一、一体化大数据中心建设

永川区率先以数据集中和共享为途径，建设一体化大数据中心，推进技术融合、业务融合、数据融合，实现跨层级、跨地域、跨系统、跨部门、跨业务的协同管理和服务。

第一，通过建设智慧城市，定位发展目标、调整城市结构、优化发展环境。如环境污染、城市安全监管等。

第二，通过新一代技术手段，整合不同业务之间的协同机制，提升城市内部的创新能力，推动产业升级和结构调整，实现城市可持续发展。

第三，通过智慧城市建设带动了一大批产业发展，催生智慧社区、智慧家庭、智慧交通、智慧医疗、智慧农业、智慧环保等对城市经济社会发展具有直接拉动作用的新兴产业，打造独特的"永川模式"。

二、智慧商圈建设

永川智慧商圈通过智能硬件+智慧应用系统+系统集成方案，连接消费者、商家、管理者，实现消费者、商家、管理者三赢。项目投入运营后，消费者通过App随时随地了解吃喝玩乐、衣食住行等商家信息，领取优惠券、享受折扣和抽奖等；商家进入智慧商圈系统，发布相关商品、促销、活动等动态信息，逐步将线下商铺、商品资源整合到线上，并利用App采集用户登录时间、登录频率、消费记录、浏览偏好、会员级别等数据信息，实现信息主动推送；商圈内车辆导流、停车导航、智能停车场等交通应用，让出行更方便、更智能，为市民创造消费购物、社交出行、生活服务等全方位、立体化的智能生活体验。

三、智慧城市建设

智慧城市着眼于提升城市的治理水平，建设智慧政务及管理系统。为推进管理思维和手段的智能化，永川区重点建设了智慧城管、智慧建管、智慧交通等政务管理系统；同时，开展了数字化城市管理、红绿灯和智能监控、建筑工地远程监控预警等系统建设。

在交通出行方面，永川区建设并完善营运客车、客渡船卫星定位及视频监控系统，营运客车、出租车、客渡船卫星定位及视频监控系统应用率达90%以上。通过自动监控设备的大数据分析后，早上开车出门前，市民手机上就能收到一条科学出行的路线推荐信息，以避免堵车。此外，建立集挂号、就诊、收费、检验报告查询等服务为一体的健康医疗"一卡通"体系，以居民电子健康档案及电子病历为基础的区域卫生信息平台，实现区域内市、区、镇、村四级政府办医疗机构的信息共享，使农村偏远地区的居民也可以在线看病。

着眼发展智慧产业，推动智慧城市和大数据产业融合发展。永川区以智慧城市建设为契机，围绕智慧城市项目、技术应用等开展全面招商工作，已引进中国普天、腾讯、北大方正、阿吉云等软件与信息技术服务项目。

（资料来源：编者根据网络材料整理而成）

第二节 云计算

云计算有多种定义，当前公认的是美国国家标准与技术研究院（NIST）的定义：云计算，是一种通过网络按需提供的、可动态调整的计算服务。其实质是将原本运行在单个计算机或服务器的数据储存、数据处理与数据分析转移到互联网上的大量分布式计算机资源池中，使用者可以根据需要获取相应的计算能力、存储空间和部署软件的一种计算资源的新型利用模式。

云计算是与信息技术、软件、互联网相关的一种服务，这种计算资源共享池叫作"云"。云计算把许多计算资源集合起来，通过软件实现自动化管理，能快速提供资源。云计算的数据在云端，任何时间、任何设备，只要登录就可以享受计算服务。使用云计算计算数据后，可以让其成为一种基础的公共物品。

云计算定义中的"云"是一种比喻，实际上是指通过计算机网络形成的计算能力极强的庞大的网络系统。对于用户（云计算服务需求方）而言，云服务商（云计算服务供应方）提供的是网络元素（服务器、存储空间、数据库、网络、软件和分析）都是虚拟的。云计算的结构如图5-1所示，整个不规则图形代表"云"，由 N 朵小"云"组成，每朵小"云"由各类服务器构成，分属不同的云计算服务提供商，有偿提供基于云的系统平台、基础结构、应用程序或存储服务；云的顶端为各种应用；底端为各类终端用户的各种设备。

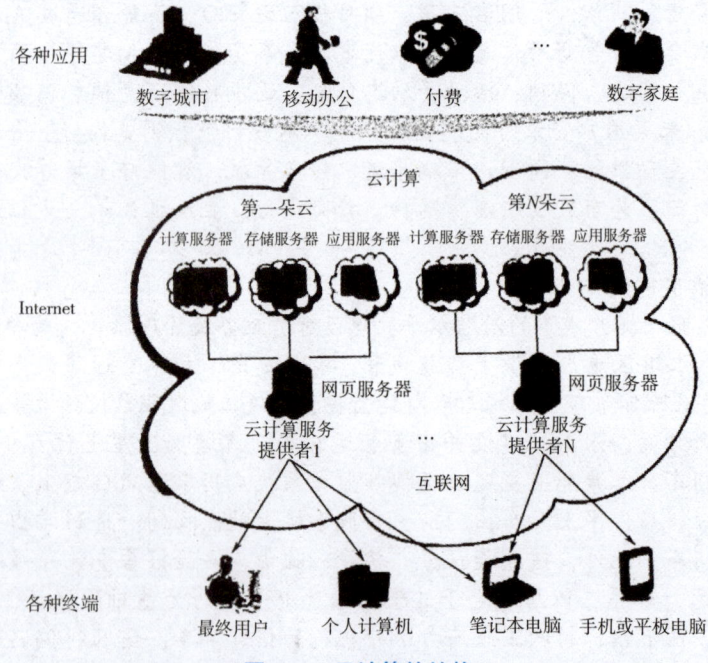

图 5-1 云计算的结构

云计算主要有三种服务模式：基础设施即服务（IaaS）、平台即服务（PaaS）、软件即服务（SaaS）。云计算最早在海外发展较快，如知名企业谷歌、IBM、亚马逊等都开展了云计算业务，阿里巴巴、腾讯等也涉足云计算领域。

云计算是继20世纪80年代以来，对计算资源的一种革命性利用模式，在这一模式中，网络用户不用了解"云"中基础设施的构成细节，不必具有相应的专业知识，也不用直接控制，只需通过网络连接，就可以利用云计算服务。云计算的关键技术是抽象、调配和对物理资源与虚拟资源的管理。物理资源主要指不适合或不能虚拟化的资源，包括人们能看到的机架、机框、板卡、插槽和端口等。虚拟资源包括资源虚拟化和对虚拟资源的管理。

> **典型案例**
>
> ### 云服务提供商阿里云
>
> 阿里云创立于2009年，是全球领先的云计算及人工智能科技公司，致力于以在线公共服务的方式，提供安全、可靠的计算和数据处理能力，让计算和人工智能成为普惠科技。阿里云服务对象包括制造、金融、政务、交通、医疗、电信、能源等众多领域的领军企业，包括中国联通、12306、中石化、中石油、飞利浦、华大基因等大型企业客户，以及微博、知乎、锤子科技等明星互联网公司。在天猫双11全球狂欢节、12306春运购票等极富挑战的应用场景中，阿里云保持着良好的运行纪录。
>
> 阿里云在全球各地部署高效节能的绿色数据中心，利用清洁计算为万物互联的新世界提供源源不断的能源动力。
>
> 2014年，阿里云曾帮助用户抵御全球互联网史上最大的DDoS攻击，峰值流量达到每秒453.8Gb。在Sort Benchmark 2016排序竞赛CloudSort项目中，阿里云以1.44美元/TB的排序花费打破了AWS保持的4.51美元/TB的纪录。在Sort Benchmark 2015，阿里云利用自研的分布式计算平台ODPS，仅用377秒就完成了100TB数据的排序，刷新了Apache Spark1406秒的世界纪录。阿里云覆盖超过50%城商行，如图5-2所示。
>
> 图5-2 阿里云覆盖超过50%城商行
>
> 2019年6月11日，阿里云入选"2019福布斯中国最具创新力企业榜"。
>
> （资料来源：编者根据网络材料整理而成）

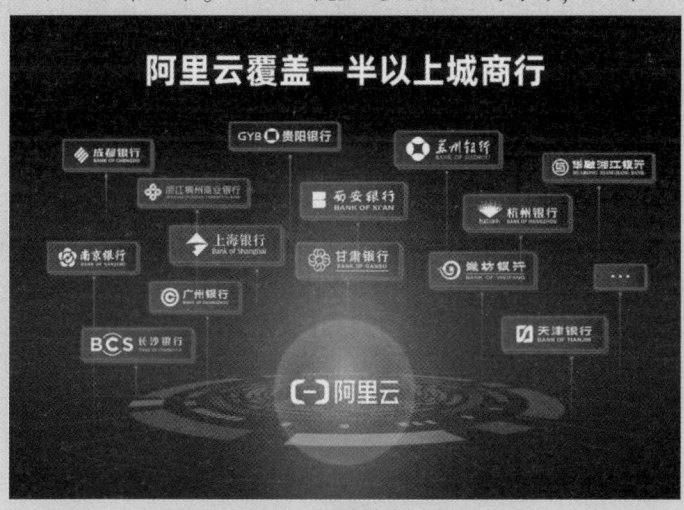

一、虚拟化技术

虚拟化技术是在构建一个逻辑层的基础上，将物理资源与用户使用分开的技术。虚拟化技术屏蔽了底层复杂性，使用户可以按照简单方式使用 IT 资源，将用户从物理硬件和软件绑定中解放出来。虚拟化技术具有四个重要特征。

（1）兼容性强。

虚拟机在逻辑上与物理计算机相似，具备完整计算机必备的所有组件。由于虚拟机是逻辑上的机器，脱离了硬件对软件的约束，所以理论上能够兼容所有标准的操作系统、应用和设备驱动程序。

（2）封装性好。

封装的基本原理是通过软件把虚拟机需要的虚拟硬件资源、操作系统和应用捆绑在一起，封装后产生的虚拟机可以自由地移动和复制。由于软硬件一起封装，用户不需要重新安装驱动程序或重新安装应用，使用效率大大提高。

（3）隔离性稳定。

虚拟化的隔离技术确保了封装后的虚拟机在共享了一台物理计算机的情况下，相互之间不影响，即其中一台虚拟机发生死机，并不会影响在同一台物理计算机上运转的其他虚拟机。

（4）硬件独立性。

虚拟机使用者可以灵活配置虚拟计算机组件，这种配置可以与物理机完全不同，如在不同的虚拟机可以安装不同的操作系统。

目前，虚拟化技术最常见的两个应用场景是实现服务器合并和桌面虚拟化。服务器合并是把分布在多台不同物理机上的应用合并后，安装在一台连接多个虚拟机的物理机上。桌面虚拟化就是用户通过客户端访问服务器上封装的虚拟机，用户体验与现场物理机相同，其关键不再取决于用户客户端现场性能，而是取决于后台虚拟机的配置。虚拟化技术最有用的两个价值是将资源进行池化和将用户需求与物理基础设施的绑定进行分离。资源在池化后，可以定义最小化的资源单元，从而实现资源的最大化利用，而将用户需求和基础设施分离则可以使资源的使用更具灵活性。

二、分布式计算技术

分布式计算是把一个大任务分解成很多个小任务，并分配到不同的计算资源上进行处理。分布式计算能够有效解决成本、效率和扩展性之间的平衡问题。

在云计算之前，网格计算是分布式计算的典型代表。网格计算的基本原理是通过把分散在互联网各处的硬件、软件、信息资源联结成一个巨大的整体，使用户能够利用地理上分散于各处的资源，完成各种大规模、复杂的计算和数据处理任务。网格计算也是一种互联网级别的分布式计算方式，关键在对于互联网上分布的计算资源利用。网格计算更关注社会化资源的利用，完成集中并行处理大型计算的任务，为云计算的发展奠定了关键的技术基础。

分布式计算也是云计算最重要的支撑技术之一，它解除了用户和大型应用系统的绑定关系，与虚拟化技术解除了用户与物理资源的绑定关系有异曲同工之妙。分布式计算在孕育云计算的同时，也重塑了云计算环境下的应用和服务形态。分布式计算作为云计算的关键技术，既可以支持不同地理上分布的计算资源的有效利用，又使复杂的大数据应用的计算方式简单化。

三、分布式数据存储技术

云计算系统由大量服务器组成，可以同时为大量用户提供服务，因此采用分布式存储的方式存储数据。分布式网络存储系统采用冗余存储的方式（集群计算、数据冗余和分布式存储）保证数据的可靠性。

云计算的另一大优势就是能够快速、高效地处理海量数据。由于云数据存储管理形式不同于传统的数据管理形式，如何在规模巨大的分布式数据中找到特定的数据，也是云计算数据管理技术必须解决的问题。同时，管理形式的不同造成了传统的 SQL 数据库接口无法直接移植到云管理系统中，目前的一些研究也在关注为云数据管理提供 RDBMS 和 SQL 的接口。另外，在云数据管理方面，如何保证数据安全性和数据访问高效性也是人们研究、关注的重点问题之一。

此外，信息系统在大多数情况下会处在多节点并发的执行环境中，要保证系统状态的稳定性，就必须保证分布数据的一致性。在云计算出现之前，解决分布的一致性问题取决于众多协议，但对于大规模甚至超大规模的分布式系统来说，无法保证各个分系统、子系统都使用同样的协议，也就无法保证分布的一致性，而云计算中的分布式资源管理技术就很好地解决了这一问题。

四、并行编程技术

云计算采用并行编程模式，在并行编程模式下，并发处理、容错、数据分布、负载均衡等细节都被抽象到一个函数库中，通过统一接口，用户大量的计算任务被自动并发和分布执行，即先将一个任务自动分成多个子任务，然后并行处理海量数据。

并行计算出现于 20 世纪 60 年代初期，这个时期晶体以及磁芯存储器开始出现，处理单元变得越来越小，存储器也更加小巧和廉价，这些技术的发展促进了并行计算机的出现，这一时期的并行计算机大多是规模不大的共享存储多处理器系统，即大型主机。并行计算在高性能计算领域发展迅速，与此同时，其体系结构也在不断变化，并行计算所依赖的平台称为并行机，并行机由多个节点组成，任务被分解到各个节点，在各个节点并行运行。早期的并行节点并不是完全独立的主机，更像一台主机的各个模块。到了 20 世纪 90 年代，随着网络设备的发展以及 MPI/PVM 等并行编程标准的发布，集群架构的并行计算机开始出现，此时的并行计算硬件平台的节点就是彼此独立的主机了。

现代的并行机体系结构有对称多处理共享存储并行机、分布共享存储并行机、大规模并行机和并行向量多处理机，这些体系结构的并行机都位于云端，但和云计算没有直接的关系。随后，另一种体系结构的并行机出现了，即工作站机群，它诞生于微处理器性能和网络带宽飞速发展的时代，并为云计算的诞生奠定了基础。对于信息系统仿真这种复杂系统的编程来说，并行编程模式是一种颠覆性的革命，它基于网络计算等一系列优秀成果，更加彻底地展现了面向服务的体系架构技术。

分布式并行编程模式创立的初衷是更高效地利用软、硬件资源，让用户可以更快速、更简单地使用应用或服务。在分布式并行编程模式中，后台复杂的任务处理方式和资源调度方法对用户来说是透明的，这样能够大幅提升用户体验感。

第三节　区块链

区块链整合了数学、密码学、互联网和计算机编程等多门学科的信息与网络技术，其本质就是一套去中心化的分布式数据库，由一串使用密码学方法产生的数据区块顺序相连而成，每个数据区块中都记录了在一定时间内产生的不可篡改、不可伪造的网络交易信息。为了更好地理解，我们可以将区块链想象成一个实物记账本，其中的一个数据区块就相当于账本中的一页，区块中包含的数据记录信息就是这一页上记载的内容，比特币就相当于这个账本使用的货币计量单位。由此，我们不难理解，尽管区块链最初随比特币而产生的，但并不等同于比特币。

> **典型案例**

区块链中的密码学：默克尔树

区块链中用到了支撑比特币底层交易系统的默克尔树或哈希树。

哈希树的概念是由瑞夫·默克尔于 1979 年申请专利的，故也称默克尔树。在密码学及计算机科学中，哈希树是一种树形数据结构，每个叶节点均以数据块的哈希作为标签，而除了叶节点以外的节点，则以其子节点标签的加密哈希作为标签。哈希树能够高效、安全地验证大型数据结构的内容，是哈希链的推广形式。哈希树的理论基础是质数分辨定理，简单说就是：n 个不同的质数可以"分辨"的连续整数的个数和它们的乘积相等。"分辨"就是指这些连续的整数不可能有完全相同的余数序列。

默克尔树一般用来进行完整性验证处理。在处理完整性验证的应用场景中，默克尔树会大大减少数据的传输量及计算的复杂度。

我们在区块链中可以看到最近生成的区块，点开其中一个就能发现它的区块头中有一个默克尔根，也就是默克尔树里的根节点。这个默克尔根就是这个区块里的所有交易根据哈希树生成的，如图 5-3 所示。

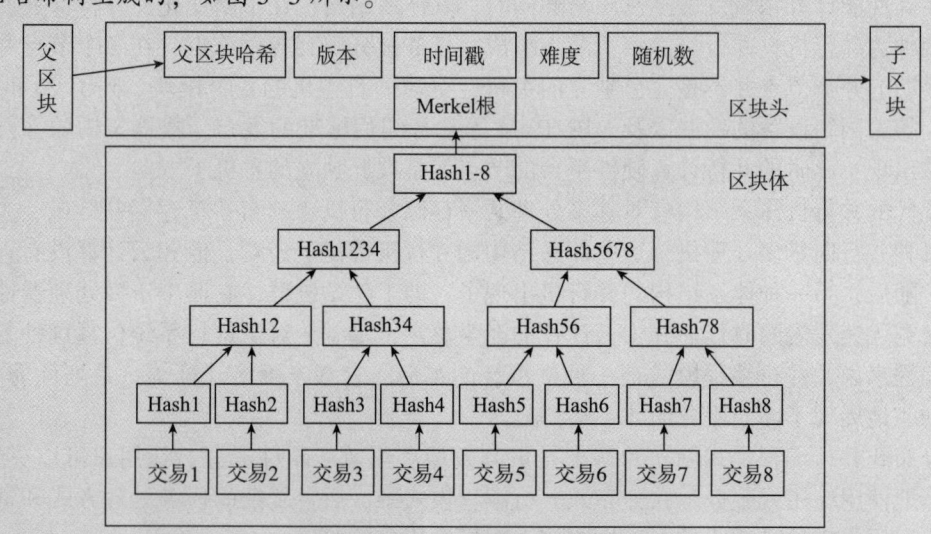

图 5-3　默克尔根

（资料来源：编者根据网络材料整理而成）

区块链包含了数据区块、区块间的连接关系，区块内聚合了各种交易信息，这些到底是以怎样的结构组合起来而形成区块链的呢？这就需要我们进一步了解区块链的数据结构了。

区块链数据结构示意如图 5-4 所示，区块作为区块链的基本数据单元，主要包含区块头和区块主体两部分，区块头主要包含了区块版本号、父区块哈希值、时间戳、默克尔树根以及其他信息，其中默克尔树的根节点存储的哈希值实际就是当前区块哈希值，当前区块内任一数据的变更都会导致默克尔树的变化，根节点的哈希值也随之变化；区块主体一般包含一串交易的列表，类型可以是资产交易记录、资产发行记录、智能合约记录、物联网数据记录等，由使用的具体场景决定。区块之间根据时间顺序相连的单向链式结构连接，区块头中的父区块哈希值索引自父区块，用于指认并连接前一区块，如此环环相扣形成链条；当父区块被添加到链上之后其内容不得更改，子区块才能得以创建。

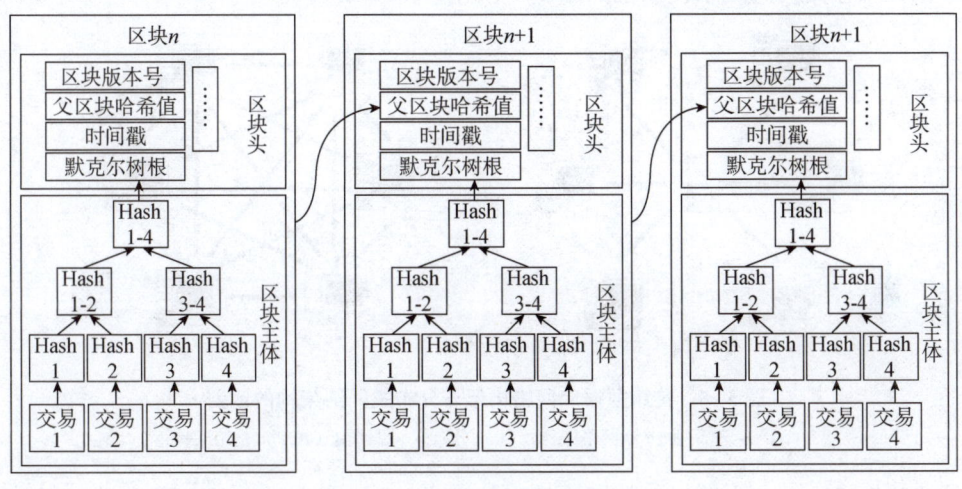

图 5-4　区块链数据结构示意

一、分布式数据存储技术

区块链设计者没有为专业的账本记录者预留一个特定的中心位置和中心权限，而是希望通过自愿原则建立一套人人都可以参与记录信息的分布式记账体系，从而将会计责任分散化，由整个网络的所有参与者共同记录。如果说分布式计算解决了数据的计算成本问题，分布式存储便解决了数据的安全性问题。

（一）分布式数据存储的概念

分布式数据存储（Distributed Ledger Technology，DLT）也称为分布账本技术。其是在传统的关系型数据库基础上发展起来的新型数据信息处理技术，其基本原理是将原来集中式数据库中的数据分散存储到多个通过网络连接的数据存储节点上，以获取更大的存储容量和更高的并发访问量。

常见的数据存储方式称中心式存储，重要数据都存储在一个中心服务器上，其他客户端都从中心存储数据池中读取数据。而分布式存储则是将数据分散存储到全网络多个数据节点上，每一个节点都有完整的数据存储和备份，形成了一个大规模的存储资源池。

从数据存储方式看，它是分布式的、非中心化存储，就像一个分布式的账本，所有的记录由多个节点共同完成，每个节点都有完整账目。没有任何节点可单独记账，避免记录被篡改。数据库中的所有数据都实时更新并存放于所有参与记录的网络节点中。这样，即使部分节点损坏或被黑客攻击，也不会影响整个数据库的数据记录与信息更新。DLT 是由网络中各个节点所共享的一种数据库，与传统的中心化数据存储相比，DLT 的主要技术特征是分布式、去中心化，因而更加便捷、安全、可控、可靠。

传统数据库使用客户端——服务器网络架构，在这种结构中，用户（或称为客户端）可以修改存储在中央服务器中的数据。数据库的控制权保留在获得指定授权的机构处，授权机构会在用户试图接入数据库前对其身份进行验证。由于授权机构对数据库的管理负责，如果授权机构的安全性受到损害，则数据面临被修改甚至被删除的风险，分布式存储与中心化数据存储的网络架构区别如图 5-5 所示。

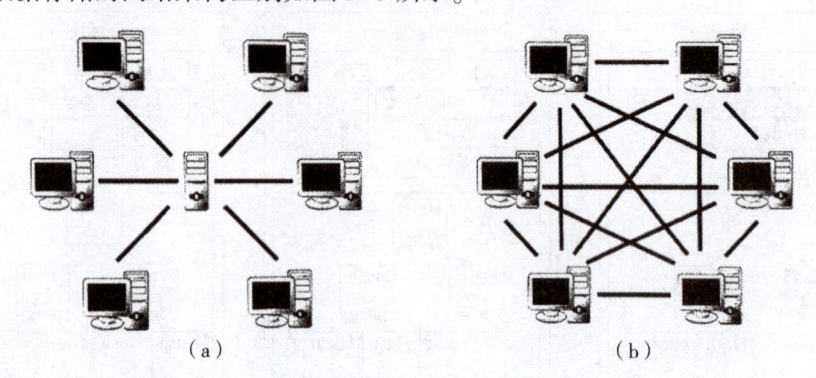

（a）　　　　　　　　　　（b）

图 5-5　传统数据库网络构架与分布式网络架构的区别
（a）客户端-服务器网络架构；（b）分布式-端到端（P2P）网络架构

传统数据库中，客户可以对数据执行四种操作：创建、读取、更新和删除（CRUD 命令）。而区块链用户只能以附加块的形式添加数据，所有先前的数据被永久存储，无法更改。因此，区块链仅能执行以下操作：①读取，查询和获取数据；②验证和写入，向区块链添加更多数据。

交易是一种改变区块链上数据状态的操作，区块链上之前的核算科目永远保持不变，而新的科目可以改变之前科目中数据的状态。例如，如果区块链记录某人的虚拟钱包中有 100 万虚拟货币，该数字永久存储在区块链中。当花费 20 万虚拟货币时，该交易也被记录在区块链上，余额为 80 万虚拟货币。但是，由于区块链只能不断加长，因此这次交易之前的余额 100 万虚拟货币仍然永久保存在区块链上。这就是区块链通常被称为不可更改的分布式账本的原因。

（二）分布式账本的分类与应用

去中心化控制可以消除中心化控制的风险。任何能够充分访问中心化数据库的人都可以摧毁或破坏其中的数据，因此用户依赖数据库的安全基础架构。区块链技术使用去中心化数据存储来避开这一问题，从而在自己的结构中建立安全性。不过，分布式账本并非意味着 100% 的去中心化，而是具有不同程度的去中心化。

分布式账本的运行以账本为基础。分布式账本是一个网络和权限匹配的结构，是去中心化的结构，在分布式账本中，任何参与者都是一个节点，每个节点都有与之相匹配的权限。分布式账本结构类型及其与传统账本的区别如图 5-6 所示。

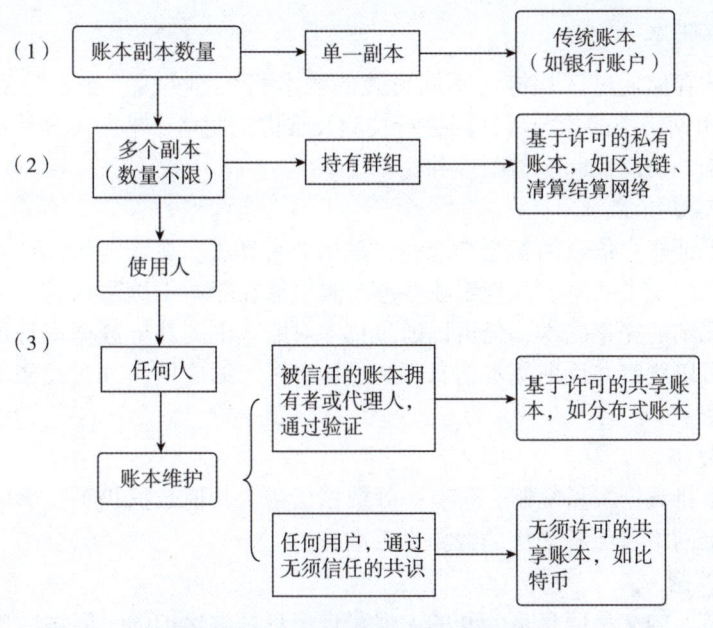

图 5-6　分布式账本的分类与应用

根据不同的需要，分布式账本可以分为多种模式，有不同程度的集中化特性与不同类型的访问控制机制。它并非100%的去中心化，属于有控制或有选择的去中心化，如图5-7所示。

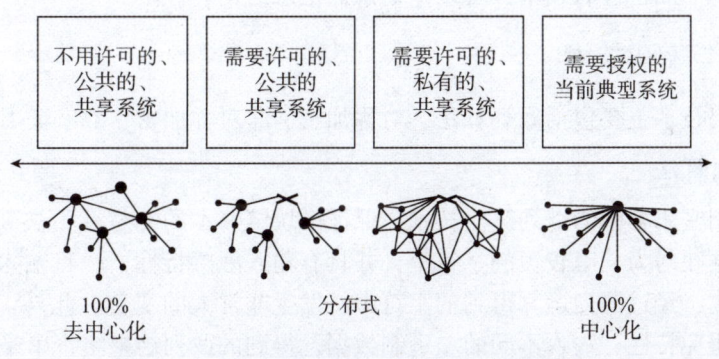

图 5-7　不同账本形式的中心化程度

当前典型的系统是需要授权使用的、单一的、中心化的、为所有参与者共享的账本，如快速支付账本，中心化的成本通常很高；同时，由于数据直存化处理是中心化的，该系统必须对所有参与者的系统进行整合。以银行业务为例，每家银行都会拥有至少好几套用于追踪与管理金融交易的系统；每两套系统都需要大量资金维护，这些系统之间必须彼此相连并通过一系列对账机制来保持一致性。每家银行相关的小组成员需要与其他银行相应的人员进行确认，确保交易信息能够匹配，并能够在交易信息不匹配的情况下解决问题。而去中心化数据库无须经过中心就可以完成信息的传递，用户可以根据需要自主选择，既可保有中心化控制的好处，也可以兼有去中心化的优点，避免中心化数据库进行费时耗力的对账，并保持数据的一致性。

（三）共享账本

数据分布式存储通过区块链与不同形式的账本相结合实现。账本是采用加密技术的"共享账本"，由网络中的参与者共同进行校验及维护。共享账本的关键特点包括加密对账技术、数据复制、访问控制、透明性和隐私性。

（1）加密对账技术。

区块链为保证账户信息的安全和隐私，采用加密算法。在账本的设计上，规定哪些信息应当包含并在账本中共享，并规定哪些参与者能够在账本中读写信息。一般来说，即便所有节点都有账本的完整副本，仍可以通过技术对账本中的部分数据进行加密，只有经授权的参与者才可以解密并读取基本信息。通过加密技术的应用，分布式账本可以实现身份验证和数据加密。

（2）数据复制。

分布式账本将数据大量复制，若有一处数据出错，其他数据仍不受影响，再通过对账计算就可以确定网络参与者交流的数据是否准确。

（3）访问控制。

虽然区块链上的交易信息是公开的，但账户信息是被保护的。区块链使用密钥和数字签名来实施访问控制，没有授权无法访问数据。

（4）透明性和私密性。

共享账本高度透明，数据库内容无法篡改。因此，共享账本有助于提高监管的有效性，并通过独特的加密签名技术，可以保证添加记录的正确性。

二、区块链密码技术

区块链密码技术主要包括散列算法、对称加密、非对称加密、数字证书等。

（一）散列算法

区块链采用密码学中的散列算法技术，保证区块链账本的完整性不被破坏。散列算法能将二进制数据映射为一串较短的字符串，并具有输入敏感特性，一旦输入的二进制数据发生微小的篡改，经过散列运算得到的字符串将发生非常大的变化。此外，优秀的散列算法还具有冲突避免特性，输入不同的二进制数据，得到的散列结果字符串是不同的。

区块链利用散列算法的输入敏感和冲突避免特性，在每个区块内生成包含上一个区块的散列值，然后在区块内生成验证过的交易 Merkle 根散列值。若整个区块链中的任一区块被篡改，都无法得到与篡改前相同的散列值，因此可以保证区块链被篡改时能够被迅速识别。

（二）对称加密与非对称加密

对称加密的加解密密钥相同，称为公钥；而非对称加密的加解密密钥不同，称为私钥；公钥加密的数据，只有对应的私钥可以解开，反之则亦然。

非对称加密算法是指使用公私钥对数据存储和传输进行加密和解密。公钥可公开发布，用于发送方加密信息，私钥用于接收方解密内容。公私钥的计算时间较长，主要用于加密较少的数据。常用的非对称加密算法有 RSA 和 ECC。非对称加密的解密过程如图 5-8 所示。

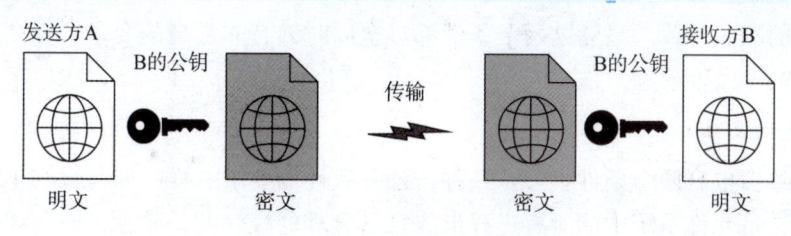

图 5-8　非对称加密的解密过程

（三）数字证书

单纯的加密通信仅能保证数据传输过程的机密性和完整性，但无法保障通信对端可信（中间人攻击），因此便需要引入数字证书机制，验证通信对端的身份，进而保证对端公钥的正确性。数字证书一般由权威机构签发。通信的一侧持有权威机构的公钥，用来验证通信对端证书是否被自己信任，并根据证书内容确认通信对端的身份。在确认通信对端身份的情况下，取出对端证书中的公钥，完成非对称加密过程。

此外，区块链中还应用了现代密码学最新的研究成果，包括同态加密、零知识证明等，在区块链分布式账本公开的情况下，最大限度地保护用户的隐私。

三、共识机制

在分布式账本中，数据的更新需通过特定的共识机制（俗称"挖矿"），由具有权限的节点进行验证，就账本状态达成一致。它要解决的问题是多方的互信问题，多个记账节点需达成共识才能确认记录有效。

分布式系统的共识达成需要可靠的共识算法，共识算法通常解决的是分布式系统中由哪个节点发起提案，以及其他节点如何就这个提案达成一致的问题。提案的含义在分布式系统中十分宽泛，如多个事件发生的顺序、某个键对应的值、谁是领导者等，可以认为任何需要达成一致的信息都是一个提案。

在分布式系统中，一致性是指对于系统中的多个服务节点，给定一系列操作，在协议的保障下，试图使得它们对处理结果达成某种程度的一致。但一致性并不代表结果正确与否，而是系统对外呈现的状态一致与否，例如，所有节点都达成失败状态也是一种一致。由于系统中各个节点之间的网络通信是不可靠的，包括任意延迟和内容故障；节点的处理可能是错误的，甚至节点自身随时可能宕机；同步调用会让系统变得不具备可扩展性要求等，上述局限难以使系统达成一致性要求。因此，理想的分布式系统一致性应该满足以下条件：①可终止性，一致的结果在有限时间内能完成；②共识性，不同节点最终完成决策的结果应该相同；③合法性，决策的结果必然是其他进程提出的提案。

在实践中，绝对理想的一致性很难达成，越强的一致性要求往往意味着越弱的性能，对一致性可以适当放宽一些要求，在一定的约束下实现一致性。根据强弱程度的不同，一致性可分为以下几种。

1. 强一致性

强一致性也称原子一致性或线性一致性，它对一致性的条件有两个要求：一是任何一次读都能读到某个数据最近一次写的数据；二是系统中的所有进程看到的操作顺序，都和全局时钟下的顺序一致。显然这两个条件都对全局时钟有非常高的要求。强一致性只存在于理论中的一致性模型。

2. 顺序一致性

顺序一致性也有两个条件：一是条件与强一致性的要求一样，即可以马上读到最近写入的数据；二是允许系统中的所有进程形成自己合理的统一的一致性，不需要与全局时钟下的顺序都一致。

3. 因果一致性

因果一致性在一致性的要求上比顺序一致性降低了一些，它仅要求有因果关系的操作顺序得到保证，非因果关系的操作顺序则不在考量范围内。因果一致性可用微信朋友圈的例子来说明，A 在朋友圈发了内容为梅里雪山的图片。B 针对内容回复了评论："这是在哪里？" C 针对 B 的评论进行了回复："这里是梅里雪山。"在这条朋友圈内容的显示中，显然 C 针对 B 的评论，应该在 B 的评论之后，这是一个因果关系，而其他没有因果关系的数据，可以允许不一致。

如果分布式系统中的各个节点都能保证以十分强大的性能（瞬间响应、高吞吐）无故障运行，则实现共识过程并不复杂，简单通过广播过程投票即可。然而在现实中，这样"完美"的系统并不存在，如响应请求往往存在时延、网络会发生中断、节点会发生故障，甚至存在恶意节点故意破坏系统的情况。

一般而言，我们把故障（不响应）的情况称为"非拜占庭错误"，恶意响应的情况称为"拜占庭错误"（对应节点为拜占庭节点）。现实中，拜占庭问题更为广泛，讨论的是允许存在少数节点作恶（消息可能被伪造）场景下的一致性达成问题。拜占庭算法讨论的是最坏情况下的保障。

典型案例

拜占庭问题

拜占庭问题又称拜占庭将军问题，是由莱斯利·兰波特提出的分布式对等网络一致性问题或通信容错问题。

拜占庭是古代东罗马帝国的首都，由于地域宽广，守卫边境的多个将军（系统中的多个节点）需要通过信使来传递消息，达成某些一致的决定。但由于将军中可能存在叛徒（系统中的节点出错），这些叛徒将向不同的将军发送不同的消息，试图干扰他们之间达成一致。拜占庭问题即为在此情况下，如何让忠诚的将军们能达成行动的一致。

在分布式计算中，不同计算机通过通信交换信息达成共识，从而按照同一套协作策略行动。但有时候，系统中的成员计算机可能出错从而发出错误的信息，用于传递信息的通信网络也可能导致信息损坏，从而破坏系统的一致性。

莱斯利·兰波特在其论文中描述了如下问题。

几位拜占庭将军分别率领一支军队共同围困一座城市。为了简化问题，将各支军队的行动策略限定为进攻或撤离两种。因为部分军队进攻、部分军队撤离可能会造成灾难性后果，因此，各位将军必须通过投票来达成一致策略，即所有军队一起进攻或所有军队一起撤离。由于各位将军分处城市的不同方向，他们只能通过信使联系。每位将军都将自己投票进攻或撤退的信息通过信使分别通知其他将军，这样一来，每位将军根据自己的投票和其他将军送来的信息就可以知道共同的投票结果，而决定行动策略。

系统问题在于，将军中可能出现叛徒，他们不仅可能向较为糟糕的策略投票，还可能选择性地发送投票信息。假设有9位将军投票，其中1名是叛徒，8名忠诚的将军中出现了4人投进攻4人投撤离的情况。这时候叛徒可能故意给4名投进攻的将军送信表示投进攻，而给4名投撤离的将军送信表示投撤离。这样一来在4名投进攻的将军看来，投票结果是5人投进攻，从而发起进攻；而在4名投撤离的将军看来则是5人投撤离。这样，各支军队的一致协同就遭到了破坏。

由于将军之间需要通过信使通信，叛变的将军可能通过伪造信件发送假投票。即使在保证所有将军都忠诚的情况下，也不能排除信使被敌人截杀，甚至被敌人间谍替换等情况。因此很难通过保证人员可靠性及通信可靠性来解决问题。

假如那些忠诚（或是没有出错）的将军仍然能通过多数决定来决定他们的战略，便达到了拜占庭容错。在此，每票都会有一个默认值，若信息（票）没有被收到，则使用此默认值来投票。

在分布式对等网络中，需要按照一致策略协作的成员计算机即为问题中的将军，而各成员计算机赖以进行通信的网络即为信使。拜占庭问题描述的就是某些成员计算机或网络链路出现错误甚至被蓄意破坏者控制的情况。拜占庭问题被认为是容错性问题中最难的问题类型之一。

拜占庭问题的解决方案就是设计一个拜占庭容错机制，即将收到的信息（或是收到信息的签章）转交给其他接收者。这类机制都假设它们转交的信息可能含有拜占庭问题。在有高度安全要求的系统中，这些假设甚至要求证明错误能在合理的等级中被排除。

（资料来源：编者根据网络材料整理而成）

对于要求能容忍拜占庭错误的情况，目前最为普遍的两种共识算法是工作量证明（PoW）和权益证明（PoS），前者是算力密集型算法，后者是资本集中型算法。无论是PoW算法，还是PoS算法，其核心思想都是通过经济激励来鼓励节点对系统的贡献和付出，通过经济惩罚来阻止节点作恶。

PoW一般应用在区块链等开放型DLT中，网络中的节点自愿对其进行数据验证。PoW机制具有不易篡改的优势，但需要投入大量算力并造成较大的资源消耗。其设计理念包括限制一段时间内整个网络中出现提案的个数（增加提案成本），以及放宽对最终一致性确认的需求，约定好大家都确认并沿着已知最长的链进行拓宽，系统的最终确认是概率意义上的确认。这样，即便有人试图恶意破坏，也会付出很大的经济代价（付出系统超过一半的算力）。后来的PoX系列算法，也都是沿着这个思路进行改进，采用经济上的惩罚来制约破坏者。

PoS大多应用在封闭型DLT中，其要求节点捆绑一定量的数字资产，以验证和添加新的区块。捆绑的数字资产越多，节点以最快速度验证区块的可能性越高，进而获得奖励。捆绑资产与抵押品相似，会占用一定的金融资源。

四、智能合约

智能合约是指 DLT 网络参与者之间的协议条款，即基于分布式账本可信的不可篡改的数据，可以自动执行一些预先定义好的规则和条款，其实质是一种计算机程序——可编程的脚本。智能合约由一组代码（合约的函数）和数据（合约的状态）组成，可以对接收到的信息进行回应，也可以接收和储存价值，还可以向外发送信息和价值。智能合约类似一个值得信任的第三方机构，可以临时保管资产，并按照事先约定的规则执行操作。图 5-9 是一个智能合约模型：一段代码（智能合约）被部署、共享在复制账本上，它可以维持自己的状态，控制自己的资产并对接收到的外界信息或者资产做出回应。

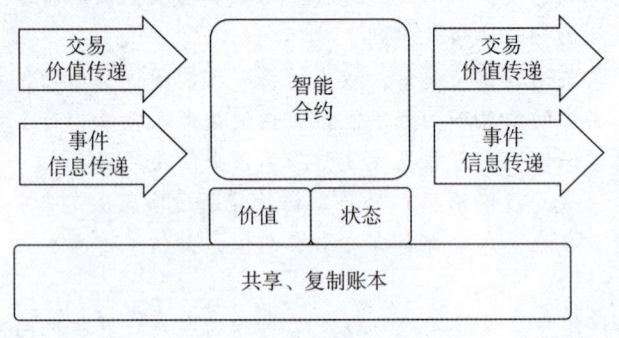

图 5-9　智能合约模型

智能合约是纸质合约的一种计算机化版本。传统意义上的纸质合约一般与执行合约内容的计算机代码没有直接联系，其主要缺陷是难以管理权限与共享数据；而智能合约则包含程序代码，能够自动执行合约。

智能合约可以执行复杂的多方协议，主要用于区块链成员之间的自动化交易。智能合约提供了一种"判决即服务"，参与者按照智能合约规则来执行。智能合约的这种判决是一个超实时版本的执法系统，而区块链带来一种验证步骤，验证相关合约法律的执行效果。智能合约验证了整个区块链共有的规则，然后将执行过程自动化，因此可以为这个网络的所有参与者提供一种中立、公正的竞争环境。

智能合约建立的权利和义务，是由计算机或计算机网络执行的。当 DLT 以"自治性"的形式与已记录的交易合并时，就创建了"智能合约"，智能合约存储在区块链中的有效节点上并通过交易触发。协议通过技术执行，系统根据真实数据记录，达到预定条件时，自动执行特定条款。例如，航班延误险通过区块链智能合约，一旦达到可赔付的条件，自动把赔付金额汇入客户账户。这个过程会在每次合约中的周期性事项发生时自动激活，不仅包括付款和交付，还包括在金融衍生合同下的授信或连续活动。

第四节　人工智能

人工智能是研究用计算机模拟人的某些思维过程和行为的科学。经过半个多世纪的发展，人工智能已经跨过了简单模拟人类智能的阶段，发展成为研究人类智能活动的规律，构建具有一定智能的人工系统或硬件，使其能够进行需要人的智力才能进行的工作，并对人类智能进行拓展。

人工智能涉及的学科极为广泛，包括哲学和认知科学、数学、神经生理学、心理学、信息论、控制论、不确定性论，远非计算机科学所能概括。鉴于此，在学科范畴上，人工智能被定义为一门边缘学科，属于自然科学和社会科学的交叉领域。

从实践来看，人工智能是计算机科学的一个分值，它试图了解人类智能的实质，并产生出一种新的能以与人类智能相似的方式作出反应的智能机器，该领域的研究包括机器人、语言识别、图像识别、自然语言处理和专家系统。

人工智能的基础技术包括人工神经网络、机器学习、深度学习、自动定理证明、自动推理、搜索方法、数据挖掘和知识发现等；人工智能的应用技术则包括自然语言处理、图像识别等。

典型案例

AI训练技术对比：巴德（Bard）与ChatGPT

近年来，自然语言处理技术在人工智能领域发展迅速，巴德和ChatGPT都是这一领域的代表性技术。本案例将对这两种技术进行比较。巴德是谷歌研发的预训练模型，它是一种基于变压器的自然语言处理模型，具有很强的上下文敏感性和语义理解能力。ChatGPT则是由OpenAI推出的一种基于变压器的生成式语言模型，它具有优秀的自然语言生成能力和对话技能，可以模拟人类的对话行为。

巴德模型采用了预训练加微调的方法，先在大规模文本数据上进行预训练，然后在特定任务上进行微调，以适应不同的自然语言处理任务。预训练阶段采用的是无监督学习的方式，通过大规模语料库的训练，学习语言的上下文关系和语义表达能力。预训练完毕后，巴德可以用于下游任务，如文本分类、文本匹配等任务。巴德的优点在于，它具有非常强的语义理解能力和上下文敏感性，能够更好地处理语言中的歧义和多义。此外，巴德的预训练模型可以针对不同的任务进行微调，使它的应用范围非常广泛。不过，巴德的缺点也比较明显，需要大量的计算资源和时间，因此需要相应的硬件和算力支持。

ChatGPT是一种生成式语言模型，它采用的是单向的变压器结构，可以将前文的内容输入，生成后文的内容。ChatGPT的预训练模型同样采用了无监督学习的方式，利用大规模语料库进行预训练，学习语言的概率分布和语言模式。ChatGPT可以应用于多种自然语言处理任务，如机器翻译、文本生成、问答系统等。ChatGPT的优点在于其具有优秀的自然语言生成能力和对话技能，能够模拟人类的对话行为。ChatGPT能够根据上下文生成连贯的语言，使对话更加流畅自然。此外，ChatGPT的预训练模型也可以微调，以适应不同的自然语言处理任务。不过，ChatGPT也存在一些缺点，例如它对于语言的理解能力相对较弱，处理多义和歧义的能力也不如巴德。

巴德和ChatGPT都是基于变压器结构的预训练模型，具有较高的自然语言处理能力。它们的预训练模型都可以针对不同的自然语言处理任务进行微调，具有很强的适应性和通用性。巴德和ChatGPT在工作原理上存在一些差异，巴德是一种双向的语言模型，可以根据上下文同时处理前文和后文的信息，而ChatGPT则是一种单向的语言模型，只能根据前文的信息生成后文。此外，巴德更加注重语言的上下文关系和语义表达，而 ChatGPT 更加注重语言的生成能力和对话技能。此外，巴德的预训练需要大量的计算资源和时间，而 ChatGPT 相对来说较为轻量化。

巴德可以应用于多种自然语言处理任务，如文本分类、命名实体识别、关系抽取等，在搜索引擎、语音识别、机器翻译等领域也有着广泛的应用。ChatGPT 主要应用于对话系统、问答系统、文本生成等领域，它可以模拟人类的对话行为，生成自然流畅的语言，使得对话更加智能化、个性化。

（资料来源：编者根据网络材料整理而成）

一、人工神经网络

（一）人工神经网络的概念

人工智能网络简称神经网络，是指一系列受生物学和神经学启发的数学模型，这些模型主要是通过对人脑的神经元网络进行抽象，构建人工神经元，并按照一定的拓扑结构建立人工神经元之间的连接，以模拟生物神经网络。神经网络不等同于人工智能，但神经网络不仅是人工智能应用的一个关键部分，还可以阐明"智能"结果到底是如何生成的。

人工智能的起步从具体"算法"开始，用"如果—就"（If-Then）的规则定义，也就是让计算机遵循逻辑推理的命题和原则来完成任务。例如，向电脑输入某个知识体系，并且设定推理的算法，计算机就可以成为一套"专家系统"，通过自动推理来解答人们提出的问题，近年来流行的人工智能医疗诊断就是这样的"专家系统"。人工神经网络，是另外一种新的思路。人工神经网络在构成原理和功能特点等方面更加接近人脑，它不是按给定的程序一步一步地执行运算，而是能够自身适应环境、总结规律、完成某种运算、识别或进行过程控制。

与传统的计算机编程相比，人工神经网络具有自身的突出特点，主要包括以下几个方面。

(1) 人工神经网络能模拟人类大脑的形象思维能力。

人类大脑的思维分为抽象（逻辑）思维、形象（直观）思维和灵感（顿悟）思维三种基本方式，人工神经网络就是模拟人类思维的第二种方式。

(2) 人工神经网络是一个具有学习能力的系统。

人工神经网络可以发展知识，超过设计者原有的知识水平。神经网络是通过对人脑的基本单元——神经元的建模和连接，探索模拟人脑神经系统功能的模型研制出的一种具有学习、联想、记忆和模式识别等智能信息处理功能的人工系统。

(3) 泛化能力。

泛化能力是指学习模型对没有训练过的样本、对未知数据有较好的预测能力和控制能力，特别是对存在一些噪声的样本，神经网络具备很好的预测能力。

(4) 非线性映射能力。

普通计算机编程需要对系统有透彻的了解，以建立精确的数学模型，但在面对复杂系统或者系统未知、系统信息量很少时，往往无能为力；而人工神经网络具有非线性映射能力，不需要对系统有透彻的了解，能具备输入与输出的映射关系，可以大幅降低设计的难度。

(5)高度并行性与分布式储存。

普通计算机的存储器和运算器相互独立,知识存储与数据运算互不相关,只有通过人工编制的程序进行沟通,这种沟通不能超越程序编制者的预设。而人工神经网络的基本结构模仿人脑,具有并行处理功能,可以大大提高工作速度。

人工神经网络的一个重要特性是它能够从环境中学习,并把学习的结果分布存储于网络的突触连接中。通过学习训练可以将网络分布式存储的信息综合起来,生成学习结果。

(二)人工神经网络的基本结构

神经网络由一层层相互连接、类似神经元的节点组成,节点本身执行相对简单的数学运算。人工神经网络可以通过修改单元之间的连接来学习经验,类似人类和动物的大脑通过修改神经元之间的连接进行学习。现代人工神经网络可以学习识别模式、翻译语言、学习简单的逻辑推理,甚至创建图像并且形成新的想法,所有这些都通过一组编码程序以惊人的速度发生,运行这些程序的神经网络具有数百万个节点和数十亿个连接,所谓"智能"就源于这些大量简单元素之间的交互反应。

图 5-10 显示了一个经典神经网络的结构,它包含三个层次:输入层、隐含层(也译隐藏层或中间层)、输出层。输入层的神经元称为输入神经元,隐含层的神经元既不接收外界的输入也不对外界输出,输出层的神经元称为输出神经元。

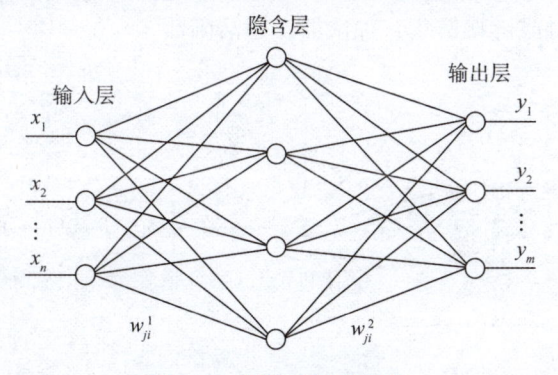

图 5-10 神经网络的结构

输入层与输出层的单元数往往是固定的,而隐含层则可以自由指定。图 5-10 中的拓扑(连接方式与箭头)代表预测过程中数据的流向;其中的关键不是圆圈(神经元),而是连接线(神经元之间的连接),每个连接线对应一个不同的权重或权值($w_{ji n}$),这是需经过训练才能实现的。

神经网络中的层数可以增加,增加更多的层次可以更深入地表示特征,以及更强的函数模拟能力。在神经网络中,每一层神经元学习的是前一层神经元值更抽象的表示。例如,在图形识别中,第一个隐含层学习的是"边缘"的特征,第二个隐含层学习的是由"边缘"组成的"形状"的特征,第三个隐含层学习的是由"形状"组成的"图案"的特征,最后的隐含层学习的是由"图案"组成的"目标"的特征。通过抽取更抽象的特征来对事物进行区分,从而获得更好的区分与分类能力。

神经元是神经网络的基本单元,神经元有两个功能:计算与存储。计算是指神经元对其输入的计算;存储是指神经元会暂存计算结果,并传递到下一层。它的设计灵感来源于生物学上神经元的信息传播机制,神经元有两种状态:兴奋和抑制。一般情况下,大多数神经元处于抑制状态，但是一旦某个神经元受到刺激，导致其电位超过阈值（临界值），那么这个神经元就会被激活，处于兴奋状态，进而向其他神经元传播化学物质（信息）。

神经元的输入由 x_1，x_2，$\cdots$，x_n 代表，输出由 y_1，y_2，$\cdots$，y_m 代表。权重值 w^1，w^2，$\cdots$，w^n 用来代表各输入对于输出的重要性，输出 0 或 1 取决于各分配权重之和是大于还是小于某个阈值。跟权重值一样，阈值是一个实数，也是神经元的一个参数。

如果神经元的输出大于激活阈值，则神经元活跃，否则便会被抑制。激活阈值通过激活函数获得。激活函数就是激活在人工神经网络的神经元上运行的函数，常采用 S 型函数，将变量映射到 0~1。

机器学习是通过神经网络训练进行的。神经网络的训练算法就是让权重的值调整到最佳，使得整个网络的预测效果最好。在设定的激励机制下，相继给网络输入一些样本模式，并按照一定的规则（学习算法）调整网络各层的权值矩阵，待网络各层权值都收敛到一定值后，学习过程结束，然后就可以用生成的神经网络对真实数据进行分类。

在训练模型过程中，已知的属性称为特征，未知的属性称为目标。神经网络的本质就是通过参数与激活函数来拟合特征与目标之间的真实函数关系。

（三）神经元模型

神经元是神经网络操作的基本信息处理单位，图 5-11 是神经元的模型。神经元模型有三种基本元素：突触或链接链集、加法器、激活函数。

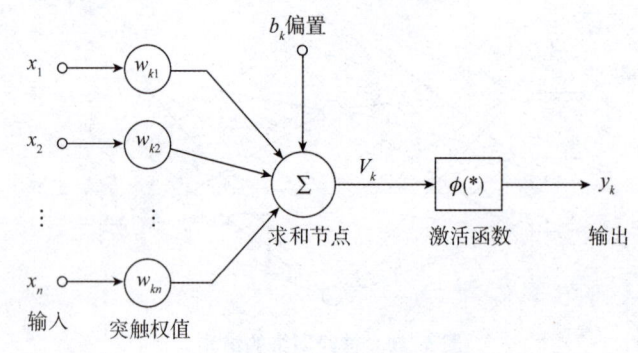

图 5-11　人工神经元模型

（1）突触或者链接链集。

突触或者链接链集每一个都由其权值或者强度作为特征，具体来说，在连接到神经元 k 的突触 j 上的输入信号 x_j，被乘以 k 的突触权值 w_{kj}。注意，突触权值 w_{kj} 下标的写法很重要，第一个下标指正在研究的这个神经元，第二个下标指权值所在的突触的输入端。和人脑的突触不一样的是，人工神经元的突触权值只有一个范围，可以取正值也可以取负值。

（2）加法器。

加法器用于求输入信号神经元的相应突触加权和，这个操作构成一个线性组合器。

（3）激活函数。

激活函数用来限制神经元输出振幅，由于通过激活函数可将输出信号压制（限制）到允许范围之内的一定值，故激活函数也称为压制函数。通常，一个神经元输出的正常幅度范围可以写成单位区间（0，1）或者另一种区间（-1，+1）。

人工神经元的输入（x_1，x_2，$\cdots$，x_m）类似于生物神经元的树突，输入经过不同的权值（wk_1，wk_2，…，wk_n），加上偏置 b_k，经过激活函数得到输出，最后将输出传输到下一层神经元进行处理，输出由输出函数 y_k 表达。单神经元输出函数如下所示：

$$\sum y_k = \varphi(v_k) = \varphi\left(\sum w_i x_i + b_i\right) \tag{5-1}$$

激活函数为整个网络引入了非线性特征，这也是神经网络相比回归等算法拟合能力更强的原因。常用的激活函数包括 S 型函数（Sigmoid）与双曲正切函数（Tanh），S 型函数的值域是（0，1），双曲正切函数的值域是（-1，1）。

图 5-11 中的神经元也包括了一个外部偏置，记为 b_k。偏置 b_k 是人工神经元 k 的外部参数，作用是根据其为正或为负，相应增加或降低激活函数的网络输入。可以用下面的方程描述图 5-11 中的神经元 k：

$$v_k = \sum_{i=1}^{m} w_{ki} x_i \tag{5-2}$$

$$y_k = \varphi(u_k + b_k) \tag{5-3}$$

其中，x_1，x_2，…，x_n 为输入信号，w_{k1}，w_{k2}，…，w_{kn} 是神经元的突触权值，u_k 是输入信号的线性组合器的输出，b_k 为偏置，激活函数为 $\varphi(*)$，y_k 是神经元输出信号，偏置 b_k 的作用是对模型中的线性组合器的输出进行仿射变换，b_k 一般为常数。

（四）神经网络的学习准则与算法原理

1. 神经网络的学习准则

人工神经网络首先要以一定的学习准则进行学习，然后才能工作。以人工神经网络对于"A""B"两个手写字母的识别为例，规定当输入为"A"时，应该输出"1"，而当输入为"B"时，输出为"0"。网络学习的准则是：如果网络进行错误的判决，则通过网络学习，使网络减少下次犯同样错误的可能性。首先，给网络的各连接权值赋予（0，1）区间内的随机值，将"A"所对应的图像模式输入网络，网络将输入模式加权求和，并与门限值比较，再进行非线性运算，得到网络的输出。在此情况下，网络输出为"1"和"0"的概率各为 50%，如果输出为"1"（结果正确），则使连接权值增大，以便使网络再次遇到"A"模式输入时，仍然能进行正确的判断。

如果输出为"0"（结果错误），则把网络连接权值朝着减小综合输入加权值的方向调整，其目的在于使网络下次遇到"A"模式输入时，减小犯同样错误的可能性。如此操作调整，当轮番输入若干个手写字母"A""B"后，网络按以上学习方法进行若干次学习，其判断的正确率将大大提高。这说明网络对这两个模式的学习已经获得了成功，能将这两个模式分布记忆在网络的各个连接权值上。当网络再次遇到其中任何一个模式时，能够迅速、准确地判断和识别。一般来说，网络中所含的神经元个数越多，能记忆、识别的模式也就越多。

2. 神经网络的算法原理

（1）机器学习模型训练的目的。

机器学习模型训练的目的，就是使参数尽可能接近真实模型。具体做法是：首先给所有参数赋上随机值，然后使用这些随机生成的参数值预测训练数据中的样本。样本的预测目标为 y_p，真实目标为 y，那么可以定义一个值 loss，计算公式如下：

$$loss = (y_p - y)^2 \tag{5-4}$$

这个值称为损失（loss），模型训练目标就是使对所有训练数据的损失和尽可能小。损失可以表示为关于参数的函数,这个函数称为损失函数。

(2) 优化问题。

下面的问题就是,如何优化参数才能够让损失函数的值最小。一个常用方法就是高等数学中的求导,但是由于这里的参数不止一个,求导后计算导数等于0的运算量很大,所以一般来说解决这个优化问题使用的是梯度下降算法。梯度下降算法每次计算参数都在当前的梯度,然后让参数向着梯度的反方向前进一段距离,不断重复,直到梯度接近零时为止。一般这个时候,所有参数恰好使损失函数达到一个最低值。

(3) 反向传播算法。

反向传播算法主要由两个环节(激励传播、权重更新)反复循环迭代,直到网络对输入的响应达到预定目标范围为止。

BP网络的学习过程是一种误差修正型学习算法,由正向传播和反向传播组成。在正向传播过程中,输入信号从输入层通过作用函数后,逐层向隐含层、输出层传播,每一层神经元状态只影响下一层神经元状态。如果在输出层得不到期望的输出,则转入反向传播,将连接信号沿原来的连接通路返回。通过修改各层神经元的连接权值,使得输出信号误差最小。

输出达到期望值时,网络学习结束。反向传播算法如图5-12所示。

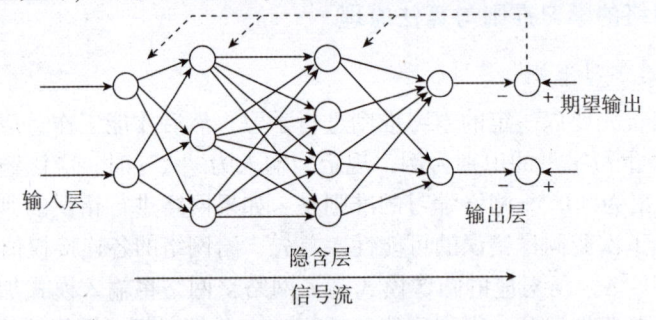

图5-12 反向传播算法

反向传播算法的启示是数学中的链式法则。在神经网络模型中,由于结构复杂,每次计算梯度的难度都很大,因此发展出反向传播算法。反向传播算法不一次计算所有参数的梯度,而是从后往前,首先计算输出层的梯度,然后是第二个参数矩阵的梯度,接着是中间层的梯度,再然后是第一个参数矩阵的梯度,最后是输入层的梯度。计算结束以后,所要的两个参数矩阵的梯度就都有了。

(4) 泛化问题。

优化问题只是训练中的一个部分。机器学习问题之所以称为学习问题,而不是优化问题,就是因为它不仅要求数据在训练集上求得一个较小的误差,在测试集上也要表现良好。因为模型最终是要部署到没有见过训练数据的真实场景中。

提升模型在测试集上的预测效果的主题叫作泛化,相关方法称作正则化。神经网络中常用的泛化技术有权重衰减等。

在深度学习中,泛化技术变得比以往更为重要,这主要是因为神经网络的层数增加了,参数也增加了,表示能力大幅度增强,很容易出现过拟合现象。随着神经网络层数的增加,优化函数越来越容易陷入局部最优解(即过拟合,在训练样本上有很好的拟合效果,但是在测试集上效果很差)。为了避免过拟合,需要在模型的拟合能力和复杂度之间进行权衡。拟合能力强的模型一般复杂度会比较高，容易导致过拟合。相反，如果限制模型的复杂度，降低其拟合能力，又可能会导致欠拟合。因此，如何在模型能力和复杂度之间取得一个较好的平衡对一个机器学习算法来讲十分重要。

（5）无监督逐层训练。

为了解决深层神经网络的训练问题，一种有效的手段是采取无监督逐层训练，其基本思想是每次训练一层隐节点，训练时将上一层隐节点的输出作为输入，而本层隐节点的输出作为下一层隐节点的输入，这也称为"预训练"。

二、机器学习

（一）机器学习的概念

机器学习是机器从有限的观测数据中学习（或"猜测"）出具有一般性的规律，并可以将总结出来的规律推广应用到未观测样本上。

机器学习是人工智能的一个分支，是实现人工智能的必要手段。机器学习使人们可以将某些沉重的工作交给算法处理，进而解决相对于人类来说过于复杂的问题。如果说工业革命是手工业自动化，机器学习是使机器本身自动化。阿瑟·萨缪尔（Arthur Samuel）在1959年表示，机器学习是"一种能够让计算机在不用进行有针对性的编程情况下自行获得学习能力的学科领域"。

机器学习是近20年兴起的一门多领域交叉学科。人工智能是沿着以"推理"为重点，到以"知识"为重点，再到以"学习"为重点的脉络发展的。20世纪50年代到70年代初，人们认为如果能赋予机器逻辑推理能力，机器就会具有智能属性，人工智能的研究处于"推理期"。当人们认识到人类之所以能够判断、决策，除了推理能力之外，还需要知识，人工智能进入了"知识期"，大量专家系统在此时诞生。随着研究的推进，专家发现人类知识无穷无尽，其中有些知识难以总结后输入计算机，于是一些学者产生了将知识学习能力赋予计算机本身的想法。20世纪80年代，机器学习真正成为一个独立的学科领域，相关技术层出不穷，深度学习模型以及阿尔法狗增强学习的雏形——感知器（神经元）均在这个阶段得到发展。

> **典型案例**
>
> **人机大战：柯洁与阿尔法狗**
>
> 2017年5月27日，在中国乌镇围棋峰会上，人工智能AlphaGo（即"阿尔法狗"）再次战胜中国选手柯洁（图5-13），以3∶0的压倒性优势结束了此次的三番棋较量。赛后，在发言之前，柯洁深深鞠躬，现场给了他20秒的掌声。柯洁说："连坚持下去都很难，因为它实在太完美了，没有任何缺陷，没有波动。我真的很责怪自己，没有下得更好一点……"
>
> AlphaGo之父戴密斯·哈萨比斯宣布，AlphaGo即将"退役"："本次中国乌镇围棋峰会是AlphaGo参加的最后对弈比赛。"研究者让"阿尔法狗"和其他围棋人工智能机器人进行了较量，胜率是令人瞠目的99.8%。2016年，"阿尔法狗"挑战世界围棋冠军李世石，结果以4∶1的总比分取得胜利。

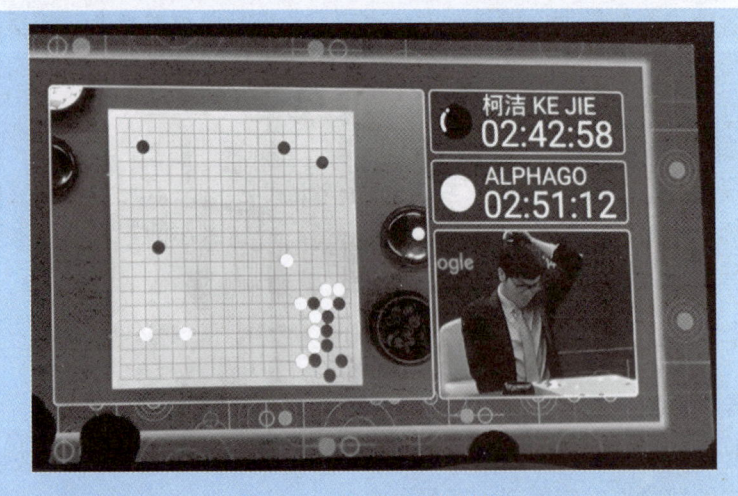

图 5-13　柯洁与阿尔法狗

历史证明,技术革新在带来冲击的同时,往往也会带来新的发展机遇。"阿尔法狗"的主要工作原理是"深度学习",而它的胜利意味着人类人工智能研究获得突破性胜利。人类棋手的失败,却也是人类智慧的胜利！事实上,收集更多数据、找寻人工智能技术下一步完善的方向,才是举办这类比赛的终极目的。跳出棋局的胜负,对于"怎样进一步利用新技术服务人类?"对于这一问题,人们还有无限的空间可以探索。

(资料来源：编者根据网络材料整理而成)

早期的人工智能可通过人工编程事先设定的规则,在某些特定情境中体现出最基本的"智能"。然而,解决实际问题所需的算法往往太过复杂,很难由人工编程的方式实现。例如,医学诊断、预测机器故障时间或资产估值,往往涉及数千种数据集和大量变量之间的非线性关系,这种情况下通常难以通过现有数据获得最佳效果,即对我们的预测进行"优化"。再如图片识别以及语言翻译,我们该如何通过编写一系列规则,使得程序能在任何情况下描述出一只狗的外观？那么,如果能将作出各种复杂预测的困难工作,即数据优化和特征规范,从程序员身上转嫁给程序,让程序学会学习,情况又会怎样？这正是现代化人工智能——机器学习理论期待解决的问题。

机器学习理论主要是设计和分析一些让计算机可以自动"学习"的算法。机器学习算法是一类从数据中自动分析获得规律,并利用规律对未知数据进行预测的算法。由于学习算法中涉及大量的统计学理论,机器学习与推断统计学的联系尤为密切,也被称为统计学习理论。人工智能今天的强大,并不意味着它们开始"接近"人脑,恰恰相反,它们的优势在于能够完成人脑根本无法处理的大量计算。

在算法设计方面,机器学习理论关注可以实现的、行之有效的学习算法。由于很多推断问题难度很大,无程序可循,所以机器学习研究是开发容易处理的近似算法。

机器学习技术的目标在于针对特定领域开发一种预测引擎——核心预测分析高级软件。算法负责接收有关特定领域(如某人过去看过的所有电影)的信息,通过对输入的信息进行权衡作出有效的预测(此人未来观看其他种类电影的可能性)。通过实现让"计算机自行学习的能力",我们可以将优化方面的任务,交给算法负责,即对可用数据中的不同变量进行权衡,进而面向未来做出精确预测。

（二）机器学习模式

机器学习模式有三种类型：监督学习、强化学习、无监督学习。

1. 监督学习（Supervised Learning）

监督学习也称为监督训练或有教师学习，监督学习是从标记的训练数据来推断一个功能的机器学习任务，训练数据包括一套训练示例。在监督学习中，每个实例都是由一个输入对象（通常为矢量）和一个期望的输出值（也称为监督信号）组成。

在早期的机器学习中，由于数据量过于庞大难以处理，程序员采用了"捷径"，其中最主要的方式是"监督学习"，也就是机器在人类提供经验的"监督"下去统计分析数据。简言之，监督学习就是我们告诉机器特定输入的正确答案：这是一幅汽车的图像，正确答案是"汽车"。它之所以被称为监督学习，是因为算法从带标签数据学习的过程类似于向年幼的孩子展示图画书。成年人知道正确的答案，孩子根据前面的例子进行预测。这也是训练神经网络和其他机器学习体系结构中最常用的技术。

一般而言，监督学习通常需要大量的有标签数据集，由于这些数据集一般需要由人工进行标注，成本很高，便逐渐出现了很多弱监督学习（Weak Supervised Learning）和半监督学习（Semi-Supervised Learning），以期从大规模的无标注数据中充分挖掘有用的信息，从而降低对标注样本数量的要求。

2. 强化学习（Reinforcement Learning）

强化学习又称再励学习、评价学习，是一种重要的机器学习方法，这是关于机器应该如何行动以获得最大化奖励的问题。在特定情况下，机器挑选一个动作或一系列动作并获得奖励，这种通过反馈来修改行动的模型，称为策略——评估（Actor-Critic）模型，随着策略（Actor）所做的决策被评估（Critic）所修正，决策的质量一点点改善，机器开始自己学习，并找到独特的学习方法。

强化学习和监督学习的不同之处在于，强化学习的问题不需要给出"正确"策略作为监督信息，只需要给出策略的（延迟）回报，并通过调整策略来取得最大化的期望回报。监督学习一般需要一定数量的带标签数据。而在很多应用场景中，通过人工标注的方式来给数据打标签往往行不通。例如，要通过监督学习来训练一个模型自动下围棋，就需要将当前棋盘的状态作为输入数据，其对应的最佳落子位置作为标签。训练一个好的模型就需要收集大量的不同棋盘状态以及对应动作，这种做法实践起来比较困难。因此，如果可以通过大量的模拟数据，通过最后的结果（奖励）来倒推每一步棋的好坏，从而学习"最佳"的下棋策略，这种强化学习方法更佳。

强化学习广泛应用在很多领域，如棋类游戏、迷宫类游戏、控制系统、推荐等。

3. 无监督学习（Unsupervised Learning）

机器根据类别未知（没有被标记）的训练样本解决模式识别中的各种问题，称为无监督学习，即让机器自己摸索，人类不给予任何总结的经验，不对任何数据进行标注。当前，人工智能中的自然语言处理，让人工智能通过大量的语言输入去理解语言中词语关系的内在规律，就是"无监督学习"的一种应用，常见的应用则是在网上购物的"推荐商品"上，即机器通过分析大量的过往数据，"学习"并为买家推荐他们最有可能感兴趣的商品。

三、深度学习

(一) 深度学习的基本概念

深度学习（Deep Learning），是指如何从数据中学习一个"深度模型"的问题，是机器学习的一个子问题。通过构建具有一定"深度"的模型，可以让模型自动学习特征表示（从底层特征，到中层特征，再到高层特征），从而最终提升预测或识别的准确性。

"深度"是指原始数据进行非线性特征转换的次数，如果把一个机器学习系统看作是一个有向图结构，深度可以被看作从输入节点到输出节点所经过的最长路径的长度。

深度学习网络称"新一代神经网络"，含多隐层的多层感知器就是一种深度学习结构。深度学习通过组合底层特征形成更加抽象的高层表示属性类别或特征，以发现数据的分布式特征表示。深度学习是多层人工神经网络的组合，在40年前，人工神经网络只有2层深，不足以构建大型网络，现在少则十层多则百层，这主要得益于大数据和云计算的支持。深度学习是目前机器学习的前沿领域。

不过，尽管神经网络模型为深度学习的主要模型，但神经网络和深度学习并不等价。深度学习可以采用神经网络模型，也可以采用其他模型，如深度置信网络。

通过深度学习，计算机能够自己生成模型，进而提供相应的判断，达到某种人工智能的结果。因此，在数据的"初始表示"（如图像的像素）与解决任务所需的"合适表示"相距甚远的时候，可尝试使用深度学习的方法。

(二) 深度学习的特点

深度学习代表机器学习的高级阶段。传统机器学习是浅层学习，深度学习是特征学习或表示学习。浅层学习的一个重要特点是不涉及特征学习，其特征主要靠人工经验或特征转换来抽取。深度学习的重要特点是特征学习，其目的是通过建立、模拟人脑中用来分析、学习的神经网络，模仿人脑的机制来解释数据，如图像、声音和文本。

深度学习是机器学习中一种基于对数据进行表征学习的方法。观测值（如一幅图像）可以使用多种方式来表示，如每个像素强度值的向量，或者更抽象地表示成一系列边、特定形状的区域等。因此，深度学习与传统的机器学习有着质的不同，深度学习是机器学习特征，而传统机器学习是人工设计特征，它们的区别如图5-14所示。

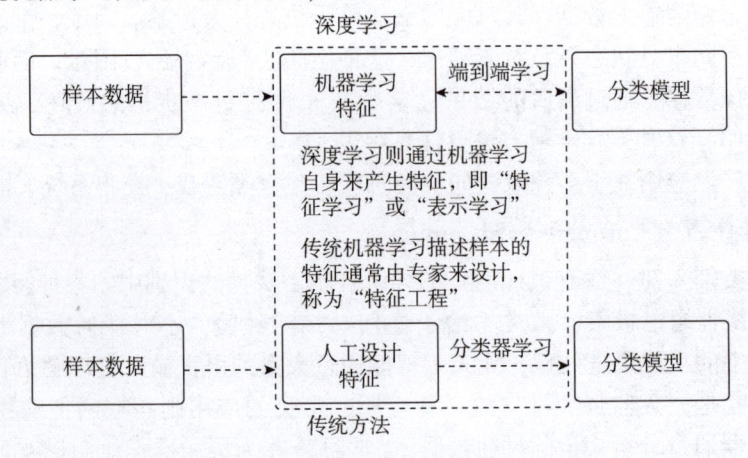

图 5-14 深度学习与传统机器学习的区别

为了提高机器学习算法的能力，需要抽取有效、稳定的特征。传统的特征提取是通过人工方式进行的，需要大量的人工和专家知识。一个成功的机器学习系统通常需要尝试大量的特征，称为"特征工程"。但即使这样，人工设计的特征在很多任务上也不能满足需要。因此，如何让机器自动学习有效的特征便成为机器学习中的一项重要研究内容。深度学习时机器学习到的表示可以替代人工设计的特征，在一定程度上可以减少预测模型复杂性、缩短训练时间、提高模型泛化能力、避免过拟合等。

传统的特征抽取一般是和预测模型的学习分离的。如果将特征学习和预测学习有机统一到一个模型中，建立一个端到端的学习算法，可以有效避免它们之间准则的不一致性，这就是深度学习的建模目的。

在深度学习中，原始数据通过多步的特征转换和预测函数得到最终的输出结果。和"浅层学习"不同，深度学习需要解决的关键问题是贡献度分配问题，即一个系统中不同的组件对最终系统输出结果的贡献或影响。图5-15给出了深度学习的数据处理流程。以下围棋为例，每当下完一盘棋，最后的结果要么赢、要么输。我们会思考哪几步棋导致了最后的胜利，或哪几步棋导致了最后的败局，如何判断每一步棋的贡献就是所谓的贡献度分配问题，这是一个非常困难的问题。在一定意义上，深度学习也是一种强化学习，每个内部组件并不能直接得到监督信息，需要通过整个模型的最终监督信息（奖励）得到，并且有一定的延时性。

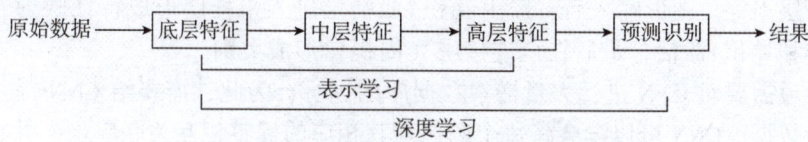

原始数据 → 底层特征 → 中层特征 → 高层特征 → 预测识别 → 结果

表示学习

深度学习

图5-15 深度学习的数据处理流程

目前深度学习比较有效的模型是神经网络，即将最后的输出层作为预测学习，其他层作为特征学习——表示学习，其主要原因是神经网络模型可以使用误差反向传播算法，从而可以比较好地解决贡献度分配问题。随着深度学习的快速发展，模型深度也从早期的五至十层发展到目前的上百层。随着模型深度的不断增加，其特征表示的能力也越来越强，可以使后续的预测更加准确。

（三）深度学习模型

同机器学习方法一样，深度机器学习方法也有监督学习与无监督学习之分，不同的学习框架下建立的学习模型不同。例如，卷积神经网络（Convolutional Neural Network，CNN）就是一种深度的监督学习下的机器学习模型，而深度置信网络（Deep Belief Nets，DBN）则是一种无监督学习下的机器学习模型。其中，CNN常见于图像识别，DBN可以用于手写文字识别和语音识别。

（1）CNN。

CNN是连接神经网络中单元的一种特定方式，受其他动物和人类视觉皮层体系结构的启发构建而来。CNN包括卷积层（Convolutional Layer）和采样层（Pooling Layer），CNN结构庞大，从七层到数百层不等，每层又有数百至数千个神经元；它的人工神经元可以响应一部分覆盖范围内的周围单元，且任意两层之间的神经元也可以相互影响。

CNN在特征识别相关任务中取得的效果，远比传统方法好。因此，CNN常用于图像识别、语音识别等。如图5-16所示,在公园里,人类看到大牧羊犬和吉娃娃(一种小型犬种),尽管它们的体型和体重都不同,但我们却知道它们都是狗。对于计算机而言,图像只是一串数组。在这串数组内,局部图案,如物体的边缘,在第一层中能够被轻易地检测出来;神经网络的下一层检测这些简单图案的组合所形成的简单形状;再下一层检测这些形状组合所构成的物体的某些部分,最后一层检测部分的组合。神经网络的深度——具有多少层——使网络能够以这种分层次的方式识别复杂模式。

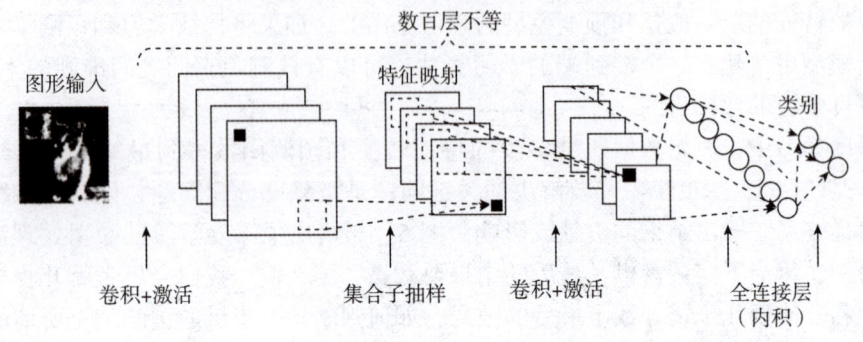

图5-16 CNN的工作原理

因此,一个卷积神经网络结构包含卷积层、采样层和全连接层。网络层次结构从几层到大于上百层不等。图形输入后,经由卷积+激活层进入采样层形成特征映射,分别形成集合子抽样和卷积+激活,最后在全连接层(内积)形成类别。

深度学习需要对CNN进行大量样本数据库的训练,为此,需要给CNN提供人为标记的大量图像数据。CNN可以学会将每个图像与其相应的标签相互关联起来,并将以前未见的图像及其相应的标签配对,这样就可以形成一个识别系统,梳理各种各样的图像并识别照片中的元素。CNN在语音识别和文本识别中也非常有用,在自动驾驶汽车和新一代医学图像分析系统中也是关键组成部分。

(2)DBN。

DBN可以用来对事物进行统计建模,表征事物的抽象特征或统计分布,其应用在手写字识别和语音识别中。尽管DBN作为一种深度学习模型已经较少使用,但其在深度学习发展进程中的贡献巨大,且其理论基础为概率图模型,有非常好的解释性,是一种值得讨论的模型。

DBN是一个概率生成模型,与传统的判别模型的神经网络相对应,生成模型是建立一个观察数据和标签之间的联合分布,对$P(Observation|Label)$和$P(Label|Observation)$都做了评估,而判别模型仅评估了后者,也就是$P(Label|Observation)$。

DBN由多个限制玻尔兹曼机(Restricted Boltzmann Machines,RBM)层组成,一个典型的网络结构如图5-17所示,这些网络被"限制"为一个可视层和一个隐层,层间存在连接,但层内的单元间不存在连接。隐层单元被训练去捕捉在可视层表现出来的高阶数据的相关性。顶部的两层是一个无向图,可以视为一个受限玻尔兹曼机(RBM),用来产生$P(h(L-1))$的先验分布。除了最顶上两层外,每层的变量$h(l)$依赖于其上面一层$h(l+1)$,即$P(v,h^1,h^2,\cdots,h^i)=P(v|h^1)P(h^1|h^2)\cdots P(h^{i-2}|h^{i-1})P(h^{i-1},h^i)$,其中$l=\{0,\cdots,L-2\}$。

$$P(v,h^1,h^2,\cdots,h^l)=p(v|h^1)p(h^1|h^2)\cdots p(h^{l-2}|h^{l-1})p(h^{l-1},h^l)$$

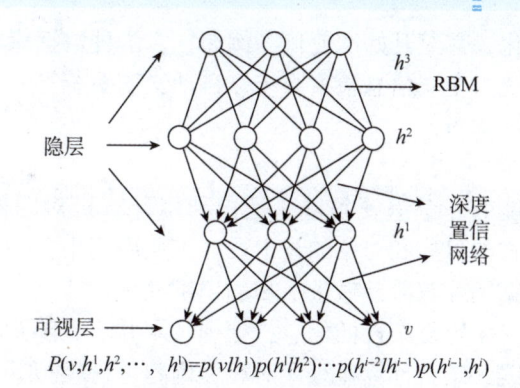

图 5-17 DBN 的结构

DBN 的核心部分为逐层贪婪预训练算法，这种算法可以优化深度置信网络的权重，它的时间复杂度与网络的大小和深度呈线性关系。使用配置好的深度置信网络来初始化多层感知器的权重，常常会得到比随机初始化的方法更好的结果。

除了具有好的初始点，DBN 还有一些颇具吸引力的优点：第一，它的学习算法可以有效使用未标注的数据；第二，它可以看作一个概率生成模型；第三，对于经常出现在如 DBN 这样的含有数百万个参数的模型中的过拟合问题，以及经常出现在深度网络中的欠拟合问题，都可以通过产生式预训练方法进行有效解决。

DBN 包含多个隐层的多层感知器或深度神经网络（Deep Neural Network，DNN），通过无监督的深度置信网络来进行预训练，然后通过反向传播微调来实现。在 DNN 中，多神经元隐层的使用不仅显著提高了 DNN 的建模能力，而且创造出了许多接近的最优配置。即使参数学习过程陷入局部最优，但由于出现欠佳的局部最优的概率比网络中应用少数神经元要低，所以最终的 DNN 仍然可以执行得很好。不过，若要在训练过程中使用深而宽的神经网络，则需要强大的计算性能。

除了深度置信网络之外，自编码器和它的变体，如稀疏自编码器和去噪自编码器，也可以用来作为深度神经网络的参数初始化，并可以得到和深度置信网络类似的效果。随着人们对深度学习认识的加深，出现了很多更加便捷的训练深层神经网络的技术，如 ReLU 激活函数、权重初始化、逐层归一化、各自优化算法以及快捷连接等，可以不用进行预训练就得到一个非常有深度的神经网络。

四、自然语言处理

自然语言处理（Natural Language Processing，NLP）是计算机科学与人工智能领域的一个重要方向，它研究能实现人与计算机之间用自然语言进行有效通信的各种理论和方法。自然语言处理是一门融语言学、计算机科学、数学于一体的学科。

用自然语言与计算机进行通信，这是人们长期以来追求的目标。它既有明显的实践意义，也有重要的理论意义，人们可以用自己最习惯的语言来使用计算机，而无须花大量的时间和精力去学习不自然和非习惯的各种计算机语言；人们也可通过它进一步了解人类的语言能力和智能的机制。但无论是实现自然语言理解，还是实现自然语言生成，都远不如人们原来想象得那么简单。从现有的理论和技术看，通用的、高质量的自然语言处理系统仍然是较长期的努力目标。但是针对特定应用，具有相当高的自然语言处理能力的实用系统已经出现，逐步商品化，甚至开始产业化，例如，多语种数据库和专家系统的自然语言接口、各种机器翻译系统、全文信息检索系统、自动文摘系统等。

五、图像识别

图像识别是人工智能的一个重要领域，是指利用计算机对图像进行处理、分析和理解，以识别各种不同模式的目标和对象的技术。在工业应用中，一般是先用工业相机拍摄图片，然后利用软件根据图片灰阶差做进一步的识别处理。

图像识别能处理具有一定复杂性的信息，处理技术并不是随意出现在计算机中，而是根据医学研究人员的实践，结合计算机程序对相关内容进行模拟并予以实现。该技术的计算机实现与人类对图像进行识别的基本原理类似：人类不只是结合储存在脑海中的图像记忆进行识别，还利用图像特征对其进行分类，再利用各类别特征识别出图片。计算机也采用同样的图像识别原理，对图像的重要特征进行分类和提取，并有效排除无用的多余特征，进而使图像识别得以实现。计算机对上述特征的提取成效对计算机图像识别的效率有较大影响。目前，基于神经网络的图像识别是比较新的技术，它是一种以传统图像识别方式为基础，有效融合神经网络的算法。

知识总结

1. 去中心化控制可以消除中心化控制的风险。任何能够充分访问中心化数据库的人都可以摧毁或破坏其中的数据，因此，用户依赖于数据库管理员的安全基础架构。区块链技术使用去中心化数据存储来避开这一问题，从而在自己的结构中建立安全性。

2. 在分布式账本中，数据的更新需通过特定的共识机制实现，由具有权限的节点进行验证，就账本状态达成一致。它要解决的问题是多方的互信问题。多个记账节点需达成共识才能确认记录有效。

3. 机器学习是人工智能的一个分支，是实现人工智能的必要手段。机器学习使人们可以将某些沉重的工作交给算法处理，进而解决相对于人类来说过于复杂的问题。如果说工业革命是手工业自动化，机器学习便是使机器本身自动化。

自测练习

1. 区块链技术中分布式存储的工作原理与优势是什么？
2. 试析共识机制在区块链技术中所起的作用是什么？
3. 机器学习有几种模式？它们的特点分别是什么？

第六章　金融科技的应用场景

见微知著，以学立人

以金融科技的应用场景知识点和思想为基础，探究其中蕴含的优秀传统文化。

1. 勿以善小而不为，勿以恶小而为之

近年来，随着洗钱犯罪活动的国际化、智能化，传统技术在反洗钱工作的过程中逐渐显露疲软的迹象。大数据技术的广泛应用和全面普及，为反洗钱提供了新的技术路径。

我们不仅要像海绵一样汲取知识，也要不断加强自身的道德修养和法律观念。培养法治精神，对法律要有敬畏之心，要将自身行为的尺度严格限制在法律的边界内，认识遵纪守法的重要性和违法、违纪的严重后果；还要树立远大理想、锤炼品德、遵纪守法、勤勉坚韧，成为温暖而有力量的人，让青春闪耀在为梦想奋斗的道路上。

2. 不以规矩，不成方圆

根据金融行业的特点和金融云发展的实际需要，金融云标准体系建设应包括基础、技术产品等通用标准，以及能体现金融业特点的服务、安全、应用等标准。具体来说，金融云标准体系由通用类、安全类、服务类及应用类四大类组成。

"不以规矩，不能成方圆"中蕴含着中国历来强调的"立规矩、讲规矩、守规矩"理念；而"立善法于天下，则天下治；立善法于一国，则一国治"中包含着中华民族对"法治安邦"的不懈追求。

知识要点

了解云计算在金融领域中的应用场景；熟悉大数据和人工智能在金融领域中的应用场景；掌握区块链在金融领域中的应用场景。

核心概念

供应链金融（Supply Chain Finance）
数字货币（Digital Currency）
智能投顾（Intelligent Investment Advisor）
智能风控（Intelligent Risk Control）

> **典型案例**
>
> 中国人民银行高度重视数字人民币的研究开发。2014年，中国人民银行成立法定数字人民币研究小组；2015年发布数字货币系列研究报告，完成对法定数字货币原型方案的两轮修订；2016年，数字货币研究所成立，并同时构建了第一代央行数字货币运行的原型架构系统；2017年年末，人民银行牵头并组织商业银行和其他有资质的机构联合开展央行数字货币的研发试验；2020年1月，数字人民币的总体架构设计、功能场景应用、试点实验测试、标准规则研究等工作相继完成；2021年3月，六大国有银行取得人民银行授权，推出数字人民币钱包；同年5月，数字人民币子钱包再度扩容接入支付宝，这标志着数字人民币开始和第三方支付平台正式对接。
>
> 请思考：数字人民币的应用给我们的日常生活带来了哪些改变？

第一节　大数据在金融领域的应用

一、征信领域

在大数据时代，互联网公司利用自身的海量数据优势和用户信息，从财富、安全、守约、消费、社交等几个维度来评判，为用户建立信用报告，形成以大数据为基础的海量征信数据库。大数据征信有三个特征。

（1）运用数学模型进行信用评级。

大数据征信不仅数据规模庞大，而且更多地依靠技术收集有关企业或个人有效信用数据，并录入基础数据库，纳入相关企业或个人的信用档案中。

（2）实现企业信用的动态评估。

大数据技术能对及时捕捉的数据进行实时分析，由基础数据库纳入数据评估系统。例如，一家企业之前的信用评级良好，一旦质监部门或新闻媒体发布了关于这家企业的负面信息，大数据征信就会实时捕捉到这些信息，并通过系统内置的数据计算模型，对企业的信用状况进行重新评估，让公众及时了解到企业最新的信用信息。

（3）实时出具信用报告。

大数据征信通过系统广泛采集企业的信用信息，支持信用报告直接在线下载打印，这是传统的征信模式无法实现的。

综上所述，大数据征信模式的优点在于数据来源广泛，弥补了传统征信覆盖面不足的缺陷；数据类型多样化，数据实时动态更新，能全面、及时反映个人或企业的信用情况。

不可否认的是，大数据征信的发展仍然面临一系列挑战，主要体现在五方面。

（1）数据质量参差不齐。

大数据征信机构的数据来源非常广泛，其数据质量、权威性却屡受质疑。美国国家消费者法律中心曾在2014年3月对主要的大数据征信公司进行调查，随后发布的《大数据、个人信用评分的大失望》报告显示，大数据征信公司的信息错误率超过50%。因此，基于此数据产生的征信报告也被认为存在有"垃圾进，垃圾出"之嫌。

（2）同人不同信用问题。

目前，除了中国人民银行征信中心外，中央银行还批准了芝麻信用、华道征信等八家民间征信机构。各家征信机构的数据来源不尽相同，有的来源于金融交易数据、公共信息数据，有的则来源于自身业务发展所积累的数据，算法技术也有所差异，这就导致对同一用户的信用评估结果在不同征信机构之间存在差异。

（3）信息安全问题。

征信机构拥有大量敏感的、机密的信息，如身份信息、财务信息、医疗信息等，如果储存这些信息的数据库存在安全漏洞，就容易受到侵入和破坏，导致个人隐私信息的泄露、丢失或毁损，并对征信机构的声誉产生极为恶劣的影响。由世界银行牵头制定的《征信通则》规定：保证数据安全是征信机构及其合作伙伴的工作重点，征信机构需要定期检查和更新数据安全措施，确保能有效应对数字安全的隐患。

（4）数据壁垒问题。

参与个人征信服务的试点机构多为互联网企业，拥有依靠自身用户积累的数据资源，并且这些资源带有垄断性，而大数据征信的前提是实现征信数据的信息共享。征信机构之间相互竞争，自然不愿意轻易共享数据源，因此，如何打破机构间的数据壁垒，建立可持续的信息交换机制，并保证信息交换后不被滥用，还需在法律、政策、技术等层面制定相应标准。

（5）征信机构的独立性问题。

征信机构为放贷机构的风险管理提供外部信息支持，理应是一个独立的第三方机构。而目前我国批准的八家个人征信机构中，芝麻信用、腾讯征信隶属于阿里巴巴和腾讯集团，而这两大互联网企业旗下又分别有小额贷款业务，模糊了征信机构"独立第三方"的边界。

二、反洗钱领域

《中华人民共和国反洗钱法》中规定，反洗钱是指为了预防通过各种方式掩饰、隐瞒毒品犯罪、黑社会性质的组织犯罪、恐怖活动犯罪、走私犯罪、贪污贿赂犯罪、破坏金融管理秩序犯罪、金融诈骗犯罪等犯罪所得及其收益的来源和性质的洗钱活动。反洗钱工作是保障国家金融安全体系、维系金融市场环境稳定的重要组成部分，涉及面广，需要监管部门和银行、券商等金融机构共同参与。

近年来，随着洗钱犯罪活动的国际化、智能化，传统技术在反洗钱工作中逐渐显露疲软的迹象。大数据技术的广泛应用和全面普及，为反洗钱提供了新的技术路径。

（1）金融机构除了使用自身数据和行业内数据，还可以使用来自工商、税务、房管、海关、公安、法院等政府部门以及消费、娱乐、社交等商业活动的数据；除了使用客户关系、会计系统等结构化数据，还可以使用社交媒体、电子邮件、文本、音频、视频、照片、网络日志等非结构化数据。在此基础上，建立反洗钱大数据平台，通过对相关数据的科学分析，甄别客户身份和可疑交易，从而将洗钱犯罪活动拒之门外。

（2）政府应该加强制度建设，为大数据开放共享建立相应的社会保障制度。我国从2008年起开始实施《政府信息公开条例》，政府应进一步通过立法框架和政策支持，推动数据共享。

（3）由政府牵头建立一个国家层面的跨系统、跨平台、跨数据结构的大数据网络，打破数据壁垒，消除信息孤岛，促进大数据在各机构间的流动和信息共享。

三、银行领域

银行业积累的金融数据类型繁多，且具备处理海量结构化数据的经验，初步具备运用大数据的优势。围绕大数据的数据管理和信息应用能力已逐步成为银行核心竞争能力的关键要素，正被越来越多地应用到客户营销、产品创新、风险评估和运营优化等环节。

1. 客户营销

银行可以先通过大数据分析平台，获得客户通过社交网络、电子商务、终端媒介等方式形成的非结构化数据，掌握客户的消费习惯、消费水平、兴趣爱好等信息，再将这些非结构化数据与银行掌握的结构化数据结合，为客户画像，并在此基础上实施精准营销。例如，中国工商银行利用大数据技术对用户的资产和收入情况、金融行为、风险偏好等信息进行分析，向不同类型的金融消费者推荐适合他们的投资理财产品。民生银行通过大数据筛选与民生手机银行、直销银行等目标客户相匹配的潜在用户，根据其特点和需求推送产品和服务广告，实现更多流量转化。

2. 产品创新

银行沉淀了大量的交易数据，可以通过大数据分析挖掘用户潜在需求，开发相关产品或增值服务，创新业务模式，提高客户黏性。例如，中信银行的"信e付"平台全程记录了企业交易过程中的企业用户信息、商品信息、交易信息以及资金信息，其中，交易信息包括交易时间、交易地点、交易金额、交易数量等；资金信息包括资金量、资金流向、资金流动频次等，通过对这些交易数据的统计和分析，逐步形成大数据金融云系统，捕捉潜在的价值信息，发现中小微企业的金融需求，开发出契合其需求的金融服务产品。

3. 风险评估

风险管理是银行的核心竞争力，可以通过大数据构建完整的企业电子信用档案，便于银行实时掌握企业经营情况、盈亏状况和资产动向，提升银行的风险评估以及信贷控制能力。例如，西班牙某银行借助大数据分析企业客户的信用风险，先找出影响企业所在行业的主要因素，然后对这些因素进行模拟，测试各种因素对客户业务发展的可能影响，从而综合判断企业客户的信用风险。在国内，中国工商银行运用大数据技术，实现了信贷业务，尤其是小微企业和个人金融业务在风险可控基础上的批量化发展，为客户带来了"无地域、无时差、一键即贷"的体验。

4. 运营优化

传统的银行信贷流程包括贷前调查、贷中审查、贷后检查，需要耗费大量人力和时间。在大数据时代，银行可以充分依靠大数据、云计算等技术手段，凭借严格设计的评分模型和决策引擎，自动审批客户的贷款申请，资信状况良好、通过模型审批的客户，可以在短时间内在线提取贷款资金，彻底打通贷款的申请、尽调、审批、放款环节。在具体实践中，江苏银行将大数据技术应用在客户识别与反欺诈、客户画像与信用评分、风险预警等领域，实现了"全线上、全流程、全自动"网贷业务。

四、证券投资领域

（一）智能投顾

智能投顾又称机器人投顾，是指通过互联网技术，以投资者的风险偏好和财务状况为依据，利用大数据和量化模型（主要是组合投资理论），为客户提供基于指数型基金的资产配置方案和财富管理服务，并根据市场情况进行持仓追踪和动态调整。

智能投顾涉及的大数据类别主要包括两大类：客户行为大数据和金融交易大数据。拥有金融交易大数据积累的公司主要以传统金融机构为主，拥有客户行为大数据积累的公司主要以互联网公司为主。

近年来，以美国为代表的海外市场涌现出不少知名的智能投顾平台，如维尔赛福（Wealthfronts）、机器人投资顾问公司（Betterment）、基序投资（Motif）、个人资本（Personal Capital）、施瓦布智能投顾（Schwab Intelligent Portfolio）等。综观国内的智能投顾模式，有带着互联网公司基因的，如京东金融、百度股市通；有传统金融机构主打的，如平安一账通；也有效仿 Wealthfront 和 Betterment 模式的，如弥财；当然，最多的还是第三方财富管理机构推出的，如宜信。

在个人理财领域，投资者在在线理财平台上输入个人财务状况、风险偏好和理财目标等数据后，平台运用分布式计算、大数据分析、量化建模等技术手段为投资者提供智能化和自动化的资产配置方案，如投资咨询建议、投资分析报告、投资组合选择等。同时，平台还可跟踪市场变化，当资产配置偏离投资目标时及时提醒用户进行调整。

（二）高频交易

高频交易也是大数据应用比较多的领域。它是一种通过高速计算能力尽量利用瞬时数据以及其他先进信息技术等识别、捕捉市场中"细微"价格偏离以获利的交易方式。高频交易发端于美国，在中国证券市场上初露端倪，并呈现手段多样化、行为跨境化、策略复杂化、关联隐蔽化等特点。因其负外部性较大，容易沦为操纵市场的工具，亟须通过制定相应的监管规则来监管。

（三）大数据基金

国内一些基金公司通过量化策略和大数据投资方法的有机结合，成立了大数据基金。大数据基金通过算法筛选策略因子，设计出符合投资理念的量化模型，并借此筛选出更多优质投资标的，相较普通基金持股20~30只的普遍现象，大数据基金持股普遍超百只，更能通过分散化投资有效规避市场风险。而且，通过及时补充与分析最新市场动态，大数据基金可以优化选股和模型设计，做到灵活调仓、及时避险。

五、保险领域

随着大数据时代的到来，保险行业充分利用大数据分析客户需求、开发产品、运营企业，推动保险行业向智能化、个性化方向发展。

（一）挖掘客户需求

保险公司可以通过客户在社交网络、电商网站等留下的浏览与交易痕迹，挖掘客户需求，寻找潜在客户。例如，美国前进保险公司通过精细化分析客户风险、财富变化、家庭资产价值等数据并不断更新其背景资料，向客户提供量身定制的保单。中国众安保险是一家互联网保险公司，其基于用户在电商网站上的购买行为，推出了网购退货运费险、网上支付安全险等创新险种。

（二）个性化定价

产品精算定价是保险公司的核心竞争力，大数据可以帮助保险公司提升精算能力。例如，美国保险公司可以通过安装在车辆上的通信工具箱接收到的数据来挖掘驾驶行为模式，结合驾驶员的年龄、驾龄、健康情况等个人特征，对保险费率实现个性化定价。

（三）欺诈行为识别

保险公司基于大数据分析，可以预测和分析欺诈等非法行为。在医疗保险领域，常见的欺诈方式有两种：一种是非法骗取保险金；另一种是在医保额度内重复就医、浮报理赔金额。通过大数据，保险公司就能够寻找影响保险欺诈最为显著的因素，建立预测模型，并通过自动化计分功能，快速将理赔案件依照滥用欺诈可能性进行分类处理。在车险领域，保险公司能够利用过去的欺诈事件建立预测模型，将理赔申请分级处理，在很大程度上解决车险理赔申请欺诈侦测、业务员及修车厂勾结欺诈侦测等问题。

六、互联网金融

互联网金融可以成为大数据中新的数据来源，而大数据本身作为一项基础设施、一种基础的资源和一种可以利用的工具，在互联网金融领域有广泛的运用。在互联网金融领域，风险评估、风险控制以及市场的营销推介都可以借助大数据开展，大数据和互联网的有效结合也产生了新的商业模式，如智能信贷、第三方支付等。

（一）智能信贷

现阶段，一些互联网企业借助大数据进行信用评估和测算并进行风险控制，能实时掌握借款人的信用情况，计算出借款人的信用额度，实现即时放款。以阿里小贷为例，从风险审核到最终放款，阿里小贷实现了全程线上模式，所有的贷前、贷中以及贷后的环节都能实时有效地连接，并可以向那些难以通过传统模式获得贷款的群体发放贷款，让金融更加普惠。

（二）第三方支付

第三方支付企业经过十年左右的发展，积累了大量的用户数据和支付信息，构成了第三方机构的大数据资源。这些大数据具有体量大、覆盖广、质量高等特征，能够为商户的精准营销、客户服务、资金融通等方面提供强有力的支持。例如，支付宝拥有大量的用户消费数据，每年都会发布国民年度消费统计，勾勒出了中国城市消费分布情况和趋势变化，为商家掌握消费者数据并基于此进行精准营销提供数据支持。

七、金融监管

近年来，大数据的宏观审慎监管引发了全球不少监管当局的重视。以美国为例，2008年国际金融危机之后，《多德-弗兰克法案》授权美国财政部下属的金融研究办公室（OFR）收集金融机构的微观交易和头寸数据；美国证券交易委员会（SEC）也从2010年起要求大型货币基金提交月度交易数据，即监管当局从这些微观和海量的金融数据中抽取出那些被认为可能引爆系统性金融风险的相关信息，再借助大数据相关手段对其进行量化计算，预测出可能发生的风险，进行审慎监管。

毫无疑问，美国在金融监管领域的这些模式可供中国借鉴参考。此前研究表明，以我国银行业为例，我国商业银行每个月发放贷款的合约总数量约为 10 亿份，总金额上万亿元，而我国金融监管当局只能对其中的 1/5 进行抽样调查。随着金融交易规模的增长，我国监管当局将在宏观审慎管理过程中越来越多地利用大数据。

第二节　云计算在金融领域的应用

云计算为大数据的计算和分析提供了可行的方法。云计算是一种无处不在的计算支持平台，任何时间、任何设备只要登录后就可以享受计算服务。通过云计算对数据进行计算后，可以让数据被大众所用，让数据成为一种基础的公共物品。

多家企业（如 Google、IBM、亚马逊等）都有云计算业务。自 2008 年开始建设并于 2010 年正式投入运行的天津数据中心已经成为腾讯在亚洲首屈一指的数据中心。该中心负责腾讯的所有业务。阿里巴巴集团旗下公司阿里云也提供了大量的大数据产品，包括大数据基础服务、数据分析及展现、数据应用、人工智能等，这些产品依托于阿里云生态，在阿里内部经历过锤炼和业务验证，可以帮助组织迅速搭建自己的大数据应用及平台。

一、金融云的功能与作用

金融云促进金融创新发展，能有效解决我国金融信息化建设中发展的不平衡问题。金融云通过提供科技支撑，使中小微金融机构更加专注金融业务的创新发展，实现集约化、规模化与专业化发展，促进金融业务与信息科技的合作共赢。同时，虚拟化、可扩展性、可靠性和经济性使金融云能提供更强的计算能力和服务能力，为金融创新提供技术和信息支持，降低中小微金融机构的金融服务门槛，推动普惠金融的发展。

云计算虚拟化技术具有物理资源的重复使用和能耗节约等优势，推动了这一技术的快速应用。同时，随着国家安全战略在金融行业的实施，传统金融机构不断探索分布式架构和开源技术应用，减少或摆脱了对国外控制的技术和产品的依赖。新兴互联网企业为应对具备突发性、高并发等特点的互联网业务，率先向分布式架构转型，探索应用分布式云架构和开源技术，实现快速扩展、高冗余、自主可控。如阿里、腾讯等根据自身的业务发展经验开始构建金融公有云，并尝试为中小金融机构提供金融云服务。

二、金融云标准体系建设

根据金融行业的特点和金融云发展的实际需要，金融云标准体系建设应包括基础、技术产品等通用标准，以及能体现金融业特点的服务、安全、应用等标准。具体来说，金融云标准体系包括通用类、安全类、服务类及应用类共四大类。其中，通用类标准主要包括基础设施、软件硬件、网络构架等技术产品方面的标准，这些标准专业性强，主要依赖信息产业及主管部门已有或正在研制的相关标准，金融行业作为应用部门可直接应用。而服务类、安全类、应用类标准，将直接体现金融业特点和个性化要求，需要金融行业组织力量进行研究。

金融云服务标准是在参考已有的涉及云服务设计、部署、交付、运营和采购,以及云平台间的数据迁移等通用标准的基础上,重点聚焦金融云服务准入、资质、服务能力、质量评估,交易异常的责任分担、赔付等内容。其中,金融云服务的准入、资质要求可增强金融云服务的可信性;服务能力要求和质量评估可增强金融云服务的可靠性;交易异常的责任分担、赔付可解决业务正常开展面临的保障问题。

金融云安全标准中的安全技术和产品标准、安全基础标准等通用标准可直接应用已有标准,而体现金融业特色的云安全标准主要围绕数据安全与隐私保护、可信服务研制金融与安全标准,如敏感数据的定义,私人信息的安全保护和披露,传输、存储加密,云密码服务,数据损毁、丢弃的处置,数据一致性保护和校验等,应由金融机构编制。金融云安全标准是顺利开展金融云服务的基础,科学、合理和实用的金融云标准体系是大规模开展金融云服务的前提。

在金融云的应用标准建设方面,云计算服务提供商们正在打造的云上金融生态是产融结合在云端的一种具体实现方式。以阿里云为例,其打造的云端金融大生态分为四层,第四层包括银行、保险公司、证券公司、基金公司、交易所、担保公司等一系列金融机构,也包括征信公司、支付公司等互联网金融公司。第三层是解决方案提供商,多家科技公司为金融创新提供多种解决方案,金融云集合这些提供商的服务形成一整套云上解决方案。第二层是产融结合层,也叫场景化生态层或金融O2O,这一层的目标是打通金融和产业之间最后一公里,包含了消费侧和供给侧两端的各种实际应用。第一层是产业层,包括小微企业、个人、"三农"等云端金融的最终服务目标。通过金融服务层、解决方案层、场景化生态层、产业经济层这四个层级的构建,金融云实现了资金流、数据流、客户流的有效归集与良性循环。

典型案例

招商银行云平台项目

招商银行是1987年成立的,总部位于中国改革开放的最前沿——深圳蛇口,是中国境内第一家完全由企业法人持股的股份制商业银行,也是国家从体制外推动银行业改革的第一家试点银行。成立36年来,招商银行已在沪港两地上市,成为拥有商业银行、金融租赁、基金管理、人寿保险、境外投行、消费金融、理财子公司等金融牌照的银行集团,以鲜明的发展特色和重要的市场影响力辐射全球范围内。截至2023年6月末,招商银行在中国境内设有143家分行和1 771家支行,覆盖130多个城市,在境外设有6家分行和2家代表处,集团员工总数逾11万人。

招商银行信息技术的发展,历经了多个阶段,从以硬件建设为主的架构更新到以业务系统整体升级的创新,每一次变革都旨在更好地提升业务的融合程度。招商银行新一代架构的设计,站在企业架构的高度来审视整个IT架构的合理性和可演进性,以适应不断发展的业务要求。

经过多年发展,招商银行面临业务、技术和管理等多方面的挑战。首先是资源分散,难以统一,银行长期积累了大量的IT资源,难以做到统一管理,给运维带来很大压力。其次,银行面临着更高响应速度的要求,招商银行业务增速迅猛,仅零售业务每年同比增长接近40%,移动终端用户超过6 000万。如此规模的业务量,对招商银行IT

第六章 金融科技的应用场景

部门提出了更高的要求，需改变现有IT交付模式以提升服务能力。再次，银行发展缺乏统一调度管理，开发、测试、生产各部门存在壁垒，不利于资源统一调配使用，给IT管理部门带来很大困难。最后，银行的IT成本难以精细化，大量IT资源在使用后难以回收，存在资源浪费等现象。整合并实现更加精细化的管理和成本控制，成为招商银行重点考虑的问题。

面对上述的发展需求，招商银行选择了品高云提供统一的云管控平台，实现了资源的统一管理，按照不同的业务建立相应的资源池，形成一套自动化交付流程，实现了可运营的行业云，如图6-1所示。

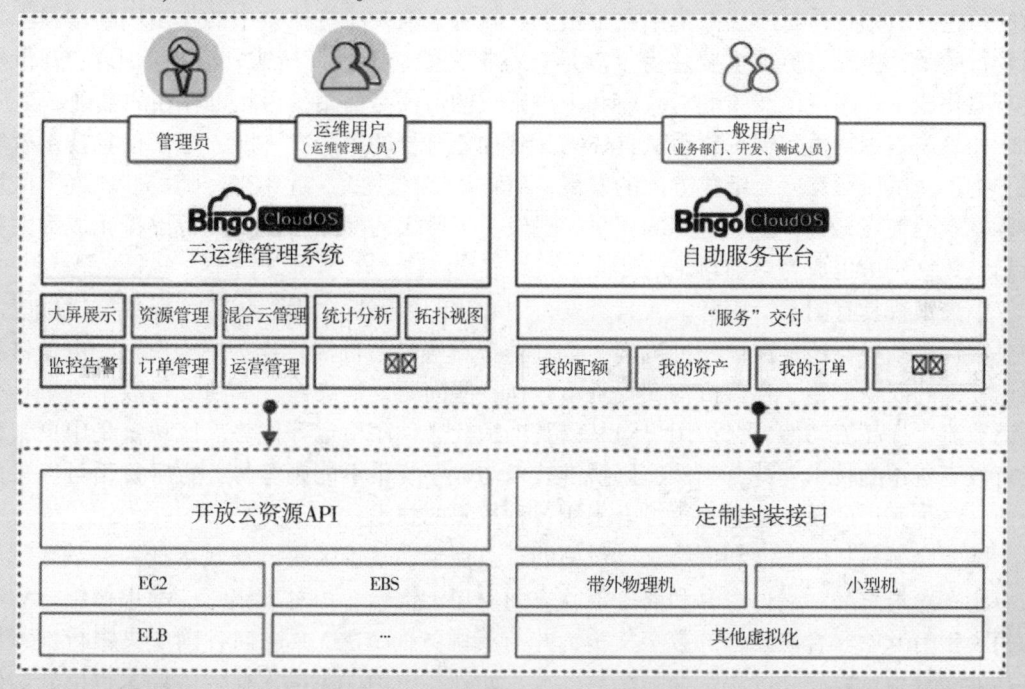

图6-1 招商银行云平台构架示意

在云管控平台上，招商银行首先实现了异构资源池一体化，将原有的Power小型机资源池、各类虚拟化程式以及物理机接入云平台中，屏蔽了底层异构差异，可直观使用各类基础资源。其次，招商银行利用品高云平台，通过采用IaaS+快速交付业务模式，对不同使用场景提供相应的服务，利用云编排服务各种服务进行自动化编排部署，能够快速交付业务。再次，招商银行构建了统一调度的资源池，将开发、测试、生产按照项目或业务分成多个集群，实行一体化的CMDB自动配置管理。最后，招商银行建立了统一的计费模型，服务可计量计费，量化基础资源的收支。通过定制化的报表分析功能，云管控平台能为业务决策提供量化依据，提高了资源的整体使用率，实现了更加精细的管理。

（资料来源：编者根据网络材料整理而成）

第三节　区块链在金融领域的应用

一、数字货币的应用

货币的发展历史表明，随着市场的整合，各种分散的货币逐步趋于中心化。早期的货币通常是实物形式，如种子、米、布、盐、贝壳等，都曾在不同时期不同区域内扮演过货币的角色，后来货币材质逐渐集中在金银上。随着金融在经济体系中的作用不断增强，货币发行的弹性也显得更加重要。为了满足日益扩大的交易规模所需，商品货币在20世纪逐步演化成了信用货币，人们对政府和中央银行的信任是信用货币赖以存在的基础。

如果说信用货币实现了货币从具体物品到抽象符号的第一次飞跃，电子信息技术就实现了货币从纸质形态向无纸化方向的发展，堪称第二次飞跃。近年来，随着互联网、区块链等技术的突飞猛进，全球范围的支付方式发生了巨大的变化，货币发行虚拟化成为大势所趋，数字货币也成为当前讨论的热点。

中央银行具有国家信用背书，具有发行中心化的数字货币天然优势，但数字货币应由中央银行单独发行还是授予一批机构（如商业银行等私营机构）作为中心发行，也是目前讨论较多的问题。鉴于私营机构发行货币存在一些问题，中央银行单独发行数字货币具有开源节流、提高流动性、保护用户隐私以及维护社会秩序稳定等优势。区块链是中央银行发行数字货币的技术支持，当然，区块链技术与数字货币不能画等号，数字货币可以采用当前一些加密币的设计理念，再综合采用各种成熟的技术。

随着金融科技的发展和网络基础设施的日益完善，基于区块链和数字技术的数字货币被应用在跨境贸易、支付清算和商务汇款方面。瑞士银行、德意志银行、桑坦德银行和纽约梅隆银行开始联合研发新的数字货币，并与英国券商 ICAP 共同向各国中央银行推荐该多功能结算币，以建立区块链交易结算标准。此外，中国、英国、荷兰等国家也已开始研发国家级的法定数字货币，以国家税收、声望等作为信用背书，预计未来将会作为数字货币进行发行，初见成效的如厄瓜多尔币、英国的 RSCOIN、加拿大的 CAD-COIN 等。在传统金融机构层面，高盛、花旗等商业银行已开发出了用于支付结算的电子货币 SETLCOIN 和 CITICOIN。不同于传统商业银行中心式的交易记账方式，区块链技术开发的电子货币采用的是点对点的直接撮合模式，因此，金融机构不仅能从全新的数据存储、维护和验证方式上省成本，更能以关闭物理网点、解放现金业务服务人员等方式来改善银行的经营模式，提高经营效率。

数字货币在全球范围内迅速兴起有其深刻的原因。2008年的美元危机和2010年的欧元危机让国际社会开始寻求具有更高信用的国际货币。自2014年开始，伴随着区块链技术的快速普及和发展，各国中央银行和传统金融机构纷纷开始研发数字加密货币。

（一）中国法定数字货币

1. 法定数字货币发行基础

数字货币出现的动力机制是供给侧和需求侧共同作用的结果。从技术创新供给的角度看，全球金融基础设施的电子化和网络化程度不断提高，为数字货币的创新提供了高效、完善的基础设施接口；信息通信技术的长期进步使支付服务的成本更低、安全性更高，同时能更加方便地实现互联和集成；以分布式账本为基础的加密货币技术增强了数字货币的扩散可行性。从货币需求来看，以电子商务、"互联网+"为代表的新经济发展壮大，使货币用户需要更安全、更高效、更低成本、更快清算结算的数字化支付方式与金融服务模式。

从中央银行的角度来看，私人部门发行的数字货币方案本身具有的匿名性、低成本、跨区域、去中心化、高扩散率以及高波动性特征，使中央银行必须严肃考虑其对支付体系、经济运行以及金融稳定性带来的冲击影响，更主动地提出应对方案，优化升级法定货币发行流通体系。因此，法定数字货币方案的提出就顺理成章了。

我国发行法定数字货币的竞争优势比较突出。一是金融基础设施建设具有后发优势，历史包袱小，数字化程度高；二是我国已经成为全球电子商务经济最活跃的经济体，终端用户使用数字货币的潜在需求旺盛，应用场景丰富；三是中国人民银行一直高度关注数字货币发展，组建了专门团队进行研究并取得了阶段性成果，工作效率高。目前，中国人民银行的数字货币研发工作正在进入新的阶段，包括加强内外部交流与合作、设立专门研究机构、进一步完善法定数字货币发行和流通体系、加快法定数字货币原型构建、深入研究并尝试应用法定数字货币涉及的各类信息技术等。

2. 我国法定数字货币的设计构想与特点

我国法定数字货币的初步界定是：由中央银行主导，在保持实物现金发行的同时，发行以加密算法为基础的数字货币，构建一个兼具安全性与灵活性的简明、高效、符合国情的数字货币发行流通体系。所以，设计过程中尤其注重技术手段、机制设计和法律法规三个层次的协调统一：在技术路线上充分吸收和改造现有信息技术，确保数字货币信息基础设施的安全性与效率性；在机制设计上要在现行人民币发行流通机制的基础上，保持机制上的灵活性和可拓展性，探索符合数字货币规律的发行流通机制与政策工具体系；在法律法规上要实行"均一化"管理原则，遵循与传统人民币一体化管理的思路。

数字货币发行流通体系在设计上有两种模式选择：一是由中央银行直接面向公众发行数字货币；二是遵循传统的"中央银行—商业银行"二元模式。在第一种模式下，中央银行直接面对全社会提供法定数字货币的发行、流通、维护服务；第二种模式仍采用现行纸币发行流通模式，即由中央银行将数字货币发行至商业银行业务库，商业银行受中央银行委托向公众提供法定数字货币存取等服务，并与中央银行一起维护数字货币发行、流通体系的正常运行。第二种模式受到青睐，原因在于：一是更容易在现有货币运行框架下让法定数字货币逐步取代纸币，而不颠覆现有货币发行流通体系；二是可以调动商业银行积极性，共同参与法定数字货币发行流通，适当分散风险，加快服务创新。在二元模式下，中央银行负责数字货币的发行与验证监测，商业银行从中央银行申请到数字货币后，直接面向社会，负责提供数字货币流通服务与应用生态体系构建服务。

在终端用户实际使用中，数字货币可以基于账户，也可以不基于账户，还也以可分层并用而共存于同一体系中。与纸币交易相似，数字货币也重视匿名性。匿名是为了按照宪法的要求，保证合法的私有财产不受侵犯，但在遇到违法犯罪行为时，在法律和技术条件允许的情况下，法定数字货币保留必要的核查手段。因此，法定数字货币的原则是可控匿名，根据法律的要求，在保护隐私和打击违法犯罪行为之间寻求平衡点。

数字货币的支付结算底层架构也有自身的特点。目前机构和学者对私人部门类数字货币的研究有一个共识：其底层结算运用的区块链、分布式账本技术是一个比数字货币产品本身更重要的创新。区块链技术是下一代云计算的雏形，备受各方瞩目，但成熟的企业级应用案例尚不多见。到目前为止，区块链占用资源太多，不管是计算资源还是存储资源，应对不了现在的交易规模。埃文斯 EVANS（2014）仔细分析了分布式账本技术的支付模式和传统支付模式的特性，认为分布式账本支撑的去中心化结算模式已经取得优势的结论还为时过早。最近英格兰银行的评估也发现，目前的分布式账本技术还无法成为下一代实时全额支付系统的核心架构。所以，我国数字货币的结算底层架构会充分借鉴区块链技术和分布式账本的优点，也可能结合最新的技术发展趋势，进行适当改造。

在应用场景的设计上，注重推动法定数字货币的强制使用与市场导向相结合，按照现代支付的发展方向，重视市场需求。初步设想为：数字货币的流通应用场景不仅要覆盖纸币的应用场景（即现场线下交易），而且要大于传统纸币的应用场景，重点推动网络化应用场景，确保数字货币使用的便捷、安全、高效、友好。以市场化力量推动服务创新，将数字货币之上的商业应用尽可能交给市场，在这方面将研究提供标准化的 API，可使线上和线下支付行为无缝衔接，是以线上支付为主，并支持小额线下交易，以满足多种支付交易场景的需要，构建由中央银行、商业银行、第三方机构、消费者参与的数字货币生态体系。

3. 数字货币发行影响

数字货币的发行，必然会对经济金融体系的运行产生相应影响。

总体来说，数字货币发行的出发点还是回归货币经济学的本质，旨在提高社会交易的安全性和便捷性，减少清算环节，降低经济运行的总体交易成本，实现经济增长的提质增效。从学术研究的成果来看，无论是我国学者孙浩的模型推演还是英格兰银行的模型推演，都发现货币数字化对经济增长有正向推动作用。同时，数字货币对货币金融体系的影响可能更为深远。目前，相关机构对这些影响还无法进行准确评估，但理论推导可能出现以下几个结果。

第一，从货币供给角度看，由于数字货币就是货币的一部分，所以静态来看基础货币只是供给结构发生了变化。而学术界研究的共识是，货币数字化程度深化会使货币乘数增大。

第二，从货币需求角度看，由于数字货币更加方便和安全，会使实物货币需求逐渐下降，数字货币的引入也会让金融资产间相互转换的速度加快，货币层次更加模糊。

第三，货币流通速度的可测量度有所提升，大数据分析的基础更为扎实，有利于更好地计算货币总量、分析货币结构，为实施精准化和差异化的货币政策打下基础。

第四，数字货币的引入会破解"零利率下限"问题的技术约束，为负利率等货币政策工具的有效实施提供可能。

第五，提供高效的数字普惠金融环境，驱动金融创新。在 2016 年的 G20 杭州峰会上，与会国缔结了《G20 数字普惠金融高级原则》。数字普惠金融从全球实践的经验来看，目前做得比较好的就是基于电子货币的移动银行服务，其中最成功的案例是肯尼亚的 M-pesa 系统，用户通过手机可以开设账户、支付、获得信息，可以贷款、还款、买保险等。数字货币工作的进展也会为我国推动普惠金融落地生根夯实基础。

因此，数字货币必须注重顶层设计和系统影响分析，在推出后仍将采用精益实践方法论，密切关注其对经济、金融、社会等各方面产生的影响，及时反馈评估，优化迭代，充分发挥法定数字货币的优势，完善发行流通体系和管理机制，尤其在以下几个领域需要加强研究。

一是高度关注其对金融体系的影响，发挥数字货币正效用的同时防止潜在风险。法定数字货币推出后，随着发行流通机制的进一步探索，其应用场景会不断深化，应用范围也会逐渐广泛。因此，必须长期追踪法定数字货币对金融体系的影响，尤其是关注其对金融基础设施运行效率与安全性的影响，以及银行存款脱媒和金融资产转换加速等现象，并根据监控、计量的结果，适时修正管理机制，降低负面冲击，维护金融体系稳定。

二是密切监控数字货币对货币政策的影响，提升货币政策操作的准确性。长期以来，中国人民银行对于纸币在脱离金融体系后的流通情况并非完全掌握，很难对基础货币运行进行有效监测，影响了货币政策决策的有效性。法定数字货币的推出，将会有效改变这一局面，将对货币供应量及其结构、流通速度、货币乘数、时空分布等方面的测算更为精确，可以有效提升货币政策操作的准确性。当然，金融机构还需要加强理论模型构建与实证研究。

三是做好数字货币与其他法定数字货币的对接研究，服从人民币国际化的战略需要。在经济全球化的今天，国际金融体系早已紧密相连，作为基于网络发行流通的数字货币，更容易"走出国门"，实现境外流通。我们需要做好前瞻性布局，借鉴目前人民币"走出去"的经验，制定未来法定数字货币在境外使用的技术环境及推广策略，做好数字货币的标准化体系建设。

四是循序渐进地推进法定数字货币走向社会。中国人口多、体量大，换一版人民币，中国需要约十年时间，因此，法定数字货币的推出也应该本着循序渐进的原则，稳步推进。可以选择一两个相对封闭的应用场景（如票据交易市场等）先行开展推广，观察其使用效果，逐步积累经验，随时改进和完善，待成熟后再推向全国。另外，我们还要认识到，法定数字货币和现金在相当长时间内都会是并行、逐步替代的关系，后期的现金交易成本会慢慢提高。有了激励机制，大家自然会更愿意使用法定数字货币了。

（二）数字货币与银行账户

1. 基于账户和不基于账户

数字货币能否发挥其成效，技术路线、风险防控手段及安全保障措施固然是基础，但应用是关键。只有被公众和市场接受的、好用的法定数字货币才有生命力，才能真正实现对传统货币的补充甚至替代。虽然纯数字货币系统可以不与银行账户关联，但由于我国的货币发行遵循中央银行到商业银行的二元体系，而且当前社会经济活动主要基于商业银行账户体系开展，如可以借助银行账户体系，充分利用银行现有成熟的 IT 基础设施以及应用和服务体系，将大大降低数字货币推广的门槛，提高使用便捷性和灵活性，有助于最广大的客户群体使用数字货币。数字货币在融入现有的应用基础之上将拓展出更加丰富和多元化的场景，数字货币的自身服务能力和竞争力也将进一步增强。

借助账户体系，最直截了当的办法是扩展中央银行资产负债表的接入范围。事实上，商业银行和一些其他金融机构以中央银行存款形式持有的中央银行求偿权已经数字化。但是，中央银行是否应该向更广泛的对手方提供此类服务？包含居民家庭在内的非金融部门是否可以在中央银行设立账户？这些问题引起了广泛的讨论。英格兰银行、欧洲中央银行和瑞典中央银行已经就此类问题进行了相关的研究，英格兰银行表达了商业银行的担忧：这将引发存款从商业银行转移到中央银行，导致整个银行体系缩窄，成为"狭义银行"。实际上，这种担忧目前在监管层面具有一定的代表性。

对此，中国人民银行认为："数字货币的技术路线可分为基于账户和不基于账户两种，也可分层并用而设法共存。"这是非常原则而又精辟的表述，分层并用的思想显然要比直接在中央银行开户的方式考虑得更深。

2. 商业银行传统账户体系+数字货币钱包

为缓冲单独设立数字货币体系给现有银行体系带来的冲击，也为了最大限度地保护商业银行现有的体系，在具体设计上，可考虑在商业银行传统账户体系上引入数字货币钱包属性，实现一个账户下既可以管理现有电子货币，也可以管理数字货币。电子货币与数字货币在管理上有其共性，如账号使用、身份认证、资金转移等，但也存在差异。数字货币管理应符合中央银行有关钱包设计标准，类似保管箱的概念，即银行将根据与客户的约定权限管理保管箱（如必须有客户和银行两把钥匙才能打开等约定），保留数字货币作为加密货币的所有属性，以后可以利用这些属性灵活定制各种应用。

沿用了货币发行二元体系的做法后，数字货币是发钞行的负债，在账户行的资产负债表之外。由于账户行依然还在实质性管理客户与账户，不会导致商业银行被通道化或者边缘化。不同于以往的圈存现金，数字货币不完全依赖银行账户，可以通过发钞行直接确权，利用客户端的数字货币钱包实现点对点的现金交易，如图6-2所示。

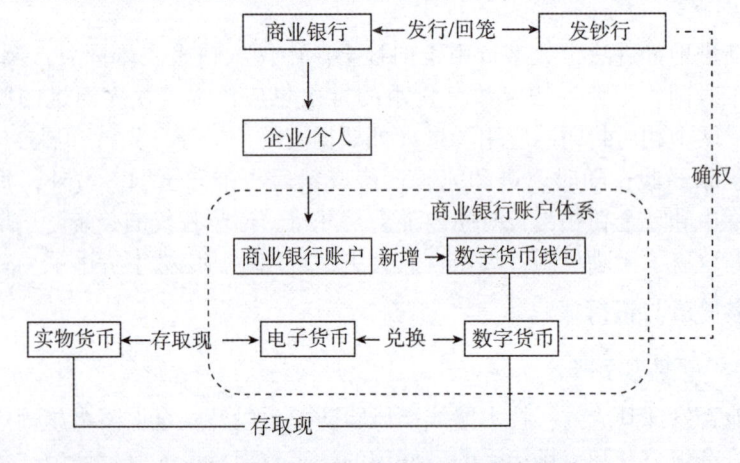

图6-2 商业化账户体系支持数字货币

3. 中央银行自主发行与授权发行

发钞行可以是中央银行，也可以是中央银行授权的发钞机构，而具体选择哪种发行方式则需要根据实际情况来定。

在中央银行集中统一发行数字货币的环境下，商业银行库中的数字货币属于商业银行的资产、中央银行的负债；商业银行客户账户中的数字货币则属于客户的资产、中央银行的负债。客户之间点对点交易数字货币，由中央银行数字货币发行系统进行交易确认与管理，由中央银行承担交易责任；交易电子货币，则同现有流程一致，通过中央银行的跨行支付系统、商业银行的核心业务系统完成。

第六章 金融科技的应用场景

在中央银行授权发行法定数字货币的环境下,商业银行的银行库中的数字货币属于商业银行的资产、发钞行的负债;商业银行客户账户中的数字货币则属于客户的资产、发钞行的负债(发钞行不见得就是账户行)。客户之间点对点交易数字货币,由法定数字货币发钞行进行交易确认与管理(谁发行谁管理),中央银行承担监管责任;交易电子货币,则同现有流程一致,通过中央银行跨行支付系统、商业银行核心业务系统完成。不同类型货币的交易渠道如图6-3所示。

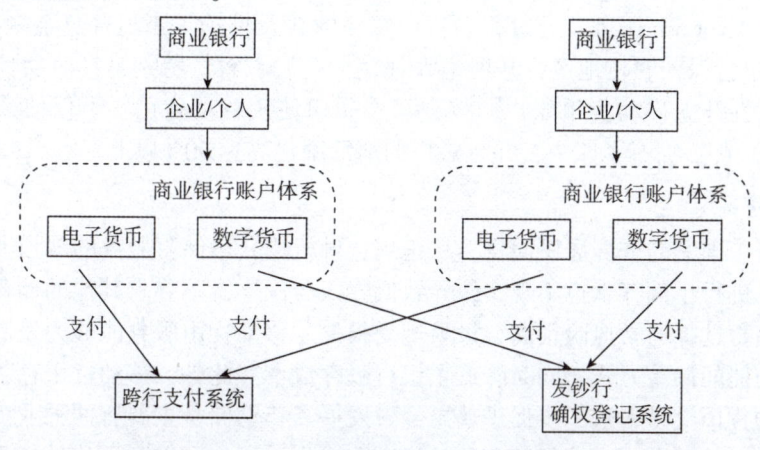

图6-3 不同类型货币的交易渠道

4. 数字货币钱包的设计思路

在设计上,所有的数字货币钱包需符合中央银行提供的规范。银行端的数字货币钱包较轻,仅提供安全管控以及账户层相关的必要属性,侧重于数字货币的管理;应用服务商提供的客户端的钱包较重,其功能会延伸至展示层与应用层。智能合约的应用可以植入客户端中,这也是应用服务商的核心竞争力之一,如图6-4所示。

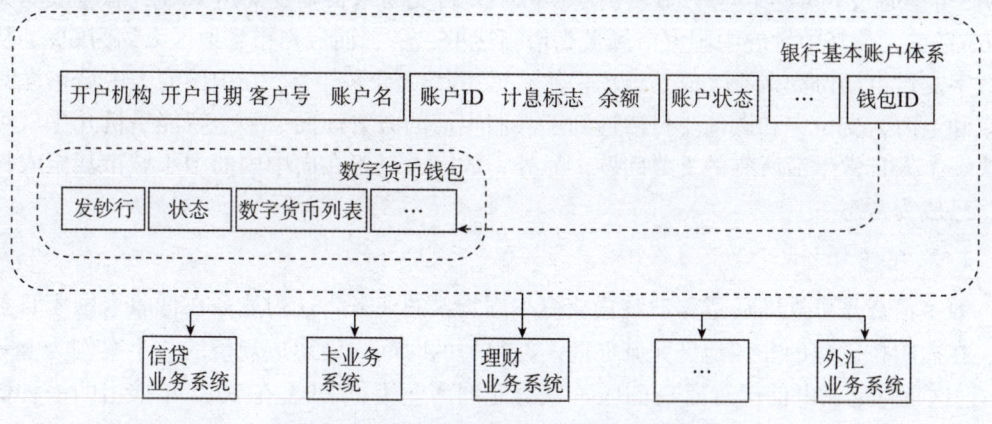

图6-4 数字货币钱包与银行基本账户体系

(三)数字货币的应用领域

1. 移动账户

对于银行网络未覆盖的偏远地区,移动货币在推动普惠金融发展方面发挥了重要作用。截至2014年年末,全球移动货币注册账户达2.99亿个,同比增长33.5%。在科特迪瓦、索马里、坦桑尼亚、乌干达、津巴布韦、刚果、加蓬、喀麦隆、肯尼亚、马达加斯加、赞比亚、布隆迪、几内亚、莱索托、巴拉圭、卢旺达、斯威士兰等国，移动货币账户数均超过了银行账户数。2014年年末的调查显示，在全部移动货币注册账户中，农村用户占比从2013年年末的43%上升至48%，女性用户占比从2013年年末的36%上升至38%，这表明移动货币账户在弱势群体中的普及率逐渐提高。以巴布亚新几内亚为例，当地的银行账户普及率仅有15%~20%，而手机普及率达到了70%。2012年，巴布亚新几内亚某微型银行推出了Mi-Cash服务，通过移动货币账户的普及推动了当地普惠金融的发展。Nationwide微型银行深入农村地区，开展了大规模的金融教育，特别是针对女性的宣传教育活动，帮助女性开立移动货币账户，教会客户如何使用移动货币，不仅使大量弱势群体（特别是农村妇女）拥有了账户，并且账户的活跃率也高达90%以上。

2. 移动储蓄

对于发展中国家的许多居民而言，从正规金融机构获得储蓄服务的渠道非常有限，定期去银行网点进行小额存款也不现实，导致低收入居民不得不寻求其他的储蓄方式，而某些可选择的储蓄选择通常风险很高，极易遭受损失。移动货币服务能够为发展中国家的居民提供安全便捷的储蓄方式，同时降低了银行吸存成本。此外，移动货币存款的增加还可拉动其他移动货币交易，进一步促进普惠金融发展。移动储蓄主要有两种业务模式：一是公用账户模式，储蓄余额直接保留在移动货币账户中，用户可以利用移动货币服务进行短期的资金管理和小额储蓄。二是专用账户模式，存款机构为移动货币用户专门设计一个储蓄账户，与移动货币账户相关联，用户可以使用手机在两个账户间便捷地划拨资金。

3. 数字支付

数字平台和数字支付的快速发展和延伸能够有效提升金融包容度，如速度、安全性、透明度以及成本效率。由凯捷咨询（Capgemini）和法国巴黎银行（BPN Paribas）发布的《2015年全球支付年度报告》显示，当年数字支付交易增长幅度高达10%，总量成功突破4 263亿美元，其中发展中国家市场最高增幅达16.7%，而成熟市场地区大约为6%。从全球数字支付市场份额来看，成熟市场仍然占据了其中的70.9%。在中国的大中城市尤其是北京和上海，支付宝和微信支付渗透到了人们生活的方方面面．一个智能手机几乎就可以解决一个人日常生活所有的支付问题。另外，数字支付正在向中国的中小城市甚至农村扩展，已成为常态。

4. 数字信贷

数字信贷是可立即通过移动装置获得小额贷款的业务，这项业务在低收入国家日益普及，在撒哈拉以南的非洲地区尤其如此。在很短的时间内便形成规模的一个案例为M-Shwari，这是肯尼亚电信运营商Safaricom联合非洲商业银行CBA在2012年推出的一种储蓄和贷款产品，数以百万计的人使用该产品，而这些人中有很大一部分生活在贫困线以下，并因为缺乏信用记录而不能享受信贷服务。通过使用替代性的数据通信手段（通话时间、话费充值、点对点传输）形成的具有较高可预测性的替代评分系统，数字信贷服务扩大了社会融资平台。在部分发展中国家，出于便利性等考虑，许多低收入居民习惯向亲戚朋友借钱来满足其融资需求。然而，随着城镇化的发展及人口的流动，亲友间居住地的分散和不菲的交通费用使这种非正式的传统融资模式难以持续。

5. 数字征信

广泛和低成本的征信服务是金融机构甄别借款人信用风险的重要手段，对于低收入者和缺少信贷记录者，如小微企业，传统征信模式下无法产生信用报告，金融机构无法准确识别其信用风险偏好，降低了其获得信贷的可能性。数字技术给征信带来了新的途径。基于互联网的数字化征信改变了传统征信依靠被动报送的模式，征信机构通过互联网获得的信息维度越多，征信报告的针对性、有效性和可用性就显著增加。以芝麻信用为例，借助金融科技的大数据技术，芝麻信用可以采集网民群体以及传统征信机构未能覆盖到的普通人群，如未向银行借贷、未申请过信用卡的自然人，包括学生群体、个体户、蓝领工人、自由职业者等。信用信息覆盖群体广泛，与现有征信系统形成有益补充，且其数据来源广，种类丰富，时效性也很强，并随着互联网对社会生活的渗透加深，未来信息覆盖内容将更加广泛。

6. 数字理财和保险

在传统金融模式下，居民理财面临较高的进入门槛，如私募、信托等产品销售对象均需要较高的财富净值要求，这种门槛设置使大量中低收入群体无法享受理财服务。相比于传统银行动辄百万元级私人银行、十万元级财富客户、数万元级理财的门槛，互联网理财产品进入门槛低，给大众提供了前所未有的理财机会。以余额宝为例，截至2016年第一季度，其服务了2.5亿用户，其中农村地区用户人数突破了6 000万，这让普惠金融扎根农村具备了坚实的基础。互联网理财还为广大投资者带来了一场金融领域的启蒙教育，在一定程度上推动了中国的金融自由化进程，推动全行业打破传统金融机构理财的高门槛，使金融能够触达那些长期被忽视的普通大众。

同样情况也出现在保险行业。保险是最基本的金融服务项目之一，低收入群体和弱势人群尤其需要保险服务来对抗不确定性和外部冲击对生活和生产的影响。但是，中国传统保险产品设计复杂，理赔流程烦琐，保费相对偏高，保险一直未能形成广覆盖的市场局面。越来越多的保险公司依托数字化技术设计个性化产品，采取差别化定价模式，为广大保险消费者提供了品质多样、价格相对低廉的保险产品，使我国保险普及性更强。

二、区块链+供应链金融的应用

区块链技术与供应链金融深度融合，有效解决传统供应链金融中存在的信息不对称、信任传导困难、流程手续繁杂、征信成本高昂等诸多痛点，促进供应链金融高质量发展。

（一）供应链金融的概念及其融资方式

供应链金融是一种银行或互联网金融机构将核心企业和上下游企业联系在一起提供灵活运用的金融产品和服务的融资模式。

供应链金融围绕三个主体——供应商、核心企业和经销商，依托产业供应链核心企业对单个企业或上下游多个企业提供全面的金融服务，整合信息、资金、物流等资源，降低整个供应链的运作成本，达到提高资金使用效率、为各方创造价值和降低风险的作用。

供应链金融服务不是以单个企业的整体状况为授信依据，而是以供应链上下游真实贸易为基础，以企业贸易行为所产生的确定的未来现金流为直接还款来源，以贸易往来中形成的应收账款、存货、预付账款等资产作为抵押品降低信用风险,为供应链上的企业提供金融解决方案,从而达到优化现金流继而提高供应链整体效率的目的。

供应链金融的实质是为处在核心企业上下游的中小企业提供融资便利。中小企业由于资信状况较差、财务制度不健全、抗风险能力弱、缺乏抵押担保等,难免遭遇融资难、融资贵问题。通过核心企业的信用背书和其上下游交易的真实性,金融机构能够有效合理地控制风险,自然更有意愿为处在核心企业供应链上的中小企业提供融资服务。

根据融资担保的不同,供应链金融可以划分为不同的模式。我国供应链金融业务模式主要有应收账款融资、库存融资、预付款融资和战略关系融资四种,各融资方式在供应链中所处的环节、融资条件及风险如图 6-5 所示。

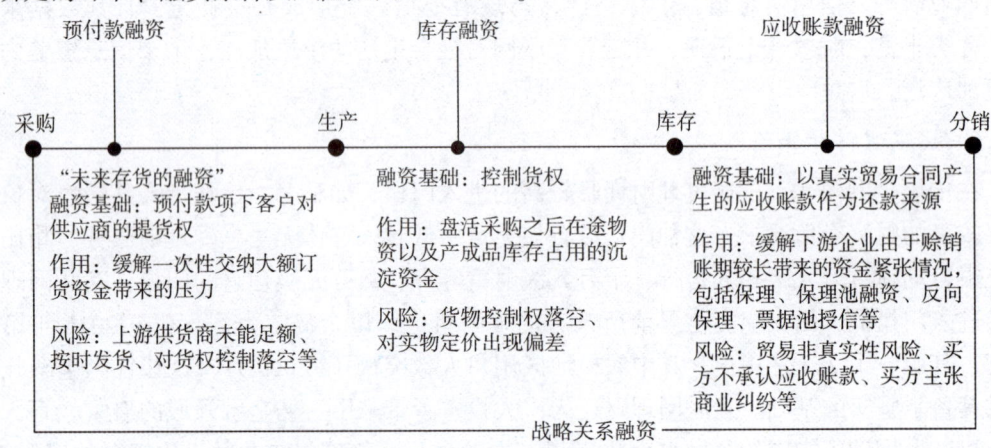

```
         预付款融资              库存融资                    应收账款融资
采购                      生产                      库存                    分销

"未来存货的融资"          融资基础:控制货权          融资基础:以真实贸易合同产
融资基础:预付款项下客户对                              生的应收账款作为还款来源
供应商的提货权            作用:盘活采购之后在途物
                          资以及产成品库存占用的沉    作用:缓解下游企业由于赊销
作用:缓解一次性交纳大额订   淀资金                    账期较长带来的资金紧张情况,
货资金带来的压力                                      包括保理、保理池融资、反向
                          风险:货物控制权落空、      保理、票据池授信等
风险:上游供货商未能足额、   对实物定价出现偏差
按时发货、对货权控制落空等                             风险:贸易非真实性风险、买
                                                    方不承认应收账款、买方主张
                                                    商业纠纷等
                          战略关系融资
```

图 6-5　供应链金融业务模式

不同的融资方式对应企业交易流程的不同环节,由此也对应着不同的风险。由于应收账款融资直接确认了以信用较好的核心企业应收账款作为还款来源,成为主要的供应链金融产品。

(二) 区块链在供应链金融中的应用

1. 应用价值

区块链可有效解决行业痛点,包括供应链多级企业间的信任传递及贸易端和资金端信息数据不可信问题,助力供应链金融突破瓶颈、创新发展。

(1) 共识机制保证了交易真实性以及债权凭证的有效性,这就解决了金融机构对信息被篡改的顾虑,在一定程度上缓解了由于中小企业自身信誉及信息不完善导致的融资难问题。

(2) 通过智能合约的加入,贸易行为中交易双方或多方即可如约履行自身义务,使交易顺利进行,链条上的各方资金清算路径固化,有效管控了履约风险。

(3) 区块链技术的应用使传统的供应链金融突破了仅存在于核心企业与一级供应商或经销商之间的狭小范围而惠及整个供应链。在技术实施上,区块链技术将各个相关方链入一个大平台,通过高度冗余的确权数据存储,实现数据横向共享,进而实现核心企业之间的信息传递。以前的信息孤岛转变为全链条信息,从传统的核心企业只能覆盖一级供应商转变为能够覆盖多级供应商,切实帮助中小企业解决融资难、融资贵难题。表 6-1 列出了区块链供应链金融与传统供应链金融的对比。

表 6-1 区块链供应链金融与传统供应链金融的对比

类型	区块链供应链金融	传统供应链金融
信息流转	全链条贯通	信息孤岛
信用传递	可达多级供应商	仅到一级供应商
业务场景	全链条渗透	核心企业与一级供应商
回款控制	封闭可控	不可控
中小企业融资	更便捷、更低价	融资难、融资贵

2. 区块链技术在供应链金融领域的典型应用

供应链融资平台的核心价值在于：所有基于区块链技术发布的资产都能够完整追溯至核心企业与一级供应商的可信贸易背景，从而在较低后续融资成本的同时，也提升了全流程的安全保证。

（1）供应链融资平台业务架构。

供应链融资平台的设计理念是：以源自核心企业的应收账款为底层资产，通过区块链实现应收账款债权凭证的流转，帮助入链供应商盘活应收账款，降低融资成本，增加财务收益，解决供应商对外支付及上游客户的融资需求；在技术上保证债权凭证不可篡改、不可重复融资，可被追溯。供应链融资平台业务架构如图 6-6 所示。

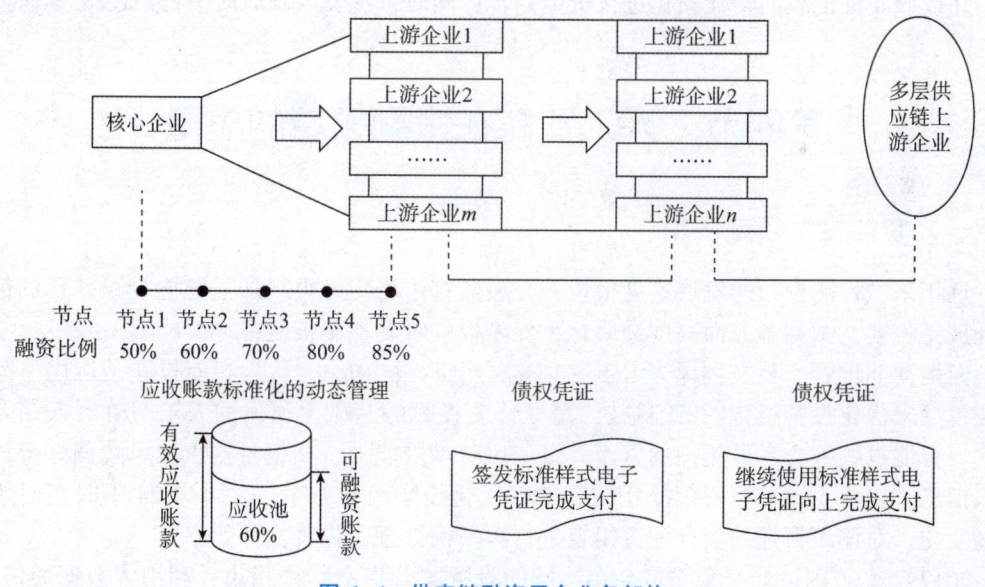

图 6-6 供应链融资平台业务架构

（2）平台架构各参与主体的功能定位明确。

核心企业、供应商、上游企业各司其职、业务流程清晰明朗。

①核心企业。核心企业仅需确认应收账款的转让情况，不对应付金额、期限等承担风险。通过贸易关系中的真实交易行为，协助上游企业更好地完成采购等贸易行为，增加资金周转率，提升行业效率。

②供应商。核心企业的直接供应商是最初的债权凭证签发人，是债权凭证延展的开

端，是低成本采购的直接受益者。核心企业供应商盘活了自身应收账款，利用产生的应收账款，不用支付融资成本便可完成采购行为。同时，通过成本的自主定价，供应商可获得额外收益。

③上游企业。一级供应商的上游企业是最初的凭证接收人，是债权凭证延展的必经节点，是多渠道融资的使用者。供应商上游企业在平台收到债权凭证意味着可如期收到应收款项，保证了资金流的确定性。

④供应链融资平台业务流程。供应链融资平台的运作基于应收账款债权凭证的签发、转让、融资、兑付，具体流程如下。

首先，债权凭证签发。供应商依据核心企业的应收账款，向平台方申请远期融资，与平台方签订业务合同，约定供应商可以通过转让核心企业的应收账款签发债权凭证。供应商按照付款需求设定债权凭证的收款人、金额、期限等要素信息，并签发给其上游企业。

其次，债权凭证流转。上游企业在系统内接收债权凭证，系统根据上游企业接收到的凭证金额为其核定额度，在额度范围内上游企业可按照付款需求签发新凭证，完成采购支付。

再次，债权凭证融资。债权凭证的持有人可以通过转让凭证对应的应收账款向平台申请直接融资，按照申请日距凭证到期日之间的期限和凭证记载的融资利率计算利息，平台扣除相关利息后将剩余金额一次性发放给债权持有人。

最后，债权凭证到期。凭证到期时由平台按照签发人事先提交的申请发放远期融资款，并按照凭证记载的转让路径进行资金划转；同时，签发人及时向平台归还融资本息。

第四节　人工智能在金融领域的应用

一、智能投顾领域应用

近年来，智能投顾的发展速度很快，金融监管市场应该重视加强智能投顾平台的信息公开披露程度，做到各方面高度透明化，保障投资者利益不被侵害。

何谓智能投顾？英文翻译为 Robo-Advisor。George Kinder 认为智能投顾是运用一系列算法模型来优化投资组合的 AI 科技，是在传统投顾的基础上研发的人工与机器人结合的模式。智能投顾综合考量用户的资产等级、风险承受能力、期望收益以及风险偏好等详细个人信息，促成主被动投资策略相结合的多元化投顾组合方案，并可以 24 小时实时跟踪市场变化，对偏离目标的资产配置组合进行再平衡处理，提升投顾效率。

2017 年，美国证券交易委员会在《智能投顾监管指南》中指出，利用大数据为依托，算法模型为核心，为投资者提供托管式的服务，实现电子化金融财富管理。乔斯·保罗（Chaus. Paul）认为智能投顾改变了传统投顾模式，给客户提供一种收费透明化、操作简便化、服务个性化的全新理财模式。莫妮卡.C.梅内尔特（Monica C. Meinert）指出，智能投顾是在传统投顾的基础上进行创新升级的智能理财工具，运用马科维茨模型、多因子模型等实现主被动投资策略相结合的多元化投顾服务，是未来财富管理的主流模式。

2008 年，智能投顾在美国创新企业率先发展。2015 年，全球掀起金融科技浪潮，人工智能的创新技术为全球资产管理市场的历史性改革带来了崭新的机会和挑战。随着现阶段大数据信息的不断完善，金融发展也在不断升级，对于没有专业知识的普通投资者来说，学习成本变高，投资风险变大。加上传统金融机构的操作流程烦琐、高门槛及高手续费，以及不能提供 24 小时咨询服务等原因都激发了智能投顾的诞生。自金融危机后，各国民众的个人财富普遍减少，客户的被动投资理念及智能投顾的创新优势均促进了智能投顾的迅速发展。

以发展较成熟的美国智能投顾为例，在金融市场上主要形成两种竞争结构：传统金融机构，以嘉信理财（Charles Schwab）、先锋领航（Vanguard）和富达国际（Fidelity）为代表；独立平台创新型智能投顾公司，以机器人投资顾问公司（Betterment）、财富前沿公司（WealthFront）为代表。在短期内，智能投顾平台已发展成熟并且融资过亿，这两家公司的估值均已达到 10 亿美元，未来发展潜力巨大。但从目前美国智能投顾市场来看，传统资管公司仍然占据着金融市场的主要位置。传统资产管理公司与智能投顾合作模式有两类：一是传统资管公司内部引入智能投顾，如 Charles Schwab 推出的嘉信智能投顾体系；二是刚发展起来的新型创业公司被传统资管机构收购合并，如贝莱德公司收购 FutureAdvisor。传统资管机构在金融理财市场上仍是占主导地位，再加上整个行业标准不断完善，美国的发展机制逐渐变得开放化起来。

尽管中国智能投顾起步晚于西方国家，但发展潜力巨大。互联网金融在民众中卷起一股热潮，对比传统的理财标准，智能投顾有着较低门槛以及低成本等优点，催生了理财模式从线下拓展到线上。2014 年，我国全新推行了"胜算在握"首个智能投顾产品，中国几家初创企业均尝试复制美国智能投顾模式，结合平台特色，互联网理财平台纷纷上线了智能投顾功能，智能投顾平台快速发展。在中国金融市场上，提供智能投顾服务的公司大约 50 余家，但是依然没有某一机构有足够的能力占有市场最大的销售份额。按照业务模式可将其分为三类：第一类，传统金融资管机构。具备以下四大优势：海量数据、宽泛的客户渠道、全新的财务机制以及客户群体信任的忠诚度，这类投顾平台类似于"金融超市"和导流工具。第二类，互联网金融龙头。利用证券以及合作者的关系、申请券商牌照进入证券市场，在客户潜在需求的基础上研发智能投顾，具有强大的流量和技术优势。第三类，独立创业投资平台。这是现阶段我国最为新颖的管理机构，其作为金融和 IT 的接口，具有技术和业务的双重优势，如弥财、璇玑、海银智投等，基本形成了全新的金融管理标准和基金完善体系。虽然中国智能投顾起步较晚，传统金融资管机构、互联网金融龙头、新型创业公司"三足鼎立"的竞争结构，与传统金融资产管理机构相比，中国智能投顾平台存在明显的优势。

二、智能风控领域应用

（一）智能风控概念及其要素

智能风控也被称为大数据风险控制，即通过运用大数据构建模型的方法对借款人、企业等主体进行风险评估及风险控制。大数据风控会收集各种用户的各项数据信息进行数据建模和分析，制定风控策略，方法相对客观、衡量尺度也较为统一。智能风控的核心作用是丰富风控指标所涉及的数据维度，打破信息差的隔阂、解放人的无效重复劳动，最终达到有效提高风险控制效率的目的。

COSO 组织是国际风险管理领域上的权威引领者。2017 年 9 月 6 日，该组织对其 2004

年发布的《企业风险管理：整合框架》内容进行了补充更新，再次发布了《企业风险管理框架——集成战略和绩效》。新框架不但响应了公司风险控制理论与实践的发展，并且将风险管理上升到了组织战略的高度，认为风险在组织各个层面和各项职能上都会影响战略和绩效，还强调在战略实施和业绩改善过程中考虑风险的重要意义。COSO-ERM 新框架放弃了原框架中的立方体八要素框架，采用了全新的五要素二十项原则（此处仅介绍五要素）模式，进一步说明了公司风险控制对规划和嵌入完整组织体系的重要性程度。

要素一：治理与文化。治理与文化是新框架中提出的企业风险管理要素，是其他要素的基础，是实现企业风险管理更为有效的压舱石。银行运营与管理过程从根本上决定了公司风险管理工作的基本基调，承担企业经营中风险管理工作规划、执行与监管的主要责任，是企业经营中风险管理工作活动能否顺利开展并达到预期效果的关键保证。而公司风险传统文化则是指公司在经营风险管理活动时逐渐实现的风险管理理念、倾向与价值理念，它也反映在公司经营风险决策的整个流程当中。

要素二：战略与目标设定。企业风险管理、战略和目标设定在战略规划过程中共同发挥作用，并强调在战略和业务目标制定过程中企业必须考虑风险这个因素。而公司对风险偏好的设定亦须与策略目标一致，把发展策略计划视为公司确定、评价与应对风险的重要基础。

要素三：实施。聚焦风险管理的实施过程，企业第一步需要识别和评估影响战略和业务目标实现的风险，再将风险依据严重程度进行排序，最后选择风险所对应的保障措施，并对自身所承受的最大经营风险规模进行应对。执行过程和结果需要向主要风险利益相关方进行报告。

要素四：审查和修订。风险管理过程与成效进行审查和修订，并通过评估风险管理中的绩效，且需要考虑怎样才能更好发挥风险管理的作用，而后进行改进。

要素五：信息、沟通和报告。企业风险管理是一个持续不断的过程，在运行过程中，我们需要通过必要的信息系统、沟通交流和报告机制来获取、流转和分享风险信息。

（二）智能风控实践成果

近年来，各家银行金融机构在风控领域上投入大量资源，以求在新时代风控的赛道上占领先机。许多银行机构着手搭建了适合现代信贷业务风控管理的体系及平台。本文介绍当前国内三家主流银行近年来在智能化风控管理体系上的成果，分别是工商银行的智慧化"融安 e 盾"风控体系、平安银行的"智慧风控平台"体系和广发银行的"大数据智能实时风控"体系。

1. 工商银行的智慧化"融安 e 盾"风控体系

自 2017 年起，中国工商银行便着力于推动智能银行生态系统 ECOS 的建设，以新一代技术支持商业银行创新生态，支持智能化商业银行的战略转变，其中，智慧风控是建设重点之一。经过数年努力，工商银行成功建设了"融安易盾"系统，实现了"主动预防、智能控制、综合管理"的全面风险管理目标。"融安易盾"系统具有三大主题板块，分别突显"全面""极智""严管"三大特点。

全面风险管理部分重点突出强调"全方位"：全方位监测和报告企业投融资风险，有效挖掘客户风险，自动获取并发出负面警示，自动警告所有风险的客户；全方位核算公司资本充足率，自动汇总并计算信用、市场价值和高经营风险的监管资产；全面分析金融部门、市场、产品和客户之间的互动关系，建立数以百万计的交叉风险关系，准确识别和监控风险传递路径。

"极智"强调"智能"。系统能对智能识别数据进行分析，每天对数十万个新的企业或个人贷款申请进行打分和评级，定时对所有业务流程进行回溯和分析；智能识别客户的身份，运用人脸图像识别技术，运用设备指纹识别科技，加强网上服务的反诈骗；智能鉴别复杂诈骗工具，运用知识地图关联数千万银行卡应用程序，辨别复杂银行团伙诈骗；智能追踪资金流向，确定贷款的非法流动。

集团的市场风险管理部分强调"严管"，一是"管住钱"，即对交易方式、风险敞口和损益进行管理，保证交易过程数据的真实性和准确性，保证损益统计的科学客观和公平性，保证交易资金和投资资金在银行金融市场的安全；二是"管住事"，即进行管事前、管事中、管事后的金融市场贸易全过程管理，全面预防严重交易风险发生；三是"管住人"，即对交易者行为进行全过程制约，包括对交易者职业生涯的全过程控制，保障交易者合规和交易安全，避免违法和违规。

2. 平安银行的"智慧风控平台"体系

自 2019 年起，平安银行也开始对行内的风险管理体系进行智能化改革。平安银行以已有的智慧风控系统为基础，进行了信贷内核体系重建，将系统的数据支持系统和计量系统群进行了强化，成功建设了可应用于多场景的智慧风控生态体系。在该基础上，平安银行又完成了智能化版本更新，对系统平台功能进行了扩展，并巩固了数据基础，进一步提升了智慧应用，打造了具有自己特色的智能系统"风控大脑"，深入破解了行业痛点，有效改变了过去的经营决策全凭个人经验判断、业务管理全靠人工或手动、经营信息不对称、管理过程不智能和流程不高效的状况。

智能风控平台基于平安银行自主研发的分布式金融 PAAS 平台，拥有 100% 的知识产权。平台结合成熟的开源技术和组件进行了深入的自主研发，开发了包括分布式基础服务框架和服务管控、分布式缓存、分布式配置管理中心、网关服务、同步/异步消息中心、监控中心、作业调度、分布式数据访问，并结合平安银行需求进行优化整合，实现信息技术的安全性和可控性。该系统获得了 2019 年度银行科技发展奖。

3. 广发银行的"大数据智能实时风控"体系

早在 2017 年，广发银行便启动了大数据智能风控平台项目的建设。在不断试错验证下，经过几年的有序建设，如今广发银行已经构建了一个融合大数据和人工智能技术的稳定、动态的风险检测系统，风控平台可以支持大数据引擎和信息运算等核心处理系统的高效运行。广发银行的智能化风控平台已经多次验证了网站框架、大数据采集、接口开发、监控过程、规则与战略制定、系统性能升级等测试，该系统目前可以有效为业务提供智能风险分析和决策，可以快速识别交易风险和智能调查，并做到实时预警阻断业务交易风险。工作人员根据风控平台系统智能风险评价结果，实施合理的风险管理。

智能风控作为广发银行的风控平台，具有跨渠道、跨产品、跨流程三大特点，能够对客户的访问申请进行控制、同时对交易进行实时预警，一旦遇到可疑线索能第一时间实施拦截、并且对全量业务在事后进行批量的检测和风险分析，帮助银行实现了多层次、全场景的智能风险控制。

广发银行不仅成功建立了新一代风控体系，也使之与行内其他体系互动，从而实现了与业务营销、客群服务和外围渠道之间的信息共享，并可以及时对中高风险交易进行警示，对客户的信息数据进行智能化审查，从而有效降低了交易风险，以此来维护客户和本行机构之间的资本安全。

知识总结

1. 数字货币发行流通体系在设计上可以有两种模式选择：一是由中央银行直接面向公众发行数字货币；二是遵循传统的"中央银行—商业银行"二元模式。在第一种情形下，中央银行直接面对全社会提供法定数字货币的发行、流通、维护服务；第二种采用现行纸币发行流通模式，即由中央银行将数字货币发行至商业银行业务库，商业银行受中央银行委托向公众提供法定数字货币存取等服务，并与中央银行一起维护数字货币发行、流通体系的正常运行。

2. 智能投顾又称机器人投顾，是指通过互联网技术，以投资者的风险偏好和财务状况为依据，利用大数据和量化模型（主要是组合投资理论），为客户提供基于指数型基金的资产配置方案和财富管理服务，并根据市场情况进行持仓追踪和动态调整。

3. 供应链金融是一种银行或互联网金融机构将核心企业和上下游企业联系在一起提供灵活运用的金融产品和服务的融资模式。供应链金融围绕三个主体——供应商、核心企业和经销商。

自测练习

1. 数字人民币的发展模式是什么？
2. 区块链供应链金融与传统供应链金融有哪些区别？

第七章　金融科技风险与监管

见微知著，以学立人

以金融科技的知识点和思想为基础，探究其蕴含的丰富的优秀传统文化，现归纳如下。

1. 豪华尽出成功后，逸乐安知与祸双

在生活中要提高自我保护意识，应了解安全常识，学习安全知识，了解安全规则和相关注意事项。

2. 与时偕行，与时俱进

随着金融科技的发展，我国金融监管模式需要逐渐从机构监管向功能监管和行为监管转变。金融跨业经营会产生监管真空和监管重叠。机构监管可能变得不合时宜，按照金融业务的实质，对相同或类似金融功能的业务进行统一分类监管的功能监管模式更加适宜。

"活到老，学到老"。在当今时代，社会发展变化很快，层出不穷的新知识、新思想、新理念都需要我们去认识、去了解、去掌握；否则，就不能适应新形势与新任务的需要，就难以完成肩负的历史使命。所以，我们要静下心思主动学习并树立终身学习理念。

知识要点

了解金融科技的监管现状与发展情况；熟悉金融科技的风险种类与特点。

核心概念

操作风险（Operational Risk）
平台技术安全风险（Platform Technology Security Risk）
数据风险（Data Risk）
信息安全风险（Information Security Risk）

典型案例

2006年2月28日，某银行科技部门接到会计结算部反映，他们在检查利息税明细表时发现一个3年期定期存款账户在系统中以10天为一个周期连续生成可疑定期利息资金。

经核查，发现该账户为某银行3年期定期存款账户，但该账户已于2005年1月20日办理了销户，而系统显示该账户当前状态为"正常活动"，与实际情况不符。该行随即采取措施止付异常账户。事后查明，该行科技部软件开发人员韩某使用非法程序将已经销户的个别活期存款账户和定期存款账户的状态篡改为正常，利用账务系统自动转存程序对激活的定期账户结息，并将转存时产生的利息金额计入另外被修改账户状态的活期存款账户中。最后，韩某使用伪造、变造的借记卡通过自助设备非法盗取了账户内的资金。

上述案件中，该银行在风险防范过程中存在哪些不当管理行为？

第一节　金融科技发展中的风险

一、操作风险和平台技术安全风险

金融科技的操作风险主要有以下方面：一是人员、系统、程序及突发事件。存在缺陷的风险管理系统将使金融科技机构无法规避网络风险，存有缺陷的系统流程设计也将会影响金融科技机构网络业务的日常运行，给金融科技机构带来潜在的系统风险。同时，当突发事件发生时，如果金融科技机构没有事前制定有效且充分的应急方案，也将难以及时化解这些风险，并使金融科技机构遭受严重损失。另外，流程缺乏合理性和规范性，将使网络金融业务产生不必要的烦琐步骤，降低金融科技机构的工作效率。二是由于金融科技职员的操作错误、客户的疏忽或者同客户信息沟通出现的问题，可能引起网络金融账户的错误或混乱。网络金融账户的错误或混乱将使金融科技机构无法进行正常交易，并可能给金融科技机构和客户带来经济损失。网络具有放大金融科技业务机构操作风险的倾向，国内外已经有不少因为微小操作失误所引起巨大经济损失的例子，对于金融科技机构的网络金融业务而言，如果无法合理规避操作风险，将可能造成非常严重的损失。

金融科技业务的发展有赖于先进的交易平台系统，技术及平台的不当选择也很可能给金融科技机构带来较大的风险。一方面，如果支持网络交易的技术滞后，将可能使金融科技机构错失良好的交易机会，并且耗费大量资源，造成效率上的损失；另一方面，技术及平台如果与客户的软件版本不兼容甚至发生冲突，将导致信息的传输滞后甚至无法传输。

安全风险也是金融科技业务面临的一大难题，这类风险主要包括以下几方面。

（1）源头方面的风险，即金融科技机构可能由于风险管理机制的缺陷，存在严重的安全漏洞。

（2）用户方面的风险，很多用户在进行网络金融交易时，风险防范意识不强，不及时对杀毒、防毒软件进行更新，容易导致个人信息被盗取。

（3）第三方平台的风险，即在网络传输平台方面，客户输入密钥或口令并通过网络传输时，在传输过程中有可能被黑客通过各种非法手段将其截取，使用户无法正常登录或者出现网络连接超时的情况，黑客便可利用截取到的信息进行犯罪活动，使金融科技机构和用户蒙受损失。

当前，金融科技领域积极探索区块链技术的运用。人们普遍认为，这是一项不确定性最大，但属于根本性、颠覆性的技术，具有分布式、免信任、时间戳、加密和智能合约等特征。该技术一旦在金融领域全面采用，则可能会彻底改变现有金融体系。但是，区块链技术在发展和应用过程中仍面临诸多不确定性和技术挑战。例如，以太坊平台的 The DAO 被攻击事件，暴露出该技术在应用平台层面仍然有安全漏洞。

二、数据风险和信息安全风险

以大数据推动金融创新是金融科技的主要特征和模式，即所谓的大数据金融，数据的真实性与安全性是金融科技发展的重要基础。然而，大数据金融在推动金融科技发展的同时，也给金融行为带来了新的数据风险。

（1）依赖大数据决策的金融科技业务模式的数据风险首先体现在大数据本身的真实性上。由于大数据理论是建立在"海量数据都是事实"的基础上，人们无法控制数据提供者和搜集者本人的偏见和筛选，而大数据基础上的分析与决策对数据自身的数量和质量非常敏感，在不关注因果关系且只强调相关关系的模式下，数据中一旦混杂了虚假错误信息，就可能导致错误的分析、预测和决策，由此便会带来巨大的损失。随着大数据时代数据类型的丰富和数据规模的升级，这种风险也将不断扩大。

（2）即使在数据质量合格的情况下，大数据的分析也可能落入"虚假关系"的陷阱。由于不再需要随机样本，传统方法中对因果关系的逻辑思辨和推断能力不再有用武之地，大数据揭示的实物间的关系可能并不真实存在，只是数据扩大带来的假象，从而导致金融机构作出错误的决策并造成巨大的行业风险。近年来，大数据在其他领域的应用表明上述"数据风险"在现实中屡有发生。2013 年年初，曾经广受赞誉的谷歌流感趋势系统被发现存在重大错误，该系统基于大数据技术得出的结论明显高估了流感峰值的水平。

即使与数据的真实性和数据分析技术有关的数据风险得到控制，仍然无法完全避免数据使用的风险。由于数据本身即信息，当数据使用和保护不当，数据的风险就演化为信息安全风险。一旦发生这样的风险，将对金融科技公司乃至相关行业的信誉造成很大的破坏。

（3）随着大数据技术的发展，数据服务商将拥有前所未有的信息特权，通过信息的集中化管理和量化技术，服务商可以轻易获得用户的大量私密信息。因此，一旦数据服务商滥用信息，将会泄露用户的信息。更为严重的是，当数据服务商将目标对准政府机构或大型金融企业，并进行有针对性的信息收集，就可能泄露重要的国家金融信息，进而产生严重后果。例如，2013 年 5 月，世界顶尖数据服务商彭博社承认，该公司记者使用彭博社的银行数据终端窥探用户信息，以此秘密采集新闻。其中，窥探的对象不仅包括高盛等金融行业巨擘，更涉及美联储、美国财政部等政府部门。

除了可能存在的数据服务商对信息的滥用外，数据信息安全风险还有来自潜在的数据入侵。大数据在金融领域的广泛运用将为黑客攻击金融业提供更多的机会。一方面，黑客可以利用大数据同时控制上百万台傀儡机并发起攻击，攻击的数量远远超过了传统的单点攻击；另一方面，由于大数据的价值密度较小，安全分析工具难以对价值点进行精确保护。隐藏在大数据中的黑客攻击能够误导安全检测，给金融业的网络安全分析带来了新的困难。随着大数据与金融服务的联系日趋紧密，数据入侵一旦成功，将对金融企业造成巨大损失。例如，在 2013 年圣诞节促销活动期间，美国零售巨头 Target 公司遭到数据入侵，导致 4 000 万张信用卡和借记卡数据被黑客窃取，使相关金融机构损失惨重。

（4）数据监听也将带来数据信息安全问题，除造成金融科技业的巨大损失外，甚至将威胁到国家金融安全。例如，2013 年的"棱镜门"事件展示了美国政府如何利用大数据技术从规模庞大的电话通信和网络信息中对他国民众和政要进行精确监听。"棱镜门"事件表明,"海量数据+数据挖掘"的大数据监听模式可以进行精确监听,进而对他国的经济发展和社会稳定造成严重威胁,欧洲因为"棱镜门"停止了与美国共享金融数据。我国目前的大数据发展,无论是软硬件设施还是数据服务,都过度依赖国外厂商,这个潜在的隐患会威胁国家金融安全,以金融行业的核心设备为例,根据2012年的统计数据,我国四大银行及各城市商业银行的数据中心都采用了美国思科公司的设备,思科公司占有我国金融行业设备70%以上的份额。然而,思科公司不但具有深厚的美国军方背景,更在"棱镜门"事件中被怀疑直接参与了美国政府对我国的监控。

第二节 金融科技监管

一、国际金融科技监管发展动态

金融科技在全球迅猛发展,成为许多国家经济发展的一个重要引擎。然而,它给实体经济及不同业务带来了不容忽视的风险隐患。因此,相关国家采用多种方式对金融科技进行了不同程度的监管。

(一) 国际监管机构

各类国际监管组织构建金融科技监管团队,从不同的视角分析金融科技的发展路径及其潜在风险。金融稳定理事会(FSB)重点关注金融科技中的区块链、分布式账户技术的发展动态以及潜在风险。除此之外,FSB还成立金融创新网络工作组,跟进负责金融科技的相关研究进展。

巴塞尔银行监管委员会(BCBS)组建专业研究团队,重点关注相关技术升级对商业银行经营和业务的冲击以及未来风险管控的方式方法,实地调查各国对金融科技的认知态度、监管框架构建的基础及鼓励金融创新的政策措施。

国际证监会组织(IOSCO)持续发布众筹行业相关报告,其目的是更加全面地评估金融科技领域的新技术,如区块链、云技术、大数据、智能投顾等在金融市场的普及应用和风险评估。

国际保险监督官协会(IAIS)发布《普惠保险业务准则》,其对金融科技发展过程中首要监管的三大核心分别是反欺诈、金融数据和消费者权益保护。

(二) 各国(地区)金融科技监管现状

各个国家和地区参考其区域内金融科技监管出台的政策和建议,结合本国(地区)实际情况制定相关的法律法规或指导意见,采取恰当的监管措施,维持本区域的金融科技平稳发展态势,降低潜在风险带来的不确定性。目前,在金融科技领域中,网络融资、移动支付和电子货币已经具备相对成熟的监管框架和较为完善的法律法规,而区块链等创新型领域的监管框架和法律制定还处于探索阶段。

1. 根据金融科技的业务属性,制定相适应的监管制度

(1) 美国金融科技监管。

美国当前对金融科技领域采取的监管模式为限制型监管,其主要做法是参照金融科技

中的金融本质，无论以何种形态出现的新技术，都按照其涉及的金融业务与功能，有机地融入现有金融监管体系。

美国未来的金融科技监管模式将由当前的限制型监管转向主动适应型监管，具体表现在继续深化六项金融服务行业政策目标，包括金融监管框架与保持在金融科技领域的国际竞争力等。完善十项基本原则，如改进金融基础设施建设，提高金融服务的效率和效能等。对于金融科技的发展，美国监管机构采取鼓励的态度；同时，监管部门构建监管框架、制定法律规定及组建监管机构的依据。

（2）欧洲金融科技监管。

欧盟委员会提议根据金融科技的不同业务，对现有监管制度进行调整，以改进金融科技监管框架及具体条文。根据提议，欧洲监管机构（ESAs）研究分析切合金融科技的监管方法，如建立创新中心、监管沙箱和创新加速器。欧洲证券及市场管理局（ESMA）分析挖掘资本市场中的相关数据，并且将监督投资基金管理，审批欧盟或欧盟之外的国家在欧盟发展金融科技的计划和协议。欧盟对金融科技监管最具有代表性的国家是英国，英国金融科技监管的模式是主动型监管，而在这种模式下，监管机构主动对金融科技中发展规模较大的业务制定相关的监管政策。

（3）发展中国家金融科技监管。

发展中国家金融市场发展通常相对落后，金融科技起步相对较晚，但一些国家也在积极地推进和完善金融科技的监管。例如，印度央行主动制定完善金融科技监管的框架与法规，出版了区块链发展白皮书，对数字金融发展进行试点，对银行金融科技相关的新业务完成审核后颁发特别牌照。墨西哥监管当局为减少本国金融系统风险，严格国际资本流入，对金融科技企业尤其是涉及第三方支付和数字货币的企业进行严格的监管审核。墨西哥还积极与英、美等国合作，构建规范金融科技企业行为的监管框架。

2. 各国常用的金融科技监管模式

（1）监管沙盒。

根据英国金融行为监管局（FCA）发布的《监管沙盒》报告可知，其"是一个'安全空间'，企业可以在其中测试创新性的产品、服务、商业模式和提供机制，不会因从事所述活动而立即招致通常的监管后果"。英国最早使用监管沙盒项目，FCA 在 2016 年 5 月就启用监管沙盒。新加坡金融管理局（MAS）于 2016 年 6 月准备实行本国版的"监管沙盒"。加拿大证券管理委员会（CSA）创立"监管沙盒"负责本国金融科技领域的指引创新。"监管沙盒"方式有效帮助英国、新加坡、加拿大、澳大利亚等国监管层在管控风险的前提下，促进金融科技的革新。

（2）监管科技。

监管科技是借助科技的创新发展，从智能分析、信息数字化、特定编码和大数据等方面保证对金融科技监管的效果和效率。第一，监管科技大大改进了监管数据收集和分析工作。第二，监管科技有助于提高 KYC（充分了解你的客户）的质量和效率。第三，监管科技能帮助监管部门改善监管金融服务市场的方式。

目前，监管科技已经在多个国家和地区得到推广和应用。例如，澳大利亚监管当局在 2016 年年末正式成立监管科技部门，澳大利亚证券与投资委员会（ASIC）推出《257 号监管指南》，结合"监管沙盒"手段，允许初创企业试运行。2017 年 10 月 24 日，澳大利亚政府出台金融科技监管新规草案，该草案允许金融科技公司在特定阶段对零售和批发客户测试产品和服务，即便其尚未取得监管部门发放的牌照或许可证。巴西央行实施了一个基于网络的监管科技解决方案，允许监管部门和信息提供者之间方便安全地共享信息。该系统收集数据评估风险，并通过报告生成来保障监视过程。加拿大金融市场管理局（AMF）宣布成立金融科技实验室，探索如何利用科技监管优化监管业务流程。

（3）创新中心。

"创新中心"模式，即支持和引导机制，使市场主体能够及时全面地了解监管方要求，保证金融科技的创新产品和业务的合规性。英国、新加坡、澳大利亚、日本等国已经采取相关的制度。

（4）创新加速器。

"创新加速器"模式是监管部门、政府部门及相关金融科技公司三方合作，及时评估相关金融产品的可行性以及市场价值，加快其向实际应用转化的速度。使用这种方式的目的是通过资金或政策的支持加速金融科技相关领域的发展，一些国家也称之为"孵化器"。目前，已经实施创新加速器的机构包括新加坡金融管理局、英格兰银行等。

二、我国金融科技监管现状

2018年以来，在政府和金融业自身需求双重驱动下，我国金融科技迅猛发展，也促使监管部门不断推出新的监管规则，尤其是地方金融领域出现的一些问题，成为当前金融科技风险防范的重点。总体来看，金融科技的发展给相关的监管带来了新的挑战，也带来新的机遇。

1. 政府鼓励金融科技创新

金融科技创新正在重塑金融业态，改变了金融行业的生态和服务模式。金融科技拥有显著的普惠性，可以有效提升金融服务效率，提高金融的可得性，强化了对实体经济的服务能力。同时，技术还能让商品交换更充分，让人们有更多的选择，从而提高整个社会的福利水平。

2019年3月，中国人民银行金融科技委员会召开2019年第一次会议，会议指出，"在新一轮科技革命和产业变革的背景下，金融科技蓬勃发展，为金融业转型升级提供源源不断的动力"。此外，中国人民银行还确定了2019年的工作重点："研究出台金融科技发展规划，明确金融科技发展目标、重点方向和主要任务，加强统筹布局与行业指导……聚焦央行履职与行业发展，发挥全系统和社会力量深化金融科技基础性研究，凝聚形成产学研用发展合力。充分运用金融科技手段优化信贷流程和客户评价模型，降低企业融资成本，纾解民营企业、小微企业融资难融资贵问题，增强金融服务实体经济能力。"2019年8月22日，中国人民银行正式印发《金融科技发展规划（2019—2021年）》，并提出到2021年，建立健全我国金融科技发展的"四梁八柱"，进一步增强金融业科技应用能力，实现金融与科技深度融合、协调发展，明显增强人民群众对数字化、网络化、智能化金融产品和服务的满意度。

各地方政府也在推出促进金融科技发展的计划。2018年10月，北京市出台《北京市促进金融科技发展规划（2018—2022年）》，打造形成"一区一核、多点支撑"的空间布局，其中"一区一核"是指建设北京金融科技与专业服务创新示范区及核心区；"多点支撑"是指打造各具特色的金融科技创新与产业集群，包括金融科技底层技术创新集群、银行保险科技产业集群、金融科技安全产业集群、财富管理产业集群。上海、深圳、杭州虽尚未从市级层面出台专门针对金融科技的发展规划，但是也通过不同渠道表示要大力发展金融科技。

主管部门一直在引导金融行业的创新，并营造出一种相对宽松的环境，在为金融科技创新提供土壤的同时，也在积极思考如何改进监管规则或行为，为金融创新提供便利和支持。

2. 监管机构完善监管规则

监管机构对金融科技的理解和认识逐步加深，正在健全和完善助力金融科技长远发展的监管规则。从近期各主管机构的表态来看，监管的规则和规范将会快速完善。金融历来是强监管领域，而且目前金融科技领域的确存在一些无序发展的行业乱象和监管真空等问题。

监管部门一直在努力消除监管短板，不断更新完善监管规则，规范市场运行。2018年1月，中国人民银行发布《中国人民银行关于优化企业开户服务的指导意见》，鼓励银行积极运用技术手段提升账户审核水平，包括鼓励银行将人脸识别、光学字符识别、二维码等技术手段嵌入开户业务流程，作为读取、收集以及核验客户身份信息和开户业务处理的辅助手段。2018年5月，中国人民银行严厉打击支付机构为非法互联网平台提供资金清算、支付服务的违法违规行为。2018年8月，全国金融技术标准化委员会（以下简称"金标委"）发布关于征求《聚合支付安全技术规范》（征求意见稿）的通知，提出聚合技术平台的基本框架，规定了聚合支付系统实现、安全技术、安全管理、风险控制等经营要求。2018年10月，金标委发布关于征求《支付受理终端注册数据规范》（征求意见稿）的通知，旨在加强支付受理终端安全管理，保障支付受理终端注册信息和交易信息的真实性、完整性、可追溯性和一致性。

以网贷平台为例，经过整顿，大量不合格机构已经离场。网贷天眼研究院发布的数据显示，截至2019年3月31日，我国P2P网贷平台数量累计达6 591家，其中5 341家已经离场，在运营平台有1 250家。值得关注的是，仅2019年3月的离场平台就超过200家。原因是有些平台未达到监管机构提出的一些资质要求、业务规范要求以及自身的盈利标准和要求，进而选择良性退出。

3. 地方金融监管

通过地方金融创新，地方政府会获得更多的金融资源配置。因此，地方政府会尝试各种方法来鼓励或刺激地方金融创新。近年来，地方非传统金融机构利用金融科技进行了大量创新，推动了互联网小贷和股权众筹等多种金融业态的发展。但是，这些金融科技创新也在许多维度上对金融系统运行与监管基本规则形成挑战，给消费者和市场带来新的风险，并且在事实上造成了许多金融乱象。部分互联网金融企业违规经营，扰乱金融秩序，打着金融科技的旗号，侵犯消费者利益。例如，大量P2P企业出现提现困难、停业等问题，通过发行代币的形式进行融资活动等。

2018年，国家明确表示由地方金融办对"7+4"类机构实施属地化监管，即"小额贷款公司、融资担保公司、区域性股权市场、典当行、融资租赁公司、商业保理公司、地方资产管理公司"七类机构由中央监管部门制定规则，地方金融监管部门实施监管；对"投资公司、开展信用互助的农民专业合作社、社会众筹机构、地方各类交易场所"这四类机构强化地方金融监管，提高准入门槛，严格限定经营范围。

然而，金融科技的发展使部分金融机构摆脱对实体网点的依赖，依托互联网开展业务。依靠网络互联互通的特性，地方金融机构自然会跨区域开展业务。这些机构虽然设立在某一地区，接受当地金融办的监管，但经营范围涵盖全国，这就造成了金融机构收益本地化、风险外部化的局面，地方金融办依靠有限的地方监管资源较难快速识别风险，也不能做到及时干预，保护消费者和投资人利益。

三、监管科技和合规科技

（一）监管科技和合规科技发展现状

2018年是监管科技与合规科技概念走向实施的关键一年。2017年以前，关于监管科技的讨论更多停留在理论和倡导的层面。2018年，监管科技则正式进入制度化和具体应用的实验阶段，主管部门要获取更加全面且准确的数据，以对市场进行精准把控并提高监管效能，因此，监管机构拥有充足的动力来部署并应用监管科技。无论是中央监管机构还是地方监管机构都对监管科技寄予厚望。

2018年，中央经济工作会议要求打好防范化解重大金融风险攻坚战。在中央监管层面，证监会制定了促进合规科技和监管科技发展的具体实施计划。2018年8月，证监会正式印发《中国证监会监管科技总体建设方案》，明确了监管科技信息化建设工作需求和内容，明确了七大类32个监管业务分析场景，提出了数据资源管理工作思路和监管科技运行管理"十二大机制"。2019年，中国人民银行金融科技委员会工作重点之一就是"持续强化监管科技应用，提升风险态势感知和防控能力，增强金融监管的专业性、统一性和穿透性，坚决守住不发生系统性金融风险的底线"。为此，中国人民银行制定关于监管科技的2019年工作计划。在地方监管层面，《北京市促进金融科技发展规划（2018年—2022年）》提出"加强监管科技在风险防范和处置方面的应用与落地，助力各级金融监管部门，有效防控金融风险"，这一规划制定了推进监管科技和合规科技的具体领域和方式。此外，许多地方金融局也多次提到监管科技和合规科技方面的应用计划。

事实上，2018年已经有多个监管科技项目在建设当中。2017年12月，北京市金融局宣布将和腾讯联合开发金融安全大数据监管平台。当月深圳市金融局也宣布和腾讯联合开发基于深圳地区的金融安全大数据监管平台。2018年4月，上海市金融服务办公室、中国人民银行上海分行、上海银监局联合发布《关于提升金融信贷服务水平优化营商环境的意见》，指出将建设本市新兴金融业态监测分析平台，推动各类信用信息平台和信用主体加强信息互动共享。2018年5月，贵阳市金融办和蚂蚁金服联合成立"贵阳市金融科技实验室"，以防范金融风险。

（二）监管科技的应用场景

监管科技的应用场景主要包括身份识别、市场交易行为监测、合规数据报送、法律法规跟踪、风险数据融合分析、金融机构压力测试六大方向。

一是身份识别。首先，应用大数据技术收集信息建立档案，了解客户基础信息。其次，利用生物特征信息的稳定性、不易复制性的特点，在建立账户和进行账务交易时加入生物识别技术，提升金融机构用户身份识别能力。最后，通过大数据比对，识别异常操作，对账户异常违规操作进行拦截。

二是市场交易行为监测。利用大数据、知识图谱等技术，对关联交易数据进行分析，进而识别诈骗、集资、多账户操纵、票据虚开等违规违法行为。

三是合规数据报送。目前，许多国家在研究机器可读的数据报送技术。金融机构通过整合内部数据，提高数据质量，增加统计维度，实现合规数据报告快速生成。机器可读的数据报送和监管报告可以提高信息生产者和消费者及监管机构的信息处理的可用性、质量和及时性。

四是法律法规跟踪。通过自然语言处理等人工智能技术，可以自动识别、采集、归档新发布的金融监管法律法规，对比新旧文件的异同，生成跟踪报告。法务人员可以利用工具快速从海量法律文档中找到需要的条文字段。

五是风险数据融合分析。通过监管平台的建设运营，实现多家金融机构互认，在平台内分享、整合和分析数据。平台可以为金融机构提供风险信息，也为监管部门提供支撑。

六是金融机构压力测试。构建"监管沙箱"和"金融风洞"等环境，金融机构在虚拟环境中模拟真实交易场景验证金融创新成果并通过数据技术持续记录金融机构运行数据，以评估系统风险。

四、金融科技监管前景

（一）构建监管规则和体系

1. 加快监管理念转变，提高监管的协调性

随着金融科技的发展，我国金融监管模式需要逐渐从机构监管向功能监管和行为监管转变。金融跨业经营会导致监管真空和监管重叠。机构监管可能变得不合时宜，按照金融业务的实质，对相同或类似金融功能的业务进行统一分类监管的功能监管模式更加适宜。功能监管增强了监管体系的适用性和弹性，易于保持监管的持续性和一致性。

2. 弥补中国金融科技监管体系短板

一是完善金融科技标准体系。加强与国际标准化组织和国际监管机构在信息交换、政策融合、业务监测和危机防范等方面开展合作，为制定国内监管政策奠定基础。二是针对金融科技呈现的业态，加强顶层设计，明确业务边界、监管分工与监管职责，在国家层面统筹建立包括"一行两会"、工信、工商、公安、检察院、法院等部门以及地方政府在内的监管协调机制；还要建立一致、有效的金融科技监管原则、指标体系和监管工具。三是大力发展监管科技。充分利用"技术管理技术"的监管手段，进行跨行业、跨市场交叉性金融风险的甄别和防范。四是逐步增强跨境监管能力。互联网渠道天然拥有全球经营的特性。以数字代币为例，国内正式禁止数字代币后，许多数字代币企业转移到国外继续面向中国消费者提供服务。同样，其他国家企业也可以通过金融科技在中国监管框架外面向中国消费者提供服务。面对这种挑战，主管部门需要用开放的心态积极与国际监管机构合作，加强跨境业务监管。

（二）深化金融科技监管研究

监管机构在加强金融科技监管研究和实践的同时，要积极推动各类市场主体加强对金融科技活动相关风险的研究和交流，增强风险识别能力，防范金融科技创新风险，维护消费者合法权益，助力金融科技健康发展。

一是依托自律组织和行业协会，推动金融科技企业联合行动，严格执行法律法规，净

化金融科技竞争生态。尤其是在数据保护领域，可以组织金融行业各方主体，协同制定统一的金融行业数据保护规范，制定明确的数据安全使用标准，对金融数据的使用权限、使用范围、使用方式和安全机制等，进行严格的规范化、标准化管理。建立有效的投诉机制和惩罚机制，实施全程全网的数据安全使用管控与源头追诉。

二是积极发挥行业组织的平台作用，打造具有品牌影响力的金融科技监管交流分享平台，建立金融科技监管长效沟通和协调机制，促进监管科技成果分享和互动交流。同时，还需通过专题活动宣传和推广，展示监管科技成果，增加社会关注度。

（三）持续强化合规科技和监管科技协同应用

主管部门应通过监管科技提升风险态势感知和防控能力，增强金融监管的专业性、统一性和穿透性，坚决守住不发生系统性金融风险的底线。

第一，探索提高监管及时性的监管基础设施。充分应用科技手段，更有效解决金融机构监管合规需求，防范和化解经营风险。通过收集和梳理金融机构交易数据等手段可以清晰地甄别每一笔交易触发者和交易对手的信息，并持续跟踪、监测，实现对该笔交易资金来源和最终去向的全链条监控。如此，金融机构可以掌握更加全面的交易信息，提高合规风险管理水平。

第二，监管科技与合规科技基本采用类似的工具和技术手段，在满足监管合规要求、降低监管合规成本、提高监管合规效率等方面，具有一致的目标。因此，监管机构和金融机构可以联合起来构建通用监管合规基础设施，全面协同推动监管科技和合规科技在金融风险防范和金融机构合规中的应用，督促银行业、保险业、证券业等金融机构及高新技术企业健全风险预警指标体系。监控重点区域、特定客户群等风险变化趋势，及时发出预警信号。关注社区、论坛和社交媒体上的相关信息，充分利用大数据等技术进行正、负面判断，及时发现并处理问题。支持各类机构充分利用金融科技构建合规系统，优化合规管理机制，降低合规成本。

知识总结

1. 金融科技的操作风险主要来自以下两方面：一是人员、系统、程序及突发事件。存在缺陷的风险管理系统将使金融科技机构无法规避的网络风险，存有缺陷的系统流程设计也将会影响金融科技机构网络业务的日常进行，给金融科技机构带来潜在的系统风险。二是由于金融科技职员的操作错误、客户的疏忽或者同客户信息沟通出现的问题，可能导致网络金融账户出现错误或使其混乱。

2. 监管科技的应用场景主要包括身份识别、市场交易行为监测、合规数据报送、法律法规跟踪、风险数据融合分析、金融机构压力测试六大方向。

自测练习

1. 大数据金融在推动金融科技发展的同时，还存在哪些安全风险？
2. 请分析国际监管机构的金融科技风险的关注视角。

第三篇　金融服务科创篇

第八章 科技金融概述

见微知著，以学立人

以科技金融的知识点和思想为基础，探究其蕴含的优秀传统文化，现归纳如下。

1. 先天下之忧而忧，后天下之乐而乐

现代政府应是服务型的政府，政府应为科技金融的发展提供服务。政府对科技金融的服务主要体现在优化科技金融法律政策环境方面，如建立政策性担保公司、完善担保体系，加强信用体系建设、减少科技金融市场上的信息不对称，加强契约意识的宣传和培养、降低科技金融风险，完善科技金融发展的法律法规体系、推进科技金融的发展等。

作为金融专业学生和未来的从业者，应始终保持"支农为国、立行为民"的服务理念，将客户满意度作为工作的出发点和落脚点，强化服务意识，增强服务理念。

2. 树立重义轻利的正确价值观

公共科技金融以服务科创型强位弱势群体为使命，不仅体现了不以营利为目的的公共金融宗旨，也体现了中国传统文化的思想精髓。我们无论做人、做事都要养成以义为重、以国家利益为重的正确价值观，弘扬社会正能量。

知识要点

了解科技金融供求体系和科技金融的评价体系；熟悉科技金融的市场机制和政府机制；掌握市场科技金融和公共科技金融的模式。

核心概念

公共科技金融（Public Sci-Tech Finance）
政策性科技金融（Policy Sci-Tech Finance）
开发性科技金融（Development Sci-Tech Finance）
政府性科技金融（Government Sci-Tech Finance）

> **典型案例**
>
> 2023年年初，西安正式获批建设综合性科学中心和科技创新中心，标志着西安科技创新迈向高质量发展新阶段，位于西安高新区的丝路科学城也由此成为全国唯一的"双中心"核心承载区。
>
> 2023年5月，西安高新区获得国家开发银行陕西省分行50亿元的政策性融资贷款。该笔贷款是国内科学城建设中单笔周期最长的政策性融资贷款，将充分发挥中长期投融资及综合金融服务优势，通过贷款、债券、投资等融资方式的优化组合，助力"双中心"核心区高能级创新平台系列项目建设，为科技基础设施和园区配套建设提供综合金融服务，为作为"双中心"核心区"主引擎"的西安科学园建设提供持续的资金支持。

第一节　科技金融体系

一、科技金融供求体系

科技金融体系是在科技金融环境下，由科技金融需求方、科技金融供给方、科技金融中介机构、政府和科技金融生态环境等科技金融要素构成的综合体，如图8-1所示。

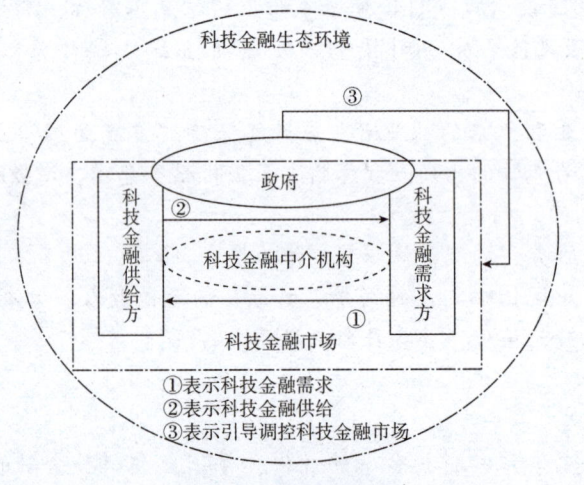

图8-1　科技金融体系

（一）科技金融需求主体

1. 科技金融需求

根据科技金融的定义和科技金融的基本特点，科技金融需求应包括以下四个部分：融资需求、风险管理需求、激励需求和其他科技金融服务需求。

（1）融资需求是科技金融需求中最主要的部分。融资功能是科技金融市场最重要、最基础的功能。融资需求可以根据融资目的的不同分为科技活动的融资需求和非科技活动的融资需求。其中，科技活动融资需求按科技活动的不同阶段，分为研究与发展融资需求、成果转化与产业化融资需求。

（2）风险管理需求也是科技金融的重要需求。风险管理需求主要通过科技保险市场来满足。除此之外，科技资本市场也具备风险管理功能。

（3）激励需求是激励企业家、管理人员努力奋斗和风险投资家投资高新技术企业的需求，这主要通过科技资本市场来满足。

（4）其他科技金融服务需求是指科技金融需求方所需要的其他金融服务，如对支付结算服务、投资分析、兼并收购、财务咨询、政策法律解读等服务的需求。

2. 科技金融需求方

科技金融的需求方包括高新技术企业、科研机构等事业性单位、个人和政府。

（1）高新技术企业是科技金融的主要需求方。高新技术企业从事科技开发业务时需要一定的财政性科技投入的支持，种子期、初创期和扩张期的高新技术企业需要创业风险投资的支持，扩张期和成熟期的高新技术企业需要科技资本市场的支持，高新技术企业需要科技贷款的支持，从事较高风险活动时也需要科技保险的支持。几乎所有的科技金融市场和科技金融工具都是为满足高新技术企业的科技金融需求而服务的。

（2）科研机构（包括大学）主要是财政性科技投入的需求方，也是科技贷款和科技保险的需求方。

（3）从一定意义上讲，个人也是科技金融的需求方。如初创期科技企业的创业者对创业风险投资及科技贷款的需求、高新技术企业及科研机构人员对科技保险的需求。

（4）某些时候，政府也会成为科技金融的需求方，如政府为筹集科技计划经费，可以通过科技市场和科技资本市场来解决。

（二）科技金融供给主体

1. 科技金融供给

与科技金融的需求相对，科技金融的供给包括对资金供给、风险管理功能供给、激励功能供给和其他科技金融服务的供给。不同的科技金融供给方提供的供给有较大差异，如同样是对资金的供给，财政性科技投入提供的主要是财政资金的无偿供给，创业风险投资提供的是权益性资本，科技贷款机构提供的是债务性的资金。

2. 科技金融供给方

科技金融的供给方为科技金融机构、政府和个人。

（1）科技金融机构是科技金融的主要供给方。

科技金融机构包括银行等金融机构、创业风险投资机构、科技保险机构和科技资本市场。科技资本市场主要指资本市场上的投资机构，不同的科技金融机构提供不同的科技金融供给。创业风险投资机构和科技资本市场提供直接融资，主要为权益融资。科技贷款机构主要提供间接融资和债务融资，科技保险机构则主要提供风险管理供给。同一科技金融机构可以提供不同的科技金融供给。科技贷款机构既提供融资供给也提供其他科技金融服务供给，科技保险机构既提供保险供给也提供融资供给，创业风险投资既可以提供资本，也可以提供知识和社会资源供给。

（2）政府是科技金融特殊的供给方。

一方面，政府弥补科技金融市场失灵的问题和市场残缺，引导科技金融市场发展，为科技金融市场直接注入资金，提供资金方面的供给。当然，从根本上讲，政府的资金主要是发挥"杠杆作用"和"倍数效应"，放大社会资本。另一方面，政府发挥服务作用及引导作用，制定科技金融政策，提供科技金融政策方面的供给。

（3）个人也是科技金融的重要供给方。

民间金融中亲友给予高新技术企业股东的借贷，天使投资对于种子期高新技术企业的投资，科技资本市场上个人投资者对上市高新技术企业的投资。个人提供的科技金融供给既有基于社交网络和信任的，也有基于正式的合同契约关系的。

（三）科技金融中介机构

科技金融中介机构是连接科技金融需求方和科技金融供给方的机构，主要分营利性科技金融中介机构和非营利性科技金融中介机构，其中的非营利性中介机构包括政府下属的事业单位、国有独资公司和科技金融行业协会。

（1）营利性科技金融中介机构包括担保机构、信用评级机构、律师事务所、会计师事务所、资产评估机构等，在减少科技金融市场信息不对称、提高科技金融市场运行效率方面起着重要作用。

（2）政府下属的事业单位、国有独资公司是特殊的科技金融中介组织，它可以利用自身的资源优势和组织优势，成立政策性担保机构为科技中小企业提供担保，开展高新技术企业项目推介、企业与创业风险资本对接等活动。

（3）科技金融行业协会是为促进科技金融行业自律，推动科技金融发展的非营利性团体，包括创业风险投资行业公会、科技金融促进会等。

科技金融需求方、科技金融供给方和科技金融中介机构及其活动构成了科技金融市场。

（四）政府：特殊的参与主体

政府是科技金融体系中特殊的参与主体，这主要体现在以下两个方面：第一，政府是集科技金融供给方、科技金融需求方和科技金融中介机构于一体的科技金融参与主体，广泛参与了科技金融市场的各方面；第二，政府除了是科技金融市场的参与方外，还是科技金融市场的引导者和调控者。

由科技金融需求方、科技金融供给方、科技金融中介机构构成，有政府参与的科技金融体系，其财政性科技投入、创业风险投资、科技贷款、科技资本市场、科技保险和科技金融环境等部分的运行状况和运行效率等，需要通过一整套评价系统和评价方法进行评估。关于科技金融体系评价系统的论述，详见科技金融的绩效评价指标体系。

二、科技金融服务产品

根据科技金融的基本定义和主要特征，从产品服务的角度，科技金融体系至少应该包括如图8-2所示的六个重要组成部分，即科技财力资源、创业风险投资、科技资本市场、科技贷款、科技保险、科技金融环境。

第八章 科技金融概述

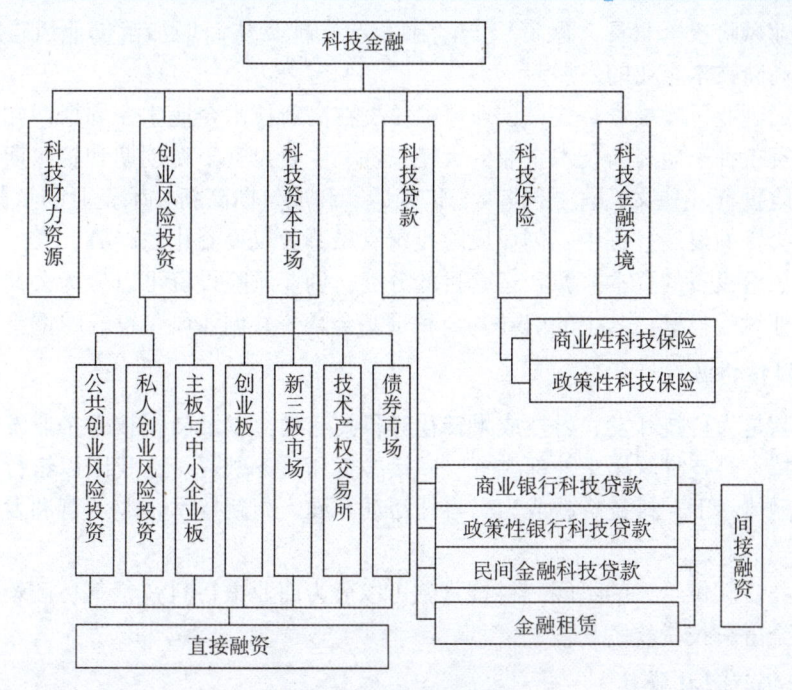

图 8-2 科技金融体系

（一）科技财力资源

科技财力资源是指国家通过财政预算和相关科技税收政策等方式直接和间接用于科学技术活动的资源。科技财力资源为科学技术活动（主要为研究与发展）的开展提供重要的金融支持，是科技金融的重要组成部分，属于前文论述的科学金融范畴。政府科技财力资源以市场失灵和市场残缺为前提，主要从政府作用机制、研究与发展两个维度来研究。

1. 政府作用机制方面

在政府作用机制方面，科技财力资源主要研究政府是否应直接介入，直接介入研究与发展的哪个阶段、哪个领域，以及达到何种程度的介入；政府应怎样制定法规、政策，改革体制或制度促进市场研究与发展的持续性；政府应制定何种重大科技计划，选择哪种国家的技术发展路径等。

2. 研究与发展方面

在研究与发展方面，科技财力资源主要研究研究与发展重大科技计划；研究与发展经费的来源、内部结构、投入领域；研究与发展总量、强度以及研究与发展产出分析等。

（二）创业风险投资

创业风险资本是专业投资机构在承担高风险并积极控制风险的前提下，投入高成长性创业企业，特别是高新技术企业并积极追求高额收益的权益性金融资本。创业风险投资属于权益融资、直接融资和外部融资。

对于高新技术企业来讲，创业风险资本在各种融资来源中占据显著的地位。从企业生命周期角度看，创业风险投资是高新技术企业成长初期（种子期、初创期）和中期（扩张期）阶段最重要的外部融资途径。创业风险投资是科技金融人才和科技金融资本的融

147

合，这使创业风险投资兼具"融资"与"融智"功能，从而增加了创业风险投资的附加值，促进了高新技术企业的发展。

广义上的创业风险投资是狭义创业风险投资在高新技术企业生命周期两端的延伸，应包括主要投资于种子期高新技术企业的天使投资、主要投资于初创期和扩张期高新技术企业的创业风险投资（狭义）、主要投资于扩张后期和成熟期高新技术企业的私募股权投资。在创业风险投资的发展过程中，创业风险投资有私募股权投资化的趋势。

从创业风险投资的资本来源和运营目的分类，创业风险投资可以分为公共创业风险投资和私人创业风险投资，其中的引导基金和母基金是公共创业风险投资的重要形式。

（三）科技贷款

科技贷款是为科技开发、科技成果转化等科技活动，以及高新技术企业发展提供的债务性金融支持。科技贷款属于外部融资、间接融资和债务融资。在我国以银行等金融机构为主导的金融体系下，科技贷款成为高科技活动开展、高新技术企业运营和发展最重要的融资途径之一。

根据科技贷款供给方的不同，科技贷款可以分为商业银行科技贷款、政策性银行科技贷款和民间金融科技贷款。

1. 商业银行科技贷款

商业银行科技贷款是科技贷款最重要的组成部分，与一般工商企业贷款有显著的不同，商业银行科技贷款应针对高新技术企业，特别是科技中小企业不同的信用评价系统，采取不同的定价思路；根据科技贷款的高风险特点，推进科技贷款证券化以分散和化解风险；针对高新技术企业的特点，推广知识产权质押贷款和其他形式的创新型贷款。

2. 政策性银行科技贷款

从理论上讲，政策性银行科技贷款是科技贷款市场政府作用的体现，用于弥补科技贷款市场失灵和市场残缺的问题，并引导科技贷款市场的正常发展。政策性银行科技贷款主要投向特定行业（如农业科技行业）、特定类型企业（如出口型高新技术企业）、特定区域（如高新区"统借统还"）的企业和企业的科技开发活动（开发性金融）。

3. 民间金融科技贷款

商业银行科技贷款和政策性银行科技贷款是市场和政府配置科技贷款资源的两种方式，其中，政策性银行科技贷款是商业银行科技贷款的引导。但由于政府资源的有限性，政府并不能完全弥补市场残缺，治理市场失灵，因此，民间金融科技贷款就成为商业银行科技贷款的重要补充。民间金融科技贷款是通过一定的社会关系从非正规金融部门获得的科技贷款，是社会网络、文化背景等因素参与科技贷款资源配置的一种体现。民间金融科技贷款主要针对较难获得商业银行科技贷款和政策性银行科技贷款的科技中小企业。由于民间金融属于非正规金融，民间金融科技贷款市场的运行存在不规范性，受法律法规、政策的限制。

金融租赁是一种特殊而有效的融资方式，实际上是中长期科技贷款的短期化，金融租赁合同可以看作是一个连续的短期科技贷款合同的集合。因此，金融租赁也可划为科技贷款一类，也属于外部融资、间接融资和债务融资。金融租赁具有传统科技贷款不具备的优点，如门槛低、效率高等，在西方发达国家，特别是美国，高新技术企业的融资中占有重要地位。

（四）科技资本市场

科技资本市场是为高新技术企业提供直接融资（除创业风险投资外）的资本市场。根据风险性、流动性不同，科技资本市场可以分为不同层次和类别的市场，如主板市场、中小企业板市场、创业板市场和包括技术产权交易所在内的 OTC 市场。它们共同构成为高新技术企业提供融资的多层次科技资本市场。拥有不同规模、处于不同生命周期的高新技术企业适合不同层次的科技资本市场。

1. 主板市场

主板市场主要为已经取得较大成功的大型高新技术企业提供融资，许多高新技术通过在资本市场融资不断做大做强。在中国，为了解决高新技术企业特别是科技中小企业上市融资，在创业板未推出之前，在主板市场框架下创立了一个过渡性的"中小企业板"，中小企业板上市的门槛比创业板高但比主板上市标准低。

2. 创业板市场

创业板市场又称二板市场，是第二层次的科技资本市场，是主要为具有高成长性的创新型、中小高新技术企业提供融资服务的证券市场。2009 年，中国创业板市场"千呼万唤始出来"，但门槛依然较高。

3. 三板市场

三板市场是为具有一定发展潜力、处于初创和扩张期的创新企业提供融资和股权转让的区域性科技资本市场。在中国，三板市场就是"代办股份转让系统"的俗称。

4. 技术产权交易所

技术产权交易所是产权交易所与高新技术企业结合的、富有中国特色的区域性科技资本市场，具有一定的融资功能。

5. 债券市场

主板市场、创业板市场、新三板市场和技术产权交易所都属于权益性融资资本市场，而债券市场则是债务性融资资本市场。目前，我国科技中小企业发放的企业债券主要为中小企业集合债。

科技资本市场除了融资功能外，还具有风险定价、风险转移、风险分配及激励功能。此外，科技资本市场与科技金融的其他组成部分联系很紧密，如科技资本市场为创业风险投资提供退出渠道，有利于激励和促进创业风险投资的发展；科技贷款及科技保险也依赖科技资本市场的发展。

（五）科技保险

科技保险是针对科技活动风险、高新技术企业运营风险和科技金融工具的风险进行保险，旨在降低科技开发风险、高新技术企业风险和科技金融系统风险的金融工具。与财政性科技投入、创业风险投资、科技贷款和科技资本市场等不同，科技保险的主要功能是风险转移、分散功能。当然，除了风险管理功能外，科技保险也具有一定的融资功能。

针对科技保险，我们主要从科技保险供给者性质和运营机制、科技保险可保风险两个角度进行研究。

根据科技保险供给者性质和运营机制的不同，科技保险可以分为政策性科技保险和商业性科技保险。科技保险具有准公共品的性质，加之仍处于起步阶段，需要政府发挥引导市场和补充市场的作用，政策性科技保险在目前中国科技保险的实践中占有极其重要的地位。而商业性科技保险是科技保险发展的主要方向。

根据科技保险可保风险的不同，科技保险可以分为针对科技活动的保险、针对高新技术企业的保险和针对科技金融工具的保险。针对科技活动的保险主要是指为研究开发、科技成果转化、科技产品推广等过程提供保障，分担由于内部条件的局限和诸多不确定外部因素而导致科技活动失败、中止、达不到预期目标的风险。针对高新技术企业的保险主要是指针对企业技术人员、管理人员和企业出口等运营活动的保险。针对科技金融工具的保险则是对科技贷款、金融租赁、科技企业债券等的保险，它是随着科技保险发展的不断深化必然会出现的科技保险新领域。

（六）科技金融环境

科技金融环境是支持科技金融中的不同工具（财政性科技投入、创业风险投资、科技贷款、科技资本市场和科技保险）运行的经济、社会、法律、文化等体制、制度和传统。科技金融环境影响科技金融的发展水平和运行效率，是科技金融体系的重要组成部分。科技金融环境主要包括以下几方面。

1. 信用体系

科技金融市场存在信息不完全，信息不对称的现象，这在一定程度上导致了市场失灵和市场残缺，使科技中小企业融资困难成为一种普遍现象。中国科技金融市场上的信息不完全和信息不对称现象严重，这主要是由中国信用体系建设落后、科技中小企业信用体系不完备造成的。因此，信用体系是影响科技金融发展的重要外部环境因素。

2. 担保体系

担保是针对科技贷款市场信息不完全和信息不对称的外部治理措施。担保体系的完备程度主要影响科技贷款市场的运行和科技中小企业的科技贷款融资。

3. 契约意识与企业家精神

契约意识与企业家精神也是科技金融环境的重要组成部分。契约意识与企业家精神是特定经济社会文化制度下的产物，对存在委托代理问题的科技金融市场，如科技贷款市场和创业风险投资市场的运行有重要影响。契约意识可降低高新技术企业违约的风险，企业家精神有助于提高企业盈利的概率。

4. 法律体系及政府政策环境

法律体系和政府政策环境是政府作用于科技金融的重要体现，是科技金融环境的重要组成部分，且对科技金融环境的其他部分有较大的影响，如信用体系、担保体系建设，契约意识和企业家精神的培育等。

随着科技金融实践的不断深入，科技金融工具将不断创新，科技金融市场将不断完善，科技金融体系将不断丰富。

第二节 科技金融机制

　　科技金融机制也称科技金融运行机制，是配置科技金融资源，决定科技金融体系各部分构成和比例情况、行为方式、运行效率的内在运行机制。科技金融机制主要有三类：科技金融市场机制、科技金融政府机制和科技金融社会机制。其中，科技金融市场机制是配置科技金融资源、决定科技金融体系构成及运行效率的主导机制；科技金融政府机制对科技金融体系起着引导和调控作用；科技金融社会机制是对科技金融市场机制的补充，具有不可替代的特殊作用，如图 8-3 所示。本书将只讨论科技金融的市场机制和政府机制。

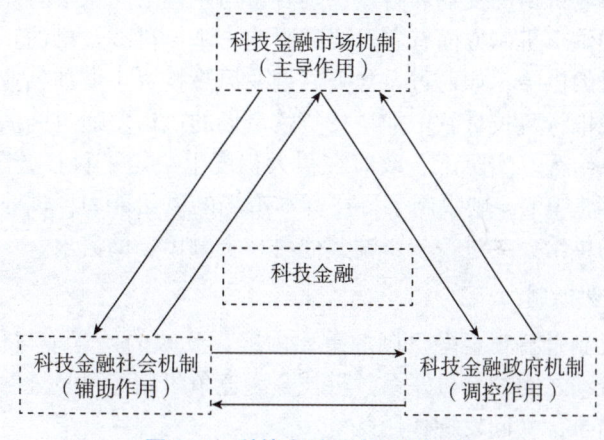

图 8-3　科技金融三大机制示意

一、科技金融市场机制

（一）科技金融市场机制的内容

　　科技金融市场机制在科技金融资源配置上起基础性的作用，是科技金融体系形成和运行的主导机制。科技金融市场机制主要包括科技金融价格机制、科技金融供求机制和科技金融竞争机制。

　　1. 科技金融价格机制

　　科技金融价格机制，是指在竞争过程中，与供求相互联系、相互制约的科技金融市场价格的形成和运行机制。科技金融市场价格在不同类别的科技金融市场上有不同的体现。在创业风险投资市场，价格表现为项目的预期收益，体现在对高新技术企业一定比例的股权及享有一定的控制权或决策权上。在科技贷款市场，价格表现为科技贷款需求方的成本，主要包括科技贷款利率和科技贷款的担保费率。在科技资本市场，价格表现为高新技术企业上市融资的成本或其股权进入权益市场交易的成本。在科技保险市场，价格主要体现为科技保险的保险费率。

　　科技金融价格机制是科技金融市场机制中最敏感、最有效的调节机制。科技金融市场各金融工具价格的变动对高新技术企业的发展有重要影响。科技金融市场价格的变动，会引起科技金融供求关系的变化；而科技金融供求关系的变化，又反过来引起科技金融价格的变动。科技金融价格机制包括科技金融市场价格形成机制和调节机制。

根据政府和市场在价格机制的形成和调节方面起的不同作用,价格机制可以分为自由价格机制、计划价格机制和混合型价格机制。在中国,科技金融价格机制属于混合型价格机制,体现出自由价格机制和计划价格机制相结合的特点,政府对科技金融市场上的某些价格,如科技贷款利率和科技保险费率进行调控,其他价格则主要是根据市场供需确定。

2. 科技金融供求机制

科技金融供求机制,是指科技金融的供求关系与科技金融市场价格、科技金融各参与主体之间竞争等因素之间相互制约和联系而发挥作用的机制。科技金融供求关系受科技金融市场价格、科技金融各参与主体之间的竞争等因素影响,而科技金融供求关系的变动,又能引起科技金融市场价格的变动和科技金融各参与主体之间竞争的开展。

政府在科技金融供求机制方面有着重要的影响。基于科技金融的正外部性,政府一般倾向于增加科技金融的供给,如通过设立公共创业风险投资、增加创业风险投资市场的供给、通过开展政策性银行科技贷款增加科技贷款市场的供给、通过开展政策性科技保险增加科技保险市场的供给等。实际上,政府在很大程度上决定了科技金融市场的供给能力。如果科技资本市场停止 IPO,则限制了科技资本市场的供给能力,创业板的设立则极大增加了科技资本市场的供给,又进一步影响其他科技金融市场的需求。

3. 科技金融竞争机制

科技金融竞争机制是科技金融机制的重要内容,反映的是竞争与科技金融供求关系、科技金融市场价格变动之间的有机联系。科技金融竞争机制与科技金融价格机制和科技金融供求机制等紧密结合,共同发挥作用。

科技金融竞争主要是科技金融需求方之间和科技金融供给方之间的竞争。如在科技贷款市场,既有大型高新技术企业,也有科技中小企业,两者为获得科技贷款展开竞争。在创业风险投资市场,针对发展后期的高新技术企业,既有创业风险投资,又有私募股权投资,两者为向发展后期的高新技术企业提供投资展开竞争。

科技金融竞争机制有利于促进科技金融各组成部分之间的融合,如科技贷款与创业风险投资的融合、科技保险与创业风险投资的融合等。

(二) 科技金融市场

在科技金融市场机制的作用下,形成了不同类别的科技金融市场,包括创业风险投资市场、科技贷款市场、科技资本市场、科技保险市场。

1. 创业风险投资市场

创业风险投资市场是由创业风险投资机构、高新技术企业和其他中介机构构成的权益性融资市场。价格机制、供求机制和竞争机制推动创业风险投资市场的运行,但创业风险投资市场的运行会出现市场失灵或市场残缺现象,如中国的创业风险投资 PE(Private Equity,私募股权)化严重,科技中小企业很难获得创业风险投资。为此,政府通常通过设立公共创业风险资本来治理创业风险投资市场上的市场失灵或市场残缺现象,引导并调节创业风险投资市场的发展。

2. 科技贷款市场

科技贷款市场是由科技贷款机构、高新技术企业和担保机构等科技贷款中介机构构成的债务融资市场。价格机制、供求机制和竞争机制推动着科技贷款市场的运行,但科技贷款市场的运行也会出现市场失灵或市场残缺现象,如科技中小企业贷款难、科技开发贷款难等。为此,政府通常通过设立政策性银行以提供政策性银行科技贷款,通过加强信用担保体系建设减少科技贷款市场信息不对称等来弥补市场失灵或市场残缺现象。

3. 科技资本市场

科技资本市场是由证券投资者、高新技术企业和证券交易所、会计师事务所等中介机构构成的直接融资市场。价格机制、供求机制和竞争机制推动着科技资本市场的运行,但科技资本市场的运行同样会出现市场失灵或市场残缺现象,如证券市场的过度反应等。为此,政府需要加强对科技资本市场的监管,强制信息披露,减少科技资本市场失灵现象。

4. 科技保险市场

科技保险市场是由科技保险机构、高新技术企业和科技保险中介机构构成的债务融资市场。价格机制、供求机制和竞争机制推动着科技保险市场的运行,但与上述三类市场一样,科技保险市场的运行也经常出现市场失灵或市场残缺现象,如科技开发活动的保险推广困难。为此,政府通常通过补贴保费、开展政策性科技保险来弥补科技保险市场上的市场失灵或市场残缺现象。

(三) 科技金融市场机制的缺陷

如前所述,科技金融市场机制存在着缺陷,从而导致市场失灵或市场残缺,这主要体现在以下两方面内容。

1. 信息不对称导致科技金融市场失灵或市场残缺

在科技贷款市场上,科技中小企业与科技贷款机构之间信息不对称,在信用体系不完备的情况下,这种信息不对称程度更严重,如果担保体系不完备,市场缺乏治理信息不对称的及时有效手段,就会使科技中小企业的科技贷款市场上存在较普遍的市场失灵,科技中小企业科技贷款难。在科技保险市场和创业风险投资市场上,同样存在着因信息不对称而导致的市场失灵。

2. 基础研究的公共品属性导致科技金融市场失灵或市场残缺

基础研究具有公共品的属性,具有正外部性。基础研究具有促进科技进步、提高技术水平进而提高人民生活水平,并增强国家竞争力的重要作用。但是,基础研究不确定性大,且短期收益小,投入与产出不成比例。一方面,科技金融机构并不会为基础研究提供大量的融资;另一方面,高新技术企业也不会投入太多资金与精力用于基础研究。科技金融市场在为基础研究配置金融资源时失灵。

由此,科技金融市场机制需要政府机制的调控和社会机制的辅助。

二、科技金融政府机制

(一) 科技金融政府机制的内容

科技金融政府机制的内容主要包括政府对科技金融市场的引导作用、服务作用、补充作用和监管作用四方面。

1. 引导作用

政府对科技金融的引导作用体现在两个方面:一是政策引导。在科技金融发展初期和科技金融高风险领域，由于风险较高，科技金融机构提供金融服务的意愿不高。政府通过制定法律和出台优惠政策，保障和提高科技金融服务者的收益，使科技金融服务的风险与收益相匹配，从而引导科技金融资源的流向，实现科技金融资源有效配置，促进高新技术产业的发展。二是行为示范。政府直接介入科技金融风险较高的领域，如科技贷款和科技保险，在提供科技金融服务的过程中积累风险管理的经验，通过示范引导市场的健康发展。

2. 服务作用

现代政府应是服务型的政府，政府为科技金融的发展提供服务主要体现在优化科技金融法律政策环境方面，如建立政策性担保公司、完善担保体系、加强信用体系建设、减少科技金融市场上的信息不对称性，加强契约意识的宣传和培养、降低科技金融风险，完善科技金融发展的法律法规体系、推进科技金融的发展等。此外，政府还可以通过推介会等形式实现科技金融需求方和供给方（高新技术企业和科技金融机构）的直接对接。

3. 补充作用

科技金融具有正外部性和准公共物品的特点。在科技金融发展的早期阶段，科技金融环境较差，科技金融系统中存在高风险且风险与收益并不匹配的领域，此时市场失灵现象较为严重。这就需要政府作为科技金融主体直接介入科技金融，提供科技金融服务，弥补市场失灵造成的空缺，如政府研究与发展投入、政府为科技中小企业提供政策性科技贷款和科技保险等。

4. 监管作用

良好的监管是科技金融市场发展的重要保障，政府应加强对科技金融的监管，如加强对科技银行贷款流向的监管、对科技资本市场的监管等，保障各类主体的平等竞争和合法收益。

（二）国外科技金融政府机制作用模式

科技金融政府机制的作用可以分为三类：第一类是提供政策法律支持，优化科技金融生态环境；第二类是财政性科技投入，支持科研院所的基础研究；第三类是为高新技术企业特别是科技中小企业提供直接或间接的融资支持。一般来说，各国政府都非常重视为高新技术企业、高新技术产业提供政策法律支持，以营造良好的科技金融生态环境。各国政府在财政性科技投入、对基础研究等科技开发活动的经费支持方面的做法比较相似，在对高新技术企业的融资支持方面则有较大差异性。下面就以采用资本市场主导型金融模式的美国、英国和采用银行机构主导型金融模式的日本、德国为例来介绍世界主要国家科技金融的政府机制作用模式。

1. 美国科技金融政府机制作用模式

美国科技金融政府机制作用模式的核心在于设立专门为中小企业提供服务的美国联邦中小企业局（Small Business Administration，SBA），其主要从以下四个方面为科技中小企业提供融资支持。

（1）信用担保。

SBA 在全美有 96 个服务点，与全国范围内的 7 000 家商业银行合作，对 75 万美元以下的贷款提供总贷款额 75% 的担保；对 10 万美元的贷款提供 80% 的担保，还款期长达 25 年。SBA 提供的这些贷款担保还具有担保费用低、申请手续简单快捷的特点。

（2）直接贷款支持。

SBA 也直接向中小企业提供直接贷款支持，不仅努力增加小企业获得贷款的机会，还通过制定"小企业投资计划""担保开发公司计划""微型贷款计划"等各种资金援助计划，使按正常条件无法获得贷款的小企业也能获得贷款支持。

（3）创业风险投资支持。

SBA 还通过控制、资助、管理中小企业投资公司和民间风险投资公司，引导这些金融机构为科技中小企业提供创业风险投资，为科技中小企业提供间接金融支持。

（4）新市场风险投资计划。

SBA 通过联合民间资本成立新市场风险投资计划公司，由私人负责管理，对国内低收入地区和经济欠发达地区的中小企业提供风险资本支持，为经济欠发达地区的中小企业解决资本不足的问题。该类投资计划主要采取股权资本投资的形式，偏向高技术行业，从而在为中小企业发展缓解资本之困的同时平衡地区经济差异。

美国科技金融政府机制作用模式与创业风险投资联系得比较紧密，体现政府引导与市场主导型科技金融模式的结合，具有鲜明的资本市场主导模式色彩。

2. 英国科技金融政府机制作用模式

与美国科技金融政府机制作用模式相似，英国也设立了与 SBA 职能相似的小企业服务局（The Small Business Service，SBS），也体现出政府引导与市场主导相结合的科技金融模式的特点，具有资本市场主导模式色彩。英国科技金融政府机制作用模式主要体现在以下两个方面。

（1）通过小企业贷款担保方案提供信用担保。

对具有商业计划但未能从银行或其他金融机构获取贷款、年营业额不超过 300 万英镑的企业（制造商可放宽至不超过 0.5 万~10 万英镑）提供贷款担保。贷款期为 2~10 年，贷款金额为 0.5 万~10 万英镑（运营两年以上的企业放宽至 25 万英镑），政府为其提供 75% 比例的担保，借款企业须为此向政府（英国贸工部）支付担保使用费。该项计划自 1981 年实施至 2004 年，英国政府大约提供了 8 万多笔共计 30 多亿英镑的贷款担保。

（2）设立各种基金，提供权益融资支持。

英国政府设立了种类繁多的基金，为科技中小企业提供融资支持，现举例如下。

①地区风险资本基金（Regional Venture Capital Fund）：英国政府向具有高增长潜力但缺乏资金的中小企业提供不超过 50 万英镑的风险资本融资。政府在英格兰 9 个地区设立了基金。该基金由富有经验的风险资本专家以公私合伙方式运作。目前英国政府已向 9 个地区基金注资 2.5 亿英镑，投资 60 多个项目。

②英国高科技基金（UK High Technology Fund）：政府进行部分投资，主要通过募集私人资本，用基金运作的方式向处于发展初期的高技术企业进行投资。该基金目前由一家私营证券公司管理，已通过向 9 个专业风险资本基金注资，帮助一批科技型企业进行风险融资，被称为"基金的基金"。2001 年，英国政府又设立了一个总额为 1.6 亿英镑的创业基金，向新建的高科技产业公司提供企业启动资助。

③SBS 商业孵化基金（SBS Business Incubation Fund）：为帮助中小企业在初创期及早期成长阶段克服资金不足障碍并顺利发展，而设立的一个由公共和私人企业筹集的总金额为 5 亿英镑的企业基金。

④早期成长基金（Early Growth Funding）：为鼓励处于初创期及成长阶段的企业进行小额风险投资（平均为 5 万英镑），英国政府在 2002 年设立该基金。基金主要面向创新型、知识密集型以及早期成长阶段的企业，规定可向此类企业进行不超过 10 万英镑的初

始投资，但企业必须同时配套不少于基金投资数额的私人资本。

3. 日本科技金融政府机制作用模式

日本科技金融政府机制作用模式主要体现在两个方面：一是建立政策性金融机构，为科技中小企业提供债务融资；二是建立政策性担保机构，为科技中小企业提供信用担保支持。

（1）政策性金融机构。

日本政府主要以财政资金为资本来源，设立了国民生活金融公库、中小企业金融公库、商工组合中央金库三家政策性金融机构，负责向中小企业提供优惠利率的商业贷款，以满足中小企业的资本需求。

（2）政策性担保机构。

日本政府出资设立了信用担保协会和中小企业综合事业团两个担保机构，同样以公用资金为主要资本。中小企业在向商业银行申请贷款时可以向信用担保协会申请担保，也可以通过贷款发放机构申请，向中小企业发放贷款的信用担保协会可以向中小企业综合事业团申请债务保险，将风险部分分散给后者。通过融资担保与保险制度，中小企业可以以优惠的市场利率获取政策性贷款之外的商业贷款，有效解决了融资不足的风险。

日本科技金融政府机制作用模式有较明显的政府型与银行主导型金融模式相结合的特点，具有鲜明的银行主导模式色彩。

4. 德国科技金融政府机制作用模式

德国与日本相似，也具有明显的政府型与银行主导型相结合的特点，具有鲜明的银行主导模式特色。德国科技金融政府机制作用模式主要体现在以下两个方面。

（1）提供政策性优惠贷款。

德国政府对储蓄银行、合作银行、大众银行、复兴贷款银行等提供金融支持，以使得这些银行贷款机构为科技中小企业提供低息和长期贷款。

（2）设立信贷担保机构。

德国政府出资设立政策性担保机构，这些担保机构通常为中小企业提供贷款总额的60%的担保，最高可以达到80%。

第三节 科技金融模式

一、市场科技金融模式

市场科技金融模式是市场配置科技金融资源的模式，金融市场（包括银行等金融中介）在科技型企业和高新技术产业的融资中占据主导地位。市场科技金融模式是科技金融的主流模式，又可以细分为以美国和英国为代表的资本市场主导型科技金融模式与以德国和日本为代表的银行主导型科技金融模式。

（一）资本市场主导型科技金融模式（英美模式）

1. 资本市场主导型科技金融模式的含义

资本市场主导型科技金融模式认为，相对于银行中介提供的间接融资，金融市场特别是证券市场对于高新技术企业是至关重要的。这里的资本市场不仅包括证券市场（债券市场和股票市场），还包括创业风险投资市场。采取资本市场主导型科技金融模式的国家，如美国和英国，一般都具有如下四个特点。

（1）股票或债券市场特别发达，具有较高的流动性，证券化率很高。

（2）都有专门针对高新技术企业或科技中小企业的创业板市场。

（3）创业风险投资都异常活跃。

（4）经济体内部的大量企业以股份公司形式存在，股权分散且较易流通。

2. 资本市场主导型科技金融模式的形成原因

资本市场主导型科技金融模式的形成是各种因素的结果，究其原因在于其文化传统和经济社会制度的共同作用。以美国为例，其资本市场主导型金融模式的形成原因如下。

1929年10月，美国纽约证券交易所的股价暴跌引发了长达4年的全球性经济危机，当时认为银行的混业经营等行为是引发危机的最重要原因之一。鉴于此，1933年，美国政府先后出台了《格拉斯–斯蒂格尔法》（1933年）和《证券交易法》（1934年）等，这些法律对银行进行了诸多限制，如对银行业与证券业实行分业管理、存款保险制度等。这些制度约束使商业银行在融资体系中的地位被证券市场取代，因为商业银行主要为企业提供流动资金贷款和少量的中长期贷款，且要承受由管制所强加的运营附加成本。加之政府又颁布了一系列促进创业风险资本、为长期资金流转提供便利的资本市场发展的规章制度和税收政策，尤其是提供特别税收优惠，鼓励储户将存款直接以风险资本和长期资本的形式融通给各类企业，有资本市场由于较少管制而具有相对成本优势，有资本需求的厂商以发行商业本票、债券、股票或其他证券从资本市场筹集运营资本，从而极大限度地促进了资本市场尤其是风险资本市场的发展。

3. 资本市场主导型科技金融模式评述

资本市场主导型科技金融模式具有以下优点。

（1）资本市场融资（除债券市场融资外）属于权益融资，成本较高，但风险较小，适合快速发展、需要大量资金支持的高新技术企业。资本市场提供权益融资会降低高新技术企业的财务风险。

（2）相对于银行债权融资，资本市场股权投资收益模式具有优越性。银行对高新技术企业收取预先约定的利息，而高新技术企业的高风险和高成长性特点，使得银行在承担企业成长高风险的同时，不能相应地享受企业的高成长收益。因此，针对高新技术企业，银行的收益模式具有天生的风险与收益不匹配的特点。而资本市场的投资则是股权投资，在承担企业经营风险的同时，也拥有享受企业高成长收益的权利，体现了收益与风险的一致性特点。

（3）资本市场拥有风险识别、风险分散的功能。证券市场要求较严格的信息披露，有利于甄别高新技术企业的风险。流动性较强的证券市场，在股票买者与卖者之间的信息沟通和交易过程中，有风险识别和定价的功能。此外，证券市场投资者由具有不同风险承受能力和风险偏好的投资者组成，有利于风险在不同类别投资者之间的分配。这是银行等金融中介所不具备的。

但是，资本市场主导型科技金融模式也具有不少缺陷，具体体现在以下三方面。

（1）资本市场主导型科技金融模式需要流动性较强的证券市场，要求较高的证券化率。这使此种模式的运用受到了不少限制。

（2）资本市场具有较大的波动性，其筹资的连续性不如银行贷款。同时，上市高新技术企业会花费较多的精力用于信息披露和公司形象维护，这对处于急速扩张期，以技术作为核心竞争力的高新技术企业来讲，是巨大的资源浪费，不利于企业竞争优势的获取和保持。

（3）高新技术企业股票在资本市场上的流动，股权在资本市场上的转让，有时会影响到企业的正常运营，如遭遇恶意收购等。

（二）银行主导型科技金融模式（德日模式）

1. 银行主导型科技金融模式的含义

银行主导型科技金融模式认为，主要的科技型企业和高新技术产业的融资机制并不是金融市场，而是银行机构。采取银行主导型科技金融模式的国家，如日本和德国，一般具有以下两个特点：一是银行是企业融资的主要来源，间接融资占据企业融资主体地位；二是银行可以持有企业一定比例的股份，银行处于公司治理的核心地位，银企关系紧密。

2. 银行主导型科技金融模式的缺陷

与资本市场主导型模式相比，银行主导型科技金融模式也有不少缺陷，具体体现在以下两方面。

（1）银行主导型科技金融模式最大的缺陷在于银行债权融资收益模式与高新技术企业的不相宜性。高新技术企业的风险具有不对称性的特点，即风险主要集中在企业生命周期的早期（种子期、初创期和扩张期），从而造成科技中小企业贷款市场存在较普遍的市场失灵现象。若银行向科技中小企业提供贷款，则使得银行在承担风险的同时不能享受到企业成长的收益，风险和收益分布不一致。对于这种困境，一般的解决方式是政府提供政策性银行科技贷款，从而导致银行主导型科技金融模式具有较强的政府干预色彩。

（2）银行主导型科技金融模式有积聚银行风险，不利于金融稳定的风险。对于银行在科技贷款上的风险与收益不匹配的问题，一种解决方式是允许银行持有高新技术企业一定比例的股份，以使其分享企业高成长收益，但这会加大银行的运营风险。此外，稳健经营是银行经营的主要原则，因为其并不是具有风险偏好的投资者。在风险控制能力没有得到有效提升的情况下，银行增加科技贷款的比例将会加大银行的运营风险，进而会影响银行自身乃至金融体系的稳定。

二、公共科技金融模式

（一）模式内涵和外延

公共科技金融是在一国政府的支持与鼓励下，以服务国家科技发展战略为使命，以国家信用为支撑，以专门立法为保障，以金融科技为驱动，由政策性开发性金融机构及其他不同融资载体，直接或间接地为高新技术企业，尤其是科技中小企业等科创型强位弱势群体提供贷款、保险和担保等多种公共性融资服务的科技金融制度。其中的科创型强位弱势群体，是相对于市场科技金融服务的强势群体（即所谓的优质客户）并基于基本融资对象的识别或区别而言的，主要是指在科技、经济和社会发展中具有战略性重要地位（强位），但由于自身、自然和经济社会环境因素而处于一种融资相对困难或劣势（弱势）的科创型特殊群体。中国特色公共科技金融模式，也是政府主导型科技金融模式，从内涵而言，是以改革开放以来我国的公共科技金融为客观研究对象，是对当代具有中国特色的公共科技金融实践的概括和总结，并反映了其内在必然联系的理论形式。

从外延上看，基于组织或机构主体视角，公共科技金融模式主要是由政策性科技金融、开发性科技金融和政府性科技金融等公共科技金融主体构成。其中，政策性科技金融是以中国进出口银行、中国农业发展银行和中国出口信用保险公司为主体，为科创型强位弱势群体提供的科技贷款及科技保险。开发性科技金融是以国家开发银行为主体，为科创型强位弱势群体提供的科技贷款。政府性科技金融是由政府部门（如财政部、科技部等）按照市场化运作，为科创型强位弱势群体提供有偿性融资，如政府引导基金、财政融资担保和再担保等。

（二）模式特征及意义

1. 体现了中国国情和公共科技金融发展实际

中国特色公共科技金融模式的基本特征，既是对其研究对象的一种理论概括，也具体体现了模式的中国特色。公共科技金融和科技金融不仅是中国式的术语和中国特色社会主义市场经济创新实践的产物，而且公共科技金融模式的形成过程，实际上是以政府引导或主导的科技金融发展模式为主到与市场科技金融体系协同的不断调整及优化过程。正是在我国社会主义市场经济体制和党对经济社会发展体制机制的全面领导下，不断进行公共科技金融独特的实践创新活动，为公共科技金融模式的建立和发展提供了不可多得的素材。把中国公共科技金融实践总结好，也就有更强的能力应对世界性相关问题的挑战。这就从特殊性到普遍性的发展规律。

2. 始终坚持国家利益至上、以人民为中心的发展思想

公共科技金融以政府为后盾，直接体现政府科技政策，直接服务国家科技发展战略，在业务活动中以国家重大科技项目和高新技术产业尤其是科技中小企业等强位弱势群体为重点服务对象，所以其不同类型的模式，都是在秉持国家利益至上的理念，全心全意为科创型强位弱势群体服务。通过充分发挥公共科技金融特殊功能作用来先期主动提供公共融资服务，最大限度地缓解其融资难的制约，弥补金融市场的缺陷。这也体现了公共科技金融制度设计的初衷和宗旨。

3. 中国公共科技金融模式是中国特色公共科技金融理论体系的重要组成部分

公共科技金融理论体系包含概念体系、功能体系、理论基础、基本理论、应用理论等，这些都需要首先基于经验体系并从实践中提炼、概括和总结出一套具有普遍规律的理论模式，进而成为理论体系的基本而重要的组成部分。没有理论模式的支撑，中国特色公共科技金融理论体系的发展就失去了坚实的基础，乃至成为空中楼阁。公共科技金

融之所以具有中国特色,具有普遍规律,根本在于中国实践所形成的中国特色公共科技金融模式。

4. 始终坚持在科技金融改革创新中处理好有为政府与有效市场的关系

科技金融既有公共金融也有市场金融的问题,其关键是怎么处理好科技创新、成果转化及产业化过程中政府与市场的关系。因为科技的公共产品属性与极强的正外部性,必然需要公共科技金融来应对科技市场失灵的问题;同时因为科技创新的主体是企业,科技成果也要最终通过市场来实现其价值,从根本上又必须是基于市场机制的市场科技金融解决方案。由于我国市场配置资源的决定性作用目前还比较薄弱,科技和金融对接及融合还很不顺畅,政府需要采取政策性科技金融手段来发挥好引导作用,将"有形的手"和"无形的手"有机结合起来,中国特色公共科技金融模式是二者的有机结合体。当然,这种模式也仍然需要继续通过理论和实践的创新发展不断完善。

中国特色公共科技金融模式的形成、存在和发展,整体优化了科技金融宏观调控体系,同时优化了公共科技金融理论体系,因而具有"一石二鸟"双优化的作用意义。

一方面,从实践意义来看,无论是国内还是国外,事实上都存在着公共科技金融业态,是科技金融体系中不可或缺、不可替代的有机组成部分,尤其是具有中国特色的公共科技金融模式,在中国特色社会主义市场经济体制和科技金融体制的实践发展中表现得更为显著。无论是科技创新还是政策性科技金融及科技保险,也都具有准公共产品属性,特别是在当前以国内大循环为主体的"双循环"发展格局下,推动科技创新与实体经济发展,更需要充分发挥公共科技金融的特殊功能作用。因此,通过公共科技金融模式功能的有效发挥,可以进一步优化我国的科技金融宏观调控体系。

另一方面,从理论意义来看,立足我国国情并源于科技金融实践的公共科技金融模式,是对我国公共科技金融发展实践规律性成果的提炼和总结,有助于把实践经验上升为系统化的公共科技金融学说,不断开辟当代中国科技金融学的新境界。研究有中国特色的政策性金融模式不仅有助于更好地指导公共科技金融的高质量发展,还有助于不断优化中国特色公共科技金融理论体系,从而提升中国政策性金融、科技金融和公共科技金融的学术自信和话语权。

第四节 科技金融评价

一、绩效评价体系构建的意义及原则

任何组织都需要对其组成单位的工作绩效及员工的工作表现进行考核评价,然后不断总结工作经验和教训,这样才能进步和发展。绩效评价,是考评主体依照预先确定的评价内容及标准、评价程序和工作目标,运用科学的评价方法,对评价对象的工作能力及其在某一时期的工作产出及工作业绩,进行定期和不定期的系统考核和评价。

科技金融绩效评价系统,是一套以科技金融理论为支撑,用于跟踪反映世界各国及区

域内科技金融发展轨迹，衡量其发展状况和评价其发展潜力并预测其发展趋势的指数指标体系及系统分析方法。完善的科技金融评价指标体系，不仅本身就是科技金融学术研究方面重要成果的体现，并为科技金融研究提供有力的定量分析工具，而且对于优化政府科技金融政策决策和作用机制并进行有效监管及评价、优化科技金融机构决策和业务运营机制、优化投资者和创业家对科技金融领域的投资决策和创业决策等都具有重要意义。随着科技金融实践的广泛深入发展，以及各级政府对科技金融有效性评价的重视程度日益提升，科技金融绩效考核体系建设的重要性愈发凸显。科技金融政策的效果怎样，如何对科技金融的发展水平进行衡量，已成为摆在我们面前的一个实际问题，也是科技金融理论体系的重要研究内容之一。当前构建一个适合我国现实情况的科技金融发展指标评价体系，具有十分重要的现实意义和理论价值。

目前，国内外尚且缺乏一个系统，因此还不能完整、专门、科学地衡量科技金融发展的评价体系和指标系统。而学界业界也大多采用非金融属性或单向无偿性的财政科技经费支出以及研究与试验发展经费投入力度等，作为考察科技金融发展的指标。基于科技金融有别于科技财政，以及评价的各项基本指标相互联系、逻辑严密和互为补充的考量，在构建科技金融发展评价指标体系时，主要应遵循以下基本原则。

(1) 有偿性原则。

严格来说，具有信用有偿性且按本付息的金融，不同于信用无偿性及单向性的财政，因而科技金融也有别于科技财政；其评价指标体系的设计与绩效考核，也要首先立足于金融有偿性的信用原则这个基本前提。

(2) 目标性原则。

研究和设计科技金融发展评价指标体系，首先需要明确其目标，所构建的指标体系应充分反映科技金融及其要素的性质特征，进而实现或达到科技金融效率及有效性不断提升的最终目标。

(3) 系统性原则。

鉴于科技金融是由科技贷款、创业风险投资、科技保险（担保）、科技金融环境等要素组成的一个系统，反映其发展状况的指数指标也需要涵盖多个维度和秉持系统性设计的原则，以充分体现出该指标体系是一个完整统一且各部分之间具有内在联系的严密的指数指标系统。

(4) 操作性原则。

为了使所设计的发展评价指标体系有助于反映科技金融的现状及存在问题，指标的选择应考虑实际操作的方便性、实用性和数据获取的难易度、可靠性及成本等问题。

二、绩效评价指标体系的构成

若要全面、准确地评价一个国家或地区的科技金融绩效水平，应从市场性和公共性的金融投入与科技活动产出两方面设定指标体系。科技活动一般分为三个阶段：科技研发阶段、科技成果转化阶段和科技成果产业化阶段。在科技活动的研发阶段，金融投入主要通过公共金融、天使投资等方式实现；在科技成果转化阶段，金融投入主要通过创业投资、知识产权质押、担保融资等方式来实现；在科技成果产业化阶段，金融投入则主要通过科技信贷、企业上市等方式来实现。据此并结合科技金融二元模式的划分，科技金融绩效评价指标体系由市场科技金融发展评价指标、公共科技金融发展评价指标和科技创新指标三大评价体系构成。

（一）市场科技金融发展评价指标体系

市场科技金融按内容划分为市场科技贷款、私人创新风险投资、科技资本市场三个部分，进而形成如表8-1所示的指标体系。

表8-1 市场科技金融发展评价指标体系

总指标	一级指标	二级指标	三级指标（变量）	计算方法
市场科技金融发展指标体系	市场科技贷款指数	市场科技贷款规模	市场科技贷款余额/亿元	工、农、中、建、交五大银行的科技贷款总额
		市场科技贷款参与度	市场科技贷款机构数/个	
			市场科技贷款支持力度	市场科技贷款余额/高新技术企业收入
		市场发展程度	市场科技贷款费用/亿元	
			市场科技贷款不良贷款额/亿元	
	私人创新风险投资指数	私人创业风险投资参与度	私人创业风险投资高新技术企业投资额/亿元	创业风险投资高新技术企业投资额×6.2%
			私人创业风险投资机构数/个	创业风险投资机构数×6.2%
			私人创业风险投资支持力度	私人创业风险投资高新技术企业投资额/高新技术企业收入
	科技资本市场指数	科技资本市场支持力度	创业板上市企业数占比	创业板上市企业数/高新技术企业数
			创业板股票成交额/亿元	

（二）公共科技金融发展评价指标体系

《关于做好政府出资产业投资基金绩效评价有关工作的通知》及《政府出资产业投资基金绩效评价指标》（发改办财金〔2018〕1043号）是我国首次从国家层面对政府引导基金的绩效考核提供比较具体的评价指标体系的示例，参考该文件并结合现有成果设计的科技金融指标体系等资料，可构建公共科技金融发展评价指标体系，具体内容如表8-2所示。

表 8-2　公共科技金融发展评价指标体系

总指标	一级指标	二级指标	三级指标（变量）	计算方法
公共科技金融发展分数	公共科技贷款指数	公共科技贷款规模	公共科技贷款余额/亿元	国开行科技贷款余额+农发行科技贷款余额+进出口银行科技贷款余额
		科技贷款公共性程度	公共科技贷款占比	公共科技贷款余额/科技贷款总额
		公共科技贷款参与度	公共科技贷款机构数/个	
			公共科技贷款支持力度	公共科技贷款余额/高新技术企业收入
		公共科技贷款市场发展程度	公共科技贷款费用占比	公共科技贷款费用/科技贷款总额
			公共科技贷款不良贷款占比	公共科技贷款不良贷款/科技贷款总额
	公共创业风险投资指数	创业风险投资公共性程度	公共创业风险投资额占比	公共创业风险投资高新技术企业投资额/创业风险投资总额
		公共创业风险投资参与度	公共创业风险投资机构数/个	
			公共创业风险投资支持力度	公共创业风险投资高新技术企业投资额/高新技术企业收入
			公共创业风险投资支持潜力	公共创业风险投资管理额/高新技术企业收入
	公共科技保险指数	公共科技保险规模	公共科技保险风险保额/亿元	
		政策性科技保险参与度	投保公共保险高新技术企业数/个	
			公共科技保险密度	公共科技保险保费/高新技术企业总数
	公共科技金融环境指数	政策支持力度	科技企业孵化器数量/个	
			担保体系完备程度	融资性担保贷款额×平均国有控股的融资担保机构数量占比/科技贷款总额

（三）科技创新指标体系

科技活动贯穿于科技企业生命周期的全过程，是科技创新的来源。按照科技活动三阶段的划分，研发多集中于企业、高校的实验室等，通过基础研究、应用研究、试验发展形成专利、论文等成果。成果转化是科技创新中一个至关重要的环节，它决定着科研成果能否转化为真正的市场产品。如果说成果转化意味着科技创新落到实处，那么产业化就标志着一项创新的做大做强，也是科技创新链条的终端。因此，以科技活动的三个阶段为框架，构建如表 8-3 所示的科技创新指标体系。

表 8-3 科技创新指标体系

总指标	一级指标	二级指标（变量）	计算方法
科技创新	研究开发能力	发明专利申请数/件	
		科技论文发表数/篇	
	成果转化能力	新产品开发项目占比	新产品开发项目数/全国科技成果登记数
		新产品销售收入占比	新产品销售收入/主营业务收入
	产业化能力	高技术产业利润额/亿元	
		高技术产业出口额/亿美元	
		技术市场成交合同金额/亿元	

知识总结

1. 从科技金融的参与主体看，科技金融体系是在科技金融环境下，由科技金融需求方、科技金融供给方、科技金融中介机构、政府和科技金融生态环境等科技金融要素构成的综合体。

2. 科技金融具有正外部性和准公共物品的特点。在科技金融发展的早期阶段，科技金融环境较差，科技金融系统中存在高风险且风险与收益并不匹配的问题，而此时的市场失灵现象较为严重。这就需要政府作为科技金融主体直接介入科技金融。

3. 科技金融绩效评价体系既是一个亟待解决的重要实践问题，也是一个不可或缺的重大理论课题。因此，我们需要结合科技金融的特殊性并遵循四项基本原则，从市场科技金融发展评价指标、公共科技金融发展评价指标和科技创新指标三大层面，进行创新性构建，并不断完善科技金融绩效评价指标体系。

自测练习

1. 科技金融的机制有哪几类？市场机制的缺陷是什么？
2. 政府对科技金融市场的作用包括哪几个方面？
3. 分析市场和公共科技金融这两种模式的区别和联系。
4. 如何有针对性地构建科技金融绩效评价指标体系？

第九章 市场科技金融

见微知著，以学立人

以市场科技金融的知识点和思想为基础，探究其蕴含的优秀传统文化。

万言经济略，三策太平基

在2023年10月底召开的中央金融工作会议是我国金融发展史上具有里程碑意义的一次重要会议。习近平总书记出席会议并发表重要讲话总结党的十八大以来的金融工作，分析金融高质量发展面临的形势，部署当前和今后一个时期的金融工作，为新时代新征程推动金融高质量发展提供了根本遵循和行动指南。中国人民银行把深入学习贯彻中央金融工作会议精神作为当前最重要的政治任务，贯彻落实好习近平总书记重要讲话的精神和会议各项决策部署，全面推动现代中央银行制度建设，加快构建中国特色现代金融体系，以金融高质量发展服务中国式现代化。加快建设现代中央银行制度，健全货币政策和宏观审慎政策双支柱调控框架，维护人民币币值的稳定性，促进充分就业和经济增长。另外，还要深化利率汇率市场化改革，健全市场化利率形成、调控和传导机制。

知识要点

了解市场科技金融机构及产品；熟悉科技债券融资、科技股权融资、科技保险的种类与运行机制；掌握科技银行性质及信贷产品、股权融资资本市场含义和科技风险的特点。

核心概念

科技银行（Technology Bank）
创业风险投资（Entrepreneurial Venture Capital）
股权融资（Equity Financing）
科技保险（Technology Insurance）

典型案例

金融支付公司Square是一家成立于2009年，总部在美国加利福尼亚的移动支付公司。2015年，Square在纽约证券交易所挂牌交易。Square最有名的产品是读卡器和POS支付系统，其以中小企业为主要客户群。2020年3月，Square成立了一家全资控股的商业银行，即Square Financial Services（SFS），该银行将向使用其读卡器和销售网点支付服务的卖家提供商业存款和贷款产品，并将帮助Square在日益拥挤的金融科技市场中更加灵活地运作。Square利用其在卖方历史交易中收集的数据来促进贷款的承销和支付，并提供比传统金融机构更为简化的申请和批准流程。

第一节　市场科技金融结构

一、市场科技金融机构

市场科技金融机构包括银行体系、多层次资本市场体系、保险体系、创业投资体系、金融中介体系等各类子系统，如图9-1所示。

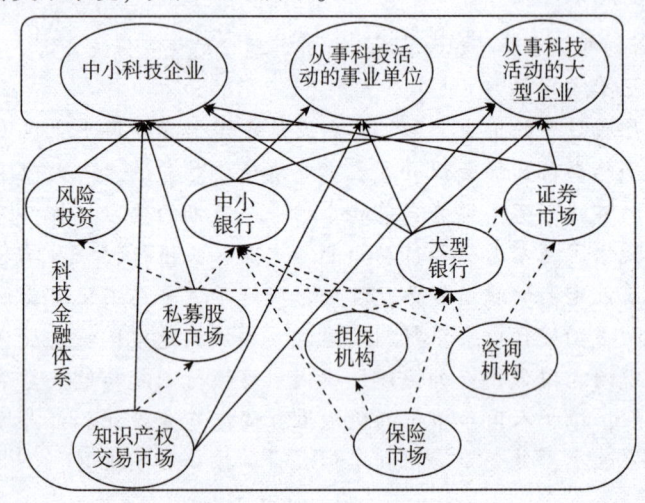

图9-1　市场科技金融机构

市场科技金融机构在科技金融资源配置过程中的主要作用方式是为具有潜在成长性和高收益性的科技型企业，尤其是高新技术企业提供融资支持和风险管理。不同的市场科技金融机构的作用也不尽相同：科技银行机构通过对科技型企业的基本财务信息和项目的创新性、成长性、收益性进行审查，从而决定是否为科技型企业提供间接融资支持，其表现形式主要为债务融资和风险管理；创业风险投资机构和科技资本市场主要为处于种子期、初创期、成长期且具有高成长性和高收益性的科技型企业提供直接融资和风险管理，其主要表现形式为权益融资；科技保险机构主要针对具有技术风险、运营风险和科技金融工具的风险提供保险和融资服务。

二、市场科技金融产品

（一）科技信贷产品

从目前中国科技金融产品的使用情况来看，科技信贷仍然在支持科技企业发展方面发挥着较大作用，进一步加大科技信贷产品创新力度是更好地支持科技企业发展的需要。中国科技信贷产品的创新主要包括以下几方面。

1. 积极开发孵化器融资业务

高新技术创业服务中心简称创业中心，在国际上一般称为企业孵化器（Business Incubator 或 Innovation Center），是一种新型的社会经济组织，也是一个集中的空间，能够在企业创办初期举步维艰时，通过提供低成本的研发、生产、经营用地、通讯、网络与办公等方面的共享设施，降低科技企业的创业风险，对高新技术成果、科技型企业和创业企业进行孵化，以推动合作和交流，使企业"做大"。科技企业孵化器在科技产业化方面起着举足轻重的作用。无论是发达国家还是发展中国家，企业孵化器的发展与这个国家科技发展水平和科技创新进程息息相关。

20 世纪 50 年代，伴随着新技术产业革命的兴起，美国开始出现科技企业孵化器，孵化和培育中小科技型企业，在推动高新技术产业发展、在振兴区域经济、培育新的经济增长点等方面发挥了巨大作用，引起了世界各国的重视，孵化器也因此在全世界范围内得到了较快的发展。

科技企业孵化器作为我国创新体系的重要组成部分，得到了各级政府的重视。1987 年 6 月，中国第一家创业中心——武汉东湖创业服务中心成立。随后，各地也陆续出现了各种类型的科技企业孵化器，如综合技术创业中心、专业技术创业中心、大学科技园、海外留学人员创业园、国际企业孵化器、投资机构孵化器等。近年来，科技企业孵化器不但在数量上不断增加，而且在产出方面也取得了突破，培育了大批具有发展潜力的高新技术企业，推动了科技产业的发展。

正因为科技孵化器有巨大作用，扩展科技孵化器的融资功能也是支持科技企业发展的重要方向。"零户统管"的财会金融制度是其发展方向之一，"零户统管"是指区内孵化企业自愿参加区内中小高新技术企业服务中心（担保机构），在保持资金使用权和财务自主权不变的前提下，企业不设银行账户会计，政务中心统一管理银行账户会计人员、资金结算和会计核算工作，是集会计服务、监督管理和信用担保为一体的新型会计管理体制，这种制度创新能有效地规范高科技中小企业财务运作，提高会员孵化企业的整体信用，扩大其资金实力。这种"集散成多，统一账户管理"的新型会计制度，有助于减少企业融资的信息不对称，可以使担保机构为孵化企业提供更多的信贷担保服务；同时，企业融资信息不对称的减少，整体信用的提升，也为其他金融机构、天使资金的进入创造了条件，有利于高科技孵化企业的信用提升，进而提高信息效率、融资效率，成为高科技中小企业的又一条新的融资途径。

2. 继续拓展知识产权质押贷款业务

知识产权担保融资是一种新的融资方式，它为创业企业获取资金提供了很好的思路。知识产权融资过程中最为重要的步骤是知识产权的评估。就中国知识产权质押贷款业务的发展情况来看，知识产权交易市场的不完善制约了知识产权质押贷款业务在科技金融机构中的采纳与扩散，其原因有二：第一，限制了知识产权的自由转让，提高了转让成本。在科技企业违约时，金融机构很难通过知识产权交易市场处理质押品，给金融机构带来了风险。第二，难以形成完善的知识产权评估机制。知识产权定价机制的缺失直接造成知识产权的估价困难，使得金融机构无法准确确定放贷金额。

因此，要继续拓展知识产权质押贷款业务，首先要完善知识产权交易市场。其次，要依托知识产权交易市场建立知识产权专业评估机构。双管齐下，共同促进知识产权质押贷款业务的发展。

3. 大力发展集合贷款业务

科技中小企业集合贷款，是指在同一领域或同一地域，多个中小企业联合，由担保中心提供担保，采取"统一管理，统一授信，统一利率"的方式，向银行申请贷款的一种贷款形式。由于科技中小企业的数量众多，集合贷款业务具有广阔的市场前景和强大的生命力。科技中小企业集合的方式可以是以产业链为纽带，以龙头企业为核心，带动周边中小企业的集合，也可以是通过行业协会、行业联盟、互助联盟等形式形成的中小企业集合。通过政府搭建的公共服务平台，引入第三方增信机制，实现信用增级，从而获得银行贷款。

这种捆绑贷款的方式对于支持中小企业科技创新、经济产业结构调整升级、拓展科技中小企业融资渠道、推动中小企业做大做强能发挥了重要作用。对于银行而言，集合贷款使零售贷款变身为批发贷款，降低了单位贷款的成本，提高了贷款效率；同时，由于多个企业集合加上担保公司担保，也就降低了银行信贷风险。

要更好地发挥科技中小企业集合贷款的优势，第一，要组织和协调中小企业的"集合"。中小企业数量多，每个企业的特点都不相同，组成中小企业的集合的过程中难免会出现"众口难调"的问题，可以充分发挥行业协会及行业联盟的优势，尽量选择相同或相近发展水平的科技中小企业抱团。第二，要有较为完善的第三方信用担保。鼓励担保机构为中小企业集合贷款提供担保，政府可对从事集合贷款担保的担保机构发放一定的风险补偿。第三，要鼓励银行开展科技中小企业集合贷款业务，对进行集合贷款业务的中小企业给予贴息，进一步降低银行风险。

（二）科技资本产品

科技资本产品包括集合债券、集合票据等，科技资本产品极大地满足了科技企业的融资需求。科技资本产品的使用范围还较窄，仍有较多的科技企业无法进入债券市场或银行业市场融资。因此，进一步加大对科技资本产品的创新力度十分有必要。

1. 创新担保方式推动集合债券发展

科技集合债券是运用信用增级的原理，通过政府组织协调，将中小科技企业进行捆绑集合发行的企业债券，该债券利用规模优势，合理分摊资信评级、发债担保、承销等费用，有效地规避了单个企业发债规模偏小、发行成本过高的弱点，使中小科技企业发行企业债券成为可能，为解决科技企业融资难的问题提供了新的途径。集合债券的发债方式，打破了以往只有大企业才能发债的惯例，对中小企业而言，降低了债券市场的融资门槛，对于支持中小企业的科技创新、促进中小企业的产业结构调整和升级、推动科技中小企业的可持续与跨越式发展，发挥了较大作用。而债券利息可从税前利润扣除，也会对企业的财务管理结构起到改善作用。

在《关于下达2007年第一批企业债券发行规模及发行核准有关问题的通知》发布后，深圳、北京、大连三地发行了三只中小企业集合债，总发行额度为18.2亿元。由于国家有关部门明确规定各金融机构、大型国企不准为企业债券发行提供担保，导致集合企业债券获得足够的担保增信十分困难，集合债券的发行陷入困境。

为解决这一难题，可以尝试组织担保公司进行"集合担保"。集合担保是一种创新集合债担保方式，由几家注册资本超过1亿元的担保机构组成统一担保人，对外以不可撤销的连带保证责任方式向债券投资人提供集合担保；对内责任界定清晰，各担保机构作为发行推荐人，对债券的不同发行人提供各自的全额担保责任。这种担保方式可在全国推广，进一步促进中小科技企业集合债券的发展。

2. 引进高收益债券融资方式

高收益债券是指信用评级较低的企业发行的、收益率较高的债券。通常发行高收益债券的企业都是中小企业。

对于科技企业而言，发行高收益债券是其获取债券市场融资的重要途径，既推动了中小企业获得中长期资本支持，也有利于中小企业优化财务结构、改善公司治理，更有利于丰富投资渠道、促进储蓄向投资转化、降低银行系统性风险。同时，发行高收益债券也比较符合科技中小企业风险大、收益高的成长特性。

发行高收益债券必须坚持"有序创新、风险可控"原则，在创新与风险中找到最佳平衡点。第一，要实施合理的发行人市场准入政策，采用恰当的发行方式，实现市场有序扩容及道德风险防范的均衡，可考虑先由具有成长性的中小科技企业或创投机构针对特定投资者发行。第二，引入信用增进机制并推出相应的信用衍生产品，熨平信用违约风险波动性，实现风险有效分担及对冲。第三，强化对高收益债券的有效监管，完善市场监管的预警体系及金融安全网，对高收益债券市场实施持续性监控。

3. 开发集合资金信托模式

信托投资公司办理资金信托业务时可以按照要求，为委托人单独管理信托资金，也可以为了共同的信托目的，将不同委托人的资金集合在一起管理，通常将这种资金信托方式称为集合资金信托。科技中小企业集合贷款信托计划是集合资金信托的一种，是通过信托机构发起设立信托计划，将需要融资的科技中小企业捆绑，实行"统一担保、统一命名、分别负债、统一发行"，面向社会融资的一种融资模式，所募集的资金由委托银行向捆绑的科技中小企业进行统一贷款。

科技中小企业集合信托率先由杭州西湖区开始实行，冠名为中小企业集合信托债权基金项目，由政府引导资金及社会募集资金共同组成债权基金，引入担保公司担保，对所筛选出的科技中小企业进行资金支持。截至目前已发行了三期，解决了近百家中小科技企业的融资问题。上海、浙江绍兴、安徽合肥、湖北武汉、北京怀柔等纷纷响应，推出了中小企业集合信托，有效突破了传统的中小企业融资模式。这不仅使投资者到期回收投资本息有充分保障，更通过成批次地为中小企业提供资金支持，解决了其融资难且成本高的问题。可考虑将该种集合信托产品在全国范围内进行推广。

（三）科技保险产品

目前保险机构为科技企业量身定做了高新技术企业产品研发责任险、关键研发设备保险、营业中断保险、出口信用保险、高管人员及关键研发人员团体健康保险和意外保险等保险品种。但也要看到，目前科技保险发展程度还远远不够，主要表现在科技保险品种较少，缺乏专门针对高科技风险的险种。在科技保险的市场份额中，出口信用保险占了绝大部分，尚不能完全满足科技企业的风险保障要求。若要进一步推动科技保险业务的发展，除借鉴国外经验，引入国外科技保险业务外，还要大力推动保险机构继续创新并促进其与银行的深度合作。

1. 积极引入专利保险

专利保险属于知识产权保险的范畴，用以赔偿被保险人已投保的专利受到侵害后的损失。被保险人以被他人侵害专利后的损害赔偿以及被第三人侵害投保专利的行为进行诉讼的费用为保险标的，以专利遭到侵权为承保危险的保险的总称。设立专利保险将有利于保护科技企业的自有知识产权，对于企业长远发展大有裨益。

1991年，美国开始设立专利侵权责任保险。随后，欧盟、日本也开设了专利保险。专利保险按照理赔的范围不同，分为专利侵权责任保险与专利侵权执行保险。前者的理赔重点在于损害赔偿费用和诉讼程序中的必要费用（如抗辩费用等），而后者的理赔重点仅在于诉讼程序中的必要费用。

2. 大力发展融资信用保险

信用级别不高是科技中小企业融资难的重要原因。利用保险品种提高和增加科技中小企业的信用等级是一种重要手段，可以用来解决科技企业的融资难题。科技中小企业融资信用保险是指科技中小企业在向银行申请贷款时，银行为了保证贷款本息的及时正常回收，要求科技中小企业向保险机构投保，当科技中小企业不能归还贷款时，由保险公司代偿的一种保险方式。中小企业融资信用保险不仅可以降低银行的信贷风险，促进银行向科技企业提供贷款，而且还能够为保险机构开拓新的业务。融资信用保险已开始在中国崭露头角，需要进一步加大推广力度，使其惠及更多的科技中小企业。

第二节 科技债权融资

一、科技银行信贷产品

在科技贷款体系中，提供科技贷款的正规金融机构有两类：商业银行和政策性银行。其中，商业银行中的大型商业银行主要为大型高新技术企业提供科技贷款，中小型商业银行主要向科技中小企业提供科技贷款，政策性银行则负责贯彻国家产业政策目标，提供政策性金融支持，主要向关键领域高新技术企业的重点项目提供科技贷款，如图9-2所示。另外，为填补由于市场失灵而造成的科技贷款市场缺口，政策性银行也应向科技型中小企业提供一定数量的贷款。

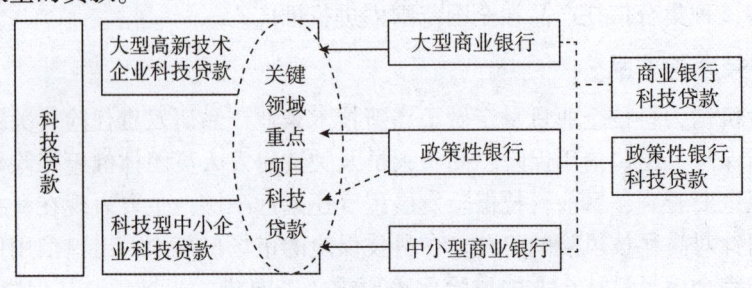

图9-2 科技贷款与现行银行体系

我国存在的科技贷款难题主要是科技中小企业贷款难，科技贷款市场缺口主要是科技中小企业的贷款缺口。目前，由于提供科技贷款的银行体系存在缺陷，这使得中国科技贷款难题很难解决的同时，又存在科技贷款资源严重浪费的现象。一方面，中小型商业银行由于自身专业性不够、风险控制能力不足以及科技贷款市场上银企信息不对称等原因，在科技中小企业科技贷款方面并没有发挥其应有的功能和作用。政策性银行由于金融资源和现有功能定位的限制，以及经营上存在的固有缺陷，对科技中小企业的科技贷款支持也相当有限。另一方面，大型商业银行虽拥有大量过剩的金融资源，但由于其规模上的不适应和风险控制要求，其对科技中小企业的科技贷款供给也是极其有限的。因此，建立为科技中小企业服务的专业型、职能型科技银行，弥补现有科技贷款银行体系的缺陷对有效解决科技中小企业科技贷款问题具有十分重要的意义。科技贷款与完善后的银行体系如图 9-3 所示。

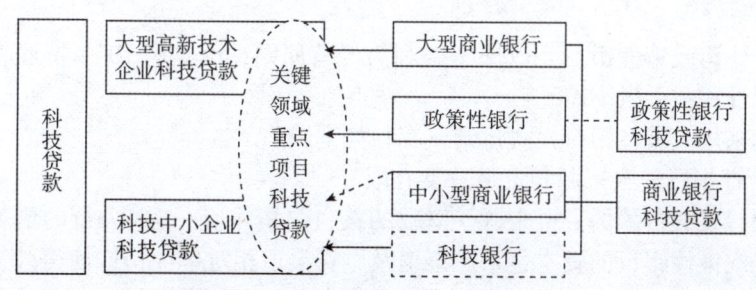

图 9-3 科技贷款与完善后的银行体系

（一）科技银行的定义及特点

1. 科技银行的定义

科技银行是主要为科技中小企业提供贷款等科技金融服务的专业型、职能型银行金融机构的统称。科技银行并不一定冠以科技银行的名称，如美国硅谷银行（Silicon Valley Bank）虽未以科技银行命名，却是全球闻名的科技银行；反之，也并不是冠名为科技银行的银行便是真正的科技银行，如合肥科技农村商业银行便不属于真正意义的科技银行。

目前，科技银行的概念在内涵和外延上还比较模糊。在实际经营过程中，虽然有一些科技银行也向创业风险投资机构发放贷款，如硅谷银行，有一些科技银行也向非科技型的中小企业发放贷款，如印度小产业发展银行，但由于它们的服务对象主要为科技中小企业，它们仍然属于本书讨论的科技银行范畴。

2. 科技银行的特点

1）科技银行是专业性银行

科技银行是专业性银行，这有两个层面的意思：一是指科技银行向科技中小企业提供的服务是专业服务；二是指科技银行是专门为科技中小企业提供金融支持的银行，其服务对象范围主要限定于高新技术产业，其服务对象类型主要定位于中小企业。科技银行通过的专业化经营可以提高针对科技中小企业科技贷款的风险控制能力。

科技银行的专业性经营并非完全排斥多元化业务。由于高新技术企业是不断成长的，在科技银行的运营过程中，原有的科技中小企业客户也会成长为大型高新技术企业。此外，通过业务多元化来分散风险后，科技银行也不应拒绝大型高新技术企业的贷款业务，但应将贷款比例限制在一定范围内。

2）科技银行是职能型银行

科技银行是为解决科技中小企业科技贷款难的问题而设立的，是为高新技术企业发展提供金融支持的职能型银行。科技银行的职能是为科技中小企业提供科技贷款等金融支持，解决其科技贷款难的问题，以促进科技开发、科技成果转化和产业化，促进高新技术企业的发展和推动高新技术产业的发展。

（二）科技银行的性质

对科技银行性质的界定是为了解决科技银行究竟应作为政策性银行还是商业银行运营，究竟应作为传统商业银行还是应作为创新型商业银行运营的问题。科技银行的性质决定了制度设计和运营模式，有两种可供选择的模式。

1. 政策性银行

科技银行作为政策性银行，以保本微利为经营原则，由政府100%持股，为科技中小企业提供政策性科技金融支持。

科技银行采用政策性银行模式运营，存在如下缺陷。

（1）政策性银行资金来源和资金总量有限。

政策性银行发放贷款的资金来源于财政的拨付（资本金）、向央行的借款以及发行的金融债券等。政策性银行的资本金来源渠道及融资渠道相对单一，这使得政策性银行可供放贷的资金总量比较有限。而中国科技贷款市场存在很大的供求缺口，若将科技银行设置为政策性银行，无异于杯水车薪。此外，政策性银行在吸收存款方面的限制也增加了其筹资成本。

（2）科技银行的业务不适合政策性银行。

科技银行的业务主要是针对科技中小企业提供具有较高风险的科技贷款。政策性银行的资产主要是国有资产，有保值增值的目标，其贷款应主要投向风险较低的领域。因此，政策性银行不适宜面向科技中小企业大量开展具有高风险特征的科技贷款业务。

（3）政策性银行的经营易陷入困境。

1994年，我国先后建立了三大政策性银行，它们为中国经济的发展提供了重要的政策性金融支持，但在运营过程中也积累了大量的不良贷款，且在经营过程中经常陷入政策性与营利性之间的矛盾。目前，规模最大的政策性银行——国家开发银行已完成了商业化改革。科技银行若作为政策性银行运行，其经营也极容易陷入困境。

2. 商业银行

科技银行作为商业银行运营，以营利作为经营目标，股权结构多元化，为科技中小企业提供市场化科技金融支持。

鉴于科技银行采用政策性银行模式运营存在的诸多缺陷，结合国外科技银行作为商业银行运营的成功经验，我们认为，科技银行在运营模式、制度设计和盈利模式等方面都应该体现商业银行的特点。因此，我们可以从以下三方面来认识科技银行的性质。

（1）科技银行不是政策性银行。

前文已经论述，政策性银行模式运营的诸多缺陷表明：定位为科技中小企业提供融资服务的科技银行不适合作为政策性银行运营，科技银行应是商业银行。

（2）科技银行是创新型的商业银行。

科技银行为科技中小企业提供市场化的融资服务，应作为既可以发放贷款，又可以吸收存款的商业银行而存在。国外的科技银行基本上都是采用商业银行模式，如硅谷银行和印度小产业发展银行。与传统的商业银行相比较，科技银行在业务上的显著差异决定了其应为创新型商业银行。科技贷款的高风险，需要科技银行以有别于传统商业银行的方式和手段进行风险控制、分散和转移。例如，与创业风险投资机构密切合作、科技贷款债权股权间的可转换性等，这些创新型的经营模式都表明科技银行是创新型的商业银行。

（3）科技银行是专业化的职能型银行。

科技银行有明确的服务定位，即主要为科技中小企业提供科技贷款等金融支持，这就意味着科技银行是专业化的职能型银行。同时，只有通过专业化的经营，不断提高针对科技中小企业科技贷款的风险控制能力，科技银行才能作为商业银行而成功运营，才能有效地解决科技中小企业的资金需求问题，为科技活动的开展、高新技术企业和高新技术产业的发展提供有效的金融支持。同时，虽然科技银行不能完全作为政策性银行，但由于其业务的特殊性，完全的商业化、市场化也很难生存和发展，需要政府必要的政策引导和支持。

（三）科技银行信贷产品

科技银行，特别是现阶段的科技支行，其业务主要为科技贷款。不同类型的高新技术企业、处于不同发展阶段的高新技术企业适合使用不同的信贷模式，有着不同融资需求的高新技术企业也适合不同的信贷模式。科技银行的科技贷款可以采用以下几种模式。

1. "统借统还"贷款模式

"统借统还"贷款模式是一种典型的"银证企合作"贷款模式，是政府与银行搭建融资平台，为科技中小企业提供具有政策优惠性贷款的一种模式。"统借统还"贷款的期限一般为1~2年。"统借统还"贷款模式在操作中具有集中授额、批量发放、风险限额的特点。对于高新技术企业而言，此种模式下的科技贷款具有筹资成本低的特点，在满足科技中小企业融资需求的同时也减轻了其财务负担。对于科技银行，此种模式具有风险低的特点，科技银行可考虑加大与各高新区融资平台公司的合作，积极开展针对科技中小企业的"统借统还"贷款业务。

但"统借统还"的批量发放特点不利于及时满足科技中小企业的紧急资金需求。其风险限额的特点也限制"统借统还"贷款的额度总量，不能完全满足科技中小企业在快速发展中的资金需求。

2. 创新型抵押/质押贷款模式

科技银行可以在抵押/质押品方面进行探索，开发创新型抵押/质押贷款模式，有以下四种。

（1）知识产权质押贷款。

知识产权质押贷款是指高新技术企业以专利权、实用新型专利权、商标权等知识产权作为质押物而获得银行贷款的一种创新型贷款模式。知识产权质押贷款是在解决中小企业，特别是科技中小企业融资难、鼓励企业自主创新的过程中出现的，特别适合拥有自主知识产权的科技中小企业。知识产权质押贷款的贷款期限灵活，既可以满足科技中小企业流动资金融资需求，也可满足中长期资金融资需求。

知识产权质押贷款具有政策优势。《国家中长期科学和技术发展规划纲要（2006—

2020年)》及其配套政策明确提出鼓励金融机构开展知识产权质押贷款；修订后的《中华人民共和国科技进步法》第十八条中明确提出"国家鼓励金融机构开展知识产权质押贷款业务"，这为科技中小企业知识产权质押贷款融资提供法律和政策上的保障。目前，北京银行、交通银行、成都银行等金融机构都已针对科技中小企业开展了知识产权质押贷款业务。

知识产权质押贷款也具有一定的风险性。科技银行广泛开展知识产权质押贷款除了要进行不断探索之外，也有赖于金融生态环境的改善。

(2) 股权质押贷款。

股权质押贷款即以企业股权作为质押物而获得贷款的一种贷款模式。科技银行开展股权质押贷款一方面需要政策的进一步放行，另一方面也需要多层次资本市场的形成。创业板的推出、"新三板"的推广及产权交易市场的推广将促进科技银行股权质押贷款的发展。

(3) 应收账款、订单质押贷款。

应收账款、订单质押贷款即高新技术企业以应收账款、订单作为质押物获得科技贷款的一种贷款模式。应收账款、订单质押贷款模式具有风险小的特点，有利于降低科技银行的经营风险。

应收账款、订单质押贷款一般为短期贷款，满足高新技术企业流动资金的需求。但这种贷款模式不适合高新技术企业中长期资金需求。

(4) 其他抵押/质押物贷款。

科技银行还可以根据科技中小企业的特点，开展出口退税质押、基金份额质押、保单质押、债券质押、仓单质押、提单质押、存货抵押和其他权益抵（质）押贷款。

3. 创新型担保贷款模式

(1) 高新技术企业联保贷款。

高新技术企业联保贷款是指高新技术企业组成联保小组，互相提供担保以申请科技贷款的一种贷款模式。高新技术企业联保是增强科技中小企业信用的重要途径，有利于参与联保的各高新技术企业的互相监督，对于减少科技银行与科技中小企业之间的信息不对称、降低科技银行的风险有重要作用。

(2) 创业风险投资机构担保贷款。

创业风险投资机构担保贷款即创业风险投资机构为高新技术企业提供担保，以申请科技贷款的一种贷款模式。创业风险投资机构担保贷款是科技银行与创业风险投资机构合作的重要方式，是科技银行跟进投资的一种方式。

(3) 个人无限担保责任贷款。

个人无限担保责任贷款主要是指申请贷款高新技术企业的业主或股东对担保承担无限担保责任的贷款。个人无限担保责任贷款，适合信誉好、有一定资产实力的企业家及高新技术企业股东，是科技银行开展科技中小企业科技贷款的一种可行模式。个人无限担保责任的风险较大，要控制其范围。而个人无限担保责任贷款占科技贷款的比例应保持在较低水平。

4. 其他模式

(1) 科技专项经费搭桥贷款。

搭桥贷款是为满足借款人短期流动资金需求，以未来所获政府拨款等经营性现金流作为还款来源而发放的过渡性贷款。科技银行可针对科技中小企业、科研机构开展科技专项经费搭桥贷款，以解决其短期流动资金需求，以促进其发展。

（2）引进外部评级机构参与的科技贷款。

引进外部评级机构参与的科技贷款即在贷款审批过程中，引进外部评级机构，充分利用专家意见的一种贷款模式。科技中小企业具有高新技术企业的特点，也具有中小企业的特点，科技银行在科技中小企业信用评估、风险评估方面不具备优势，可以引进外部评级机构参与到贷款流程中。

二、科创企业债券发行

（一）科创企业债券融资约束

《深圳证券交易所公司债券创新品种业务指引第 6 号——科技创新公司债券》和《企业债券管理条例》等法令法规都对科创企业债券的发行有诸多严格的限制，从某种角度上说，是对企业的发债主体、发债条件和发展程序等多方面进行了限制。

1. 发行主体的限制

《深圳证券交易所公司债券创新品种业务指引第 6 号——科技创新公司债券》第八条规定："科技创新类发行人应当具有显著的科技创新属性，并符合下列情形之一：（一）发行人最近三年累计研发投入占累计营业收入的 5% 以上，或者最近三年累计研发投入金额在 6 000 万元以上；（二）发行人报告期内科技创新领域累计营业收入占营业总收入的 50% 以上；（三）发行人形成核心技术和主营业务收入的发明专利（含国防专利）合计 3 项以上，或者为具有 50 项以上著作权的软件行业企业。"

这一条款说明，除了科创企业作为主体发行公司债券在累计研发投入占比和总额、发明专利等方面，均有较高的准入要求。

2. 发债条件的限制

《深圳证券交易所公司债券创新品种业务指引第 6 号——科技创新公司债券》第十三条规定："科创升级类、科创投资类和科创孵化类发行人的募集资金投向科技创新领域的比例应当不低于 70%，其中募集资金用于产业园区或者孵化基础设施相关用途的比例不得超过 30%。"第十六条规定："发行人应当根据本指引规定，在募集说明书中披露是否符合科技创新公司债券主体范围和支持领域。主承销商和发行人律师应当根据国家、地方科技创新相关发展规划和政策文件，对发行人是否符合科技创新公司债券主体范围进行核查，并发表核查意见。"第十八条规定："科创投资类发行人应当披露下列科创投资业务开展情况：（一）报告期内科创投资业务板块相关财务情况；（二）科创投资业务板块经营主体、经营模式、经营状况，其中经营状况包括已投资项目数量、管理的基金个数、管理的资本规模等；（三）已投资项目情况、投资退出情况、退出方式；（四）投资项目遴选标准、投资决策程序等。"

从以上条款规定中可以看出，在公司债券的发行过程中，科创企业在募集资金用途、信息披露和专业机构核查等方面均有比较严格的条件限制。

3. 发债程序的限制

《企业债券管理条例》第十条规定："国家计划委员会会同中国人民银行、财政部、国务院证券委员会拟定全国企业债券发行的年度规模和规模内的各项指标,报国务院批准后,下达各省、自治区、直辖市、计划单列市人民政府执行。"

由此可见,目前是由政府行政部门来决定一个企业是否具有发行债券的权利,发行规模也必须由行政部门层层审批,这对科创企业债券发行做出了严格的发债程序限制。

近年来,为落实国家创新驱动发展战略,完善债券市场服务实体经济模式,支持科创企业快速发展,中国证监会、上海证券交易所等部门陆续出台了多项指导意见,包括《中国证监会关于开展创新创业公司债券试点的指导意见》《关于支持中央企业发行科技创新公司债券的通知》和《公司债券发行上市审核规则适用指引第4号——审核程序》等,为我国科创企业债券融资的良性发展开启了积极的发展态势。

(二) 中小企业集合债

1. 中小企业集合债的概念

由于银行限制贷款数量和规模,一般中小企业很难从银行得到所需的发展资金。另外,企业上市要求苛刻,依靠上市筹集资金也相当困难。而相当部分的中小企业由于资产规模、发行成本等因素的限制,很难以独立的主体申请发行债券。因此,企业债券作为一种融资方式,以往似乎更像是大型企业的特权。

单个中小企业发行企业债的可能性很小,如果将若干经营状况良好、成长能力较强的一批中小企业捆绑起来,申请集合发债,则发债的可行性较大。通过牵头人组织,以多个中小企业所构成的整体为发债主体,向投资人发行的约定到期还本付息的债券形式就是中小企业集合债。实际上,集合债券在债券市场并不是新鲜事物,直到2003年,中国高新技术产业开发区企业债券("03高新债")才推出,并于2006年成功兑付,这一做法才开始得到监管部门的认可。

随着国家建设多层次资本市场相关政策的指引,相关部门对高新技术型中小企业通过集合债券融资方式给予了越来越多的重视与支持。2007年11月,国家发展和改革委员会印发的《关于促进产业集群发展的若干意见》(发改企业〔2007〕2897号)就明确提出:"要加大对产业集群财政和金融支持力度","开展以产业集群中小企业发行集合式企业债券等方式进行资本市场的探索"。

2. 中小企业集合债的特点

截至2007年年底,中国已先后推出了三期高新企业集合债,除了前面提到的"03高新债",还有2007年底发行的2007深圳中小企业集合债券("07深中小债")与2007中关村高新技术中小企业集合债券("07中关村债")。纵观比较,可以看出中小企业集合债具有以下典型特点。

1) 发债主体的特点

以2007年深圳市中小企业集合债券为例,发行债券的企业主要有以下几个鲜明的特点。

①企业规模偏小。由20家企业集合发行,总发行额度10亿元(比国家发展和改革委员会批准额度缩减3 000万元)。20家企业中发行额度最大的为1亿元,最小的为3 000万元;资产总额最大的为14亿元,最小的为1.4亿元,平均为4.3亿元;收入规模最大的为20亿元,最小的为0.9亿元,平均为5.4亿元。

②发债企业多为民营企业。这 20 家企业中只有一家国有控股企业，其余均为民营企业。

③企业所处行业多为完全竞争行业。20 家企业涉及行业包括电子、电器、光电子设备、建筑材料、机械加工、医疗设备、教育、体育用品、物流等，多为完全竞争行业。

④成长性较好。20 家企业在 2004—2006 年的主营业务收入增长率和利润总额增长率平均值分别为 31.26%和 59.72%，成长最快的企业分别达 101.74%和 99.02%。在筹备债券发行过程中，有两家企业实现了在深圳中小板上市，有多家企业处于上市辅导期或准备期。

2）发行特点。

①统一组织。以 2007 中关村高新技术中小企业集合债券为例，共有神州数码、和利时、北斗星通、有研亿金四家企业作为发行主体参与了此次募资，由中关村管理委员会统一召集，并委托具有政府背景的中关村担保有限公司，作为该次发债的担保人及牵头人，统一组织和管理四家企业的具体发行及发行后偿还等事宜。中关村担保有限公司将集合债券冠名为"2007 年中关村高新技术中小企业集合债券"，以"集合债券"的名义统一向国家发展和改革委员会提交发债申请。此外，无论"03 高新债"还是"07 深中小债"，都是通过类似的程序，将多家发行主体统一组织起来统一申请发行，并统一命名债券。

②分别负债。参与发行的多家企业，根据各自需求提出需要募集的资金数额，统一上报，由相关部门批准并分配指标，各自的债务由各家企业分别负担。以"07 中关村债"为例，神州数码、和利时、北斗星通、有研亿金的发债数额分别为 2 亿元、8 000 万元、1 500 万元和 1 000 万元，共计 3.05 亿元，偿还期限为三年。实际上，集合债券申请发行额度的过程与发行其他债券类似，每家发行人的负债规模都要符合"债券余额不超过公司净资产的 40%"的规定，唯一不同的是要求各家协调后统一申请上报。尽管分别负债，但四方仍需要协商并统一偿还事务，如对整个集合债券而言，都是每半年付息一次，第三年最后一个季度（2010 年 10 月至 12 月）逐月按照 30%、30%和 40%的比例，提前偿还部分本金及截至时点的利息。

③担保模式和偿付责任。值得一提的是，"03 高新债"和 2007 年的两批债券采用了不同的担保模式。

"03 高新债"的发行主体是 12 家位于不同高新区的高新企业，采用的是分别担保的模式，12 家发行人分别由 12 家不同机构进行担保，担保机构中除了一家是银行外，其余都是发行人当地的企业，担保人对所担保发行人的负债承担无条件不可撤销连带责任担保。企业作为债券担保人在中国的企业债市场中极为少见，其信誉程度不尽相同，如果一家出现偿付风险将对整个债券产生影响。为了保证投资者权益和债券顺利发行，各发行人所在城市的高新技术产业开发区财政均做了承诺，如发行人遇有偿债风险，由高新区财政垫付债券本息。"03 高新债"在担保方面做了双保险，最终由政府信誉作为保证。中诚信国际信用评级有限责任公司经综合分析评价，在 2006 年发布的《"2003 年中国高新技术产业开发区债券"跟踪评级报告》中，把"03 高新债"评为 AA 级。

而"07 中关村债"因为发行企业同处中关村高新区的地缘特点，由中关村科技担保有限责任公司为集合债的发行提供统一担保。同时，在中关村担保有限责任公司的筹划下，该债券的发行也得到了国家开发银行的支持。国家开发银行授权其下属营业部，为"07 中关村债"提供再担保，有利于集合债券在资本市场上获得认可，对提升信用评级也起到了积极的作用。联合资信评估有限公司对四家发行企业做单独评级时，评和利时、北斗星通两家为 A+，神州数码为 A，有研亿金为 A-；而联合资信评估有限公司对整个集合债券却给予了"AAA"的信用评级，评级展望为"稳定"。因为联合资信评估有限公司认为，"07 中关村债"得到了中关村科技园区管委会的积极倡导与大力推动，各发行人均是中关村科技园区中小企业的优秀企业代表，并且有中关村担保有限公司作为组织者、管理者，为担保人提供全额连带责任保证，再加上国家开发银行作为再担保人，债券的偿还风险便大幅降低了。

④捆绑发行。仍以"07 中关村债"为例，2007 年 12 月 25 日，"07 中关村债"正式获批并捆绑打包发行。主承销商招商证券采用网上面向个人投资者、网下面向机构投资者相结合的销售模式发行。其中，网上预设发行总额为 3 000 万元，网下预设发行总额为 2.75 亿元，共计 3.05 亿元。该债券发行年利率为 6.68%，低于当时一年期银行贷款利率。但是，由于此债券评级高，预期收益稳定，"07 中关村债"一发行，就成为资本市场上的抢手货，3 000 万元的网上发行预设份额不到一个交易日即发售完毕。招商证券以回拨的方式增加了 5 000 万元的网上发行份额，也于 12 月 26 日售完。

综上所述，与一般企业债券相比，中小企业集合债券的特点如表 9-1 所示。

表 9-1 中小企业集合债券与一般企业债券的特点比较

比较项目	中小企业集合债券	一般企业债券
发行主体	多家企业构成的集合体联合发行	一家企业
担保机构	担保机构（银行或担保公司）	银行
融资规模	单个企业发行额度不超过其净资产的 40%；总体额度还要由国家发展和改革委员会根据项目情况来审批。分到每个企业的额度将根据企业情况有所区别，但通常较小	不超过净资产的 40%，并由国家发展和改革委员会批准发行额度
对单个企业的信用要求	较高	高
发行难度	对单个企业的要求相对低于一般企业债券要求	对单个企业的规模、盈利能力、偿债能力要求较高，因而存在较大难度
发行费用	分摊到每个企业后相对较低	相对较高
发行期限	3~5 年	一般较长，为 5 年以上
资金用途	有限制，投资项目需国家发展和改革委员会审批	有限制，投资项目需国家发展和改革委员会审批
融资成本	市场利率决定，但信用增级降低融资成本	市场利率决定
融资速度	一般	一般

3. 中小企业集合债的特定优势

（1）拓宽中小企业直接融资渠道。

集合债券的发行对一批有发展潜力的中小企业而言，是一项有益的创新探索，它改变了中小企业单一依靠银行贷款进行间接融资的传统模式，优化了中小企业的融资结构，有效拓宽了中小企业进行直接融资的渠道，缓解了中小企业普遍存在的融资难的问题，有利于中小企业利用资本市场平台快速成长、做大做强。这种中小企业打包发债的形式也为健全国家和地方融资体系提供了新思路，逐步改变以大企业为发债主体的状况。

（2）发行门槛低，募集资金规模大。

国家对单个企业发行债券有多方面严格的限制，很多中小企业往往被限制在 6 000 万元净资产这一条件之外，而多个企业捆绑发行能有效降低这一门槛。使用"集合债券"的概念，可以得到地方政府及产业政策的有力支持，大大简化企业债券的审批、发行手续。"03 高新债"和"07 深中小债"分别募集了 8 亿元和 10 亿元的资金，"07 中关村债"募集了 3.05 亿元资金。

（3）统一发行，分摊费用，融资成本低。

企业债券发行利率低于同期限商业银行贷款利率，节约了企业的财务成本，债券利息可在税前支付计入成本。将 2007 年企业债券利率与银行贷款利率相比较，五年期企业债券的发行利率在 5.3%~5.7%，十年期企业债券的发行利率为 4.05%~6.48%。从银行借款利息来看，2007 年 12 月 21 日，央行上调存贷款基准利率，5 年期长期贷款基准利率为 7.74%，10 年期长期贷款基准利率为 7.83%。

一方面，发行企业债券的手续费及审计、评级、律师等费用都要低于同期贷款利率。发行企业债券能降低企业固定收益融资的成本，优化企业的微观资本结构。另一方面，由于是多家企业共同发行债券，分摊了发行成本，进一步降低了融资成本。就目前的发行情况来看，发行集合债的成本，较同期银行贷款低 25% 左右。

（4）有效降低风险，提升信用。

集合债券发行需要多个中小企业主体共同参与完成，这种方式能够在一定程度上分散集合债券的总体风险，每一个中小企业参与主体只需要承担对应的融资风险。

由于是集合发行债券，在政府的牵头组织下，能找到实力雄厚的银行和担保企业提供担保与反担保，所以整体的信用等级明显高于单个企业。

（5）树立良好的企业形象。

企业债券发行上市，将极大地提升企业的知名度。因为企业需要按规定定期披露信息，将被广大机构投资者关注。这有利于企业实现规范运作，提高自身管理水平，并能在资本市场上树立良好的信用形象，为持续融资打下信用基础。

三、商业银行科技业务

（一）商业银行科技贷款概述

商业银行是中国银行业体系的主体，其资产和负债都占银行业总资产和总负债的绝大部分。因此，商业银行在科技贷款中应发挥主导作用。

1. 商业银行发放科技贷款的必要性

（1）企业对科技贷款的巨大需求为商业银行发放科技贷款提供了基础。中国高新技术企业发展迅猛，科技贷款需求不断提高，科技贷款占整个银行贷款的比例也不断提高。在中国目前的金融体制下，科技贷款在科技金融中有重要地位，科技贷款是高新技术企业的主要融资来源之一。鉴于科技贷款对高新技术企业、高新技术产业甚至是整个国民经济的重要性，商业银行开展科技贷款业务具有重要的意义。

（2）随着商业银行改革的逐渐深入，中国商业银行之间的竞争不断加剧。2006 年中国银行业向外资全面开放，外资银行在中国迅猛发展，市场竞争进一步加剧。面对日渐激烈的竞争，不断开拓市场，抢占市场份额，拓宽收入来源是中国商业银行提高竞争力的根本之策。伴随着高新技术产业的发展，科技贷款占银行贷款的比例不断提高，中国商业银行应不断开发科技贷款市场，以确立和保持竞争优势。

2. 商业银行发放科技贷款的可行性

（1）商业银行存在大量的存贷差。

自2001年以来，中国商业银行存款余额持续快速增长，而贷款余额的增长相对较慢，商业银行存款余额与贷款余额之间的缺口不断加大，存贷比一直呈下降趋势。与亚洲其他国家商业银行的存贷比相比，中国商业银行的存贷比十分低，这说明中国金融资源存在极大的浪费现象，商业银行大量发放科技贷款是有资金保障的。

（2）商业银行风险控制能力不断增强。

中国商业银行业通过引进战略投资者，广泛参与市场竞争，实施严格的风险控制制度，在风险控制能力方面得到了很大提高。科技贷款相对于一般贷款有较高的风险，但商业银行不断提高的风险控制能力为商业银行开发科技贷款业务、大规模发放科技贷款奠定了基础。

（3）部分优质高新技术企业具有较强的偿还能力。

虽然大部分高新技术企业属于科技中小企业，比大型企业其风险较大，但不少优质的高新技术企业拥有高素质的管理团队和自主知识产权，其新产品/服务开发能力较强，在各自市场领域中有着明显的竞争优势，这些高新技术企业具有较强的偿还能力，向他们发放科技贷款的风险并不大。

（4）金融生态环境不断改善。

金融生态环境的不断改善也为商业银行开发科技贷款业务提供了条件。银行贷款利率的放宽有利于实现利率市场化，商业银行可以根据高新技术企业的不同风险采取差别化定价，以使科技贷款的收益与风险相匹配。企业信用体系的建立、担保体系的建立和完善都有利于降低商业银行科技贷款的风险。另外，知识产权质押贷款等创新贷款的出现和发展也将推动商业银行科技贷款的发展。

（5）外资银行为发放科技贷款提供了经验支持。

不少外资银行，如渣打银行、美国银行在科技中小企业科技贷款方面均有成功经验，这说明了科技贷款是可以作为商业银行的重要业务而存在的。中国商业银行可以加强和外资商业银行的合作，不断开发科技贷款市场，为企业提供专业的科技贷款服务。

3. 商业银行科技贷款与高新技术企业生命周期

高新技术企业生命周期对商业银行科技贷款有很大的影响。高新技术企业在其生命周期的不同阶段呈现出不同的风险特征。基于风险控制角度考虑，商业银行科技贷款对高新技术企业不同阶段的介入应有很大差异，科技贷款规模随高新技术企业生命周期的不断演进而不断增加。

种子期和初创期的高新技术企业风险很大，且难以控制，商业银行科技贷款不宜介入。因此，政府既不应强求商业银行向种子期和初创期的高新技术企业发放贷款，适合此阶段高新技术企业的融资方式是天使投资、创业风险投资及政策性金融。

成长期及之后阶段的高新技术企业风险大幅降低，且控制起来较为容易，商业银行可针对此阶段高新技术企业大规模投放科技贷款，但要严格注重风险控制。商业银行在此阶段科技贷款放的规模还与科技金融的发展程度相关，即科技金融发展程度越高，则该阶段的科技贷款规模会越大。

4. 商业银行规模与科技贷款

商业银行根据规模不同，可以分为大型商业银行和中小型商业银行。大型商业银行是指四大国有商业银行与交通银行。除此之外的银行，如股份制银行、城市商业银行等统称为中小型商业银行。

不同规模的商业银行适合不同性质的科技贷款。大型商业银行适合大型高新技术企业的科技贷款，适合国家重点科技项目科技开发贷款。科技中小企业科技贷款则需要中小型商业银行来提供。针对目前中国科技中小企业科技贷款难的问题，需要通过大力发展中小型商业银行，需要中小型商业银行大力开发科技贷款业务来解决。

（二）商业银行科技贷款信用评价体系

银行信贷资产统一授信管理是商业银行风险管理体系中极为重要的内容，而企业信用评级体系则是信贷风险管理的基础和核心内容。企业信用评级体系是指商业银行运用科学、规范、统一的评级方法，对某一客户一定经营期间内的信誉状况、偿债能力和发展前景进行定性与定量分析，从而对客户的信用水平进行真实、客观、公正的综合评级等工作的一整套业务流程和方法。

对于商业银行来说，企业信用评价体系的重要性不仅仅体现在银行信贷风险管理上，同时，建立企业信用评价体系也有助于将信贷客户进行细分，选择适当的市场定位，从而确定正确的营销策略。因此，企业信用评级体系的建立对商业银行的信贷风险管理和营销工作，具有十分重要的指导意义和实践价值。

对于高新技术企业而言，商业银行建立适合高新技术企业的信用评价体系，有利于商业银行考量高新技术企业的特殊性，正确评定高新技术企业的信用价值，解决高新技术企业在企业信用评价中面临的不公正问题，对解决其融资难题有重要的作用。

1. 信用评价体系的一般模式

"5C"评价体系是一种得到普遍认可的信用评价体系，它包括五个方面，即品质（Character）、能力（Capacity）、资本（Capital）、抵押（Collateral）、条件（Condition）。

1）"5C"评价体系的基本内容

（1）品质。品质指借款人的信誉，即履行偿债义务的可能性，它反映在借款人过去的偿债记录上。如果借款人是国家，品质则主要是指该国政府的稳定性，它的各项政策与其他主要贸易伙伴国家的关系等；如果借款人是公司，品质则是指它的经营作风，在同行业中的信誉，企业资方在企业界和金融界的地位等。

（2）能力。能力指借款人的偿债能力，即其流动资产的数量和质量，以及与流动负债的比例。偿债能力主要依靠财务报表，如资产负债表、损益表、现金流量表等进行分析。

（3）资本。资本指借款人的财务实力和财务状况，表明借款人可能偿还债务的背景，包括财务情况和公司业绩等。

（4）抵押。抵押是指借款人拒付贷款或无力支付贷款时能被作为抵押的资产。这对于不知底细或信用状况有争议的借款人而言尤为重要。借款人所提供的抵押品必须价值稳定，一般要求是已经在保险公司投保，并且是易于变现的，可以转让的资产。如果属于信用担保，则需要考虑担保企业或部门的财务状况。

(5) 条件。条件是指可能影响借款人还贷能力的经济环境。金融机构了解企业经营环境的目的，主要是为事先采取某些必要措施作应变准备，以保证贷款的安全。

2) "5C"评价体系的主要问题

"5C"评价体系较为全面地考虑了借款人的信用评价问题，在实际应用也确实取得了一定的成效，但这个评价体系的框架存在下列问题。

(1) 过分强调人的因素，部分指标在实际操作中有一定难度。在"5C"评价体系中，不但把品质作为单独的一个指标来考虑，更为不合理的是在考察能力时，将企业经营者、管理者的能力和企业偿债能力归为一类。这样划分指标，既夸大了人为因素在物质条件下的能动作用，而且将管理能力这一定性概念与定量指标（各种财务比率）混为一谈，缺乏系统性，实际操作起来有一定的难度。

(2) 未考虑资金到位后产生的效益。"5C"评价体系的五大指标均是从企业获得贷款之前的情况进行评价。但是，有很多企业，特别是高新技术企业，很难通过账面报表评估其真实价值。按照严格的贷款规定，这类企业也不符合贷款条件，但通过预测，可发现企业获得贷款之后将会获得超额的经济或社会效益。因此，在信贷评价体系中对项目贷款到位后所产生的效益加以考虑是必要的。

2. 现行信用评价体系的问题

中国商业银行现行的信用评价体系中存在如下问题。

(1) 忽略对项目本身的考察。

长期以来，中国商业银行在提供贷款之前的评价，都是以对企业评价为主，主要考察的是企业的信用情况及资金实力等，并非考察所需贷款的项目本身。以致那些实力较弱的企业，即使项目有很好的发展前途和较高的经济或社会效益，也很难获得贷款。如此一来，由于好项目申请不到贷款，企业贻误了市场机会，也丧失了盈利机会，导致资金实力进一步恶化，进而形成恶性循环，这既不利于科技成果产业化，也不利于整个市场的发展。

(2) 过于依赖对历史数据的定量分析。

目前，国内商业银行信用评价指标设计过分依赖对历史数据的定量分析，忽视了对企业管理团队素质、竞争能力、发展前景等代表企业基本素质和发展能力等软性指标的定性评价。对历史数据定量分析的缺陷在于其只能代表企业过往的业绩表现和偿债能力，不能代表企业未来的偿债能力。此外，不少科技中小企业是创业型企业，处于快速发展期，通过历史财务报表分析得出的偿债能力并不能反映其真实的偿债能力。过于依赖对历史数据的定量分析，导致银行高估或误估高新技术企业的信用风险。

(3) 指标具有片面性。

目前，国内商业银行信用评价指标仍然是以财务指标为中心。高新技术企业的风险更多的是由其创业团队素质、经营模式及市场前景决定的，这使片面依赖财务指标进行信用风险评价的指标系统具有片面性和不合理性。目前，在英美等国商业银行的评价体系中，财务指标的重要程度已不断弱化，取而代之的是反映高新技术企业发展能力的软性指标，如管理团队素质、经营模式和发展前景等。

由此可见，我国现存的银行信用评价体系在诸多方面体现出与科技贷款的不适应。为此，有必要根据高新技术企业自身特点，有针对性地建立能科学合理反映科技贷款风险的指标评价体系。

3. 建立高新技术企业信用评价体系

本小节参照牛草林提出的"中小企业信用评价体系"，并结合高新技术企业自身的显著特点，介绍构建高新技术企业信用评价体系的思路。

为了使建立起来的信用评价体系能够客观、全面地评价高新技术企业的信用等级，高新技术企业信用评价体系需要解决两个问题：一是如何选择符合高新技术企业特点的评价指标；二是如何确定符合评价指标的权重以及评分标准。

1）高新技术企业信用评价方法

如前所述，为避免过分重视定量分析、忽略定性分析的问题，对高新技术企业进行信用评价时应该采用定量分析和定性分析相结合的评价方法。因为高新技术企业的诸多特点，如无形资产占比高、平均寿命短、风险高等，使基于传统财务报表的单纯的定量分析法很难对企业价值做出全局性、整体性和科学性的真实评价。纵观国内外关于信用评估方法的研究和实际应用情况，以对企业经营状况的定性分析和财务状况的定量分析相结合的综合评估法更全面，也更为科学。事实上，在高新技术企业中，更应看重的是企业管理团队的道德品质和专业素养，这些特性很难在财务报表中准确体现，因此也决定了定性分析的必要性和重要性。故在构建高新技术企业信用评价体系时应选用定量与定性相结合的综合评价法。此外，为减少评价结果的弹性，增强其科学性和可操作性，在评价时尽量采用定量指标，按照定量计分的原则建立信用评价体系。

2）评价要素及评价指标的选择

依据企业成长理论和原则以及高新技术企业的特点，结合"中小企业信用评价体系"的内容和特点，我们认为，中国高新技术企业的信用状况应包括七个方面的评价要素，分别是企业基本素质评价、创新能力评价、企业成长性评价、偿债能力评价、现金流量评价、盈利能力评价、营运能力评价。根据以上评价要素，建立相应的评价指标。

①企业基本素质指标。企业家基本素质指标包括三个定性指标：企业家素质、管理绩效和企业规模。首先，企业家素质对科技型企业特别是科技中小企业极其重要，往往决定企业发展的未来，包括领导者的领导才能、管理素质、技术素质、开拓能力、应变能力等。其次，大多数高新技术企业的管理尚未规范化，但管理绩效对高新技术企业的信用来说有着重要的影响，如企业规章制度的建设和执行、财务管理、企业文化、质量、技术、信息管理等。此外，企业规模也影响着企业的信用状况。企业规模越大，其抗风险能力就相对越强，信用状况越稳定。

②创新能力指标。创新能力是高新技术企业的核心竞争力，是科技中小企业的活力所在。创新能力指标包括三个：研发费用销售收入占比、研发人员占比和设备更新率。

③企业成长性指标。企业成长性指标包括销售收入增长率、净利润增长率、净资产增长率三个。

④偿债能力指标。其包括三个定量指标：资产负债率、流动比率、速动比率。其中，"资产债率"表示企业长期偿债能力，"流动比率"和"速动比率"综合表示企业短期偿债能力。

⑤现金流量指标。其包括三个定量指标：经营活动现金流量增长率、现金流动负债比率和现金利息保障倍数。传统的偿债能力评价没有对现金流量进行分析，为弥补该缺陷，在设计指标体系时增加了现金流量一项，以便更加真实、全面地反映企业的偿债能力。

⑥盈利能力指标。其包括三个定量指标：净资产收益率、总资产报酬率、销售利润率。充足而稳定的收益往往能够反映企业良好的管理素质和开拓市场的能力，也可以说明企业在资本市场上再融资的能力，从而使企业资产具有较好的流动性。由于高新技术企业具有显著的无形资产占比高的特点，有必要对无形资产的使用效率进行专项评价。

⑦营运能力指标。其包括两个定量指标：应收账款周转率、存货周转率。企业的主要经营活动无疑是供、产、销活动，即企业取得原材料进行生产、在市场上以一定的营销手段销售自己的产品不断收回已售产品的应收账款。如果这一过程顺利、流畅，则企业的经营能力就强；反之，则企业的经营能力就弱。

高新技术企业信用评价体系如表 9-2 所示。

表 9-2 高新技术企业信用评价体系

评价要素	评价指标	权重/分	指标满意值/%	指标不允许值/%
企业基本素质指标	企业家素质	8	—	—
	管理绩效	5	—	—
	企业规模	3	—	—
创新能力指标	研发费用销售收入占比	8	10	3
	设备更新率	4	20	5
	研发人员占比	6	8	2
企业成长性指标	销售收入增长率	8	15	5
	净利润增长率	6	10	5
	净资产增长率	3	10	5
偿债能力指标	资产负债率	6	40	80
	流动比率	5	200	100
	速动比率	5	100	50
现金流量指标	现金流动负债比率	5	20	6
	经营活动现金流量增长率	4	15	5
	现金利息保障倍数	5	150	80
盈利能力指标	总资产报酬率	2	10	4
	净资产收益率	4	20	8
	销售利润率	5	20	8
营运能力指标	应收账款周转率	4	300	50
	存货周转率	4	300	50
总计		100	—	—

（三）商业银行科技贷款创新产品

1. 商业银行科技贷款证券化

1）创新贷款证券化

资产证券化兴起于 20 世纪 70 年代末，如今已发展为主流的融资技术之一。它是指企业通过资本市场发行有金融资产支撑的有价证券，将缺乏流动性的金融资产变现，以达到融资资产与负债结构相匹配的目的。

创新贷款证券化是资产证券化的一种模式，与一般模式相对应，创新贷款证券化的基本结构由原始债务人（高新技术企业）、发起人（银行）、发行人和投资者组成。其过程是银行将向高新技术企业提供的贷款（债权）出售给特殊目的（Special Purpose Vehicle，SPV）公司，将其购买的贷款汇集成资产池（资产组合），再以该资产池所产生的现金流为支撑，在金融市场上发行债券融资，用发行债券所取得的收入购买银行贷款的所有权，最后用资产池所产生的现金流（企业的还款）来清偿所发行的债券。SPV 公司的重要功能就是通过发债所得收入购买创新贷款所有权而成为不破产实体，将发起人（银行）破产风险与投资者分离，从而提高债券等级，降低风险。另外，信用评级机构对该贷款证券化（债券）进行评级，便于投资者投资，担保机构对该资产进行担保，从外部进行信用增级，证券承销商负责证券承销。经过这样的操作，银行就可以将其不流通的创新贷款转换为真实的现金流量，补足其流动资金缺口，维持正常运作或进行新一轮的投资，如图 9-4 所示。

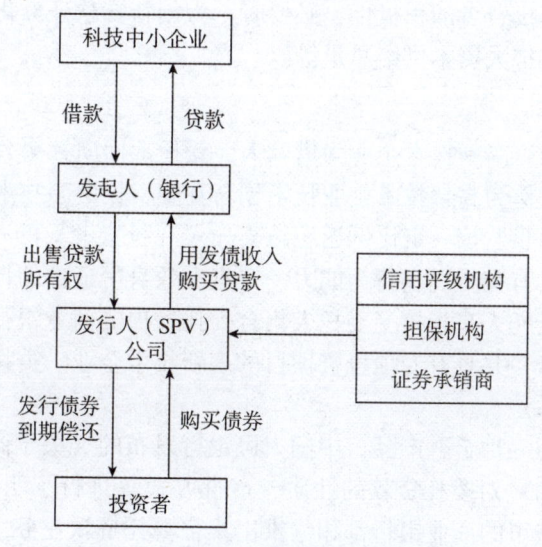

图 9-4 创新贷款证券化基本结构流程

创新贷款证券化的推行，将有效降低科技中小企业的融资风险，扩大创新贷款规模，更多地吸纳社会资金，更好地解决科技中小企业融资难的问题。同时，创新贷款证券化也将增强银行创新贷款资产的流动性，提高银行的总体盈利水平，并提高银行资产的安全性。此外，随着个人信用制度完善及相应法律法规的建立，创新贷款将成为一种具有极高信用的资产，即由其支撑发行的债券将成为风险低、收益高的证券，这就为投资者提供了更好的选择。但当前，中国资本市场发育尚不健全，要实行创新贷款证券化还存在诸多障碍，如信用问题、法律制度问题、外部环境问题，以及资金问题等，有必要进一步探索和试验。

2）推行创新贷款证券化需具备的条件

根据国外试验成功的经验，在中国推行创新贷款证券化需具备以下四个可行的条件。

①组建有政府背景的特设机构 SPV。SPV 是一个独立的法律实体，通常由信托公司、资产管理公司或政府特设专营机构担任。SPV 接受转让的资产后，作为发行主体，以该资产为标的发行证券。在初始阶段，应由政府有关部门出面组建这类中介机构，一方面能够广泛收购各科技中小企业用于证券化融资的资产，实现资产更加充分的组合；另一方面能够更加有效地推动新的融资手段在国内发展，同时也有利于提高资产支持证券的信用等级。

②完善信用担保体系，促进还款。提高资产支持证券信用等级很重要的一个环节，就是要从外部对所发行证券进行信用担保，实现信用增级。资产证券化的一个最基本条件是资产的信用情况容易被信用评级机构及投资者所了解，也就是说创新贷款证券化的核心是信用。为了使创新贷款证券化能够较好地解决科技中小企业的融资问题，必须保证资产支持证券享有较高的信用级别，具有投资价值。

③完善相关法律法规。当前，《中华人民共和国证券法》和《中华人民共和国公司法》等对资产证券化都无明文规定，在会计制度和税收制度方面也缺乏明确的规定。因此，我们应在相关法律上对创新贷款证券化加以重视。

④政府机构的大力推动、扶持。在税收方面，给予该证券化当事人一定的税收优惠，以降低融资成本，提高投资者的积极性；必要时，为创新贷款证券化提供信用担保；积极引导外资进入该市场，扩大资本供给总量等。

2. 集合委托贷款

集合委托贷款就是以高新技术企业为借款人，受托人面向社会公开接受自然人和法人委托，以委托贷款形式作为高新技术企业技术创新基金，投资于技术创新项目和科技成果转化，借款人再将投资收益按一定比例返还给委托人（投资者）的一种融资来源。集合委托贷款的委托人是指具有完全民事行为能力、持有有效身份证件的自然人和具有法人资格的单位或社会团体；受托人是指接受委托人集合委托款项的商业银行；借款人是接受委托贷款构成技术创新基金，并具有专项投资项目的高新技术企业。委托人、受托人和借款人三方关系均为委托关系。

集合委托贷款作为一种金融产品，中国人民银行发布的《关于商业银行开办委托贷款业务的有关问题的通知》对委托贷款的性质、审批方式等进行了明确规定。深圳、南京、上海、成都、长沙等城市的商业银行都相继推出集合委托贷款业务，但大都投资于市政建设项目。事实上，集合委托贷款主要作为高新技术企业技术创新基金，对投资于技术创新项目和技术成果转化具有重要作用。

由于高新技术企业类型多、资金需求一次性量小、频率高、负债能力有限和融资单位成本高等多种原因，难以推动高新技术企业融资渠道的多元化和市场化。随着中国市场经济的不断完善和经济结构的转型，资金融入主体、融资市场及融资环境都在不断变化。高新技术企业技术创新和技术成果转化所需技术创新基金，其资金来源的渠道不能仅靠国家投入，向企业法人和社会自然人贷款是高新技术企业贷款的新方式。因此，由企业法人和社会自然人投资的集合委托贷款应成为高新技术企业技术创新基金的一种新的主要来源。

3. 知识产权质押贷款

1）知识产权质押贷款概述

权利质押是以特定权利作为担保物的质押形式，即以权利作为质押的标的物，在债务人到期不能清偿债务时，债权人有权将该权利转让以优先受偿。一般认为，以所有权以外的可转让的财产权利而作的债权担保是权利质押的基本属性。通常权利质押包含一般债权质押、证券质押和知识产权质押三种形式。德国、瑞士、意大利等国规定，可让与的债权及其他权利可以出质。

知识产权质押贷款是权利质押贷款的一种形式，是指债务人或第三人将其依法拥有和控制的知识产权移交债权人作为贷款的担保，以督促债务人履行偿债义务、保障债权人实现权利的一种担保贷款。当债务人不能履行该债务时，债权人有权依法将该质押知识产权折价或者以拍卖、变卖该无形资产所得的价款优先受偿。

知识产权质押贷款是日本开发银行最先推出的。为了培育和创造创业企业，日本开发银行从1995年开始，根据《新规事业育成融资制度》对缺乏传统担保（土地、不动产）的日本风险企业提供长期资本的供给。从日本开发银行获得知识产权质押贷款的企业往往拥有较高技术水平，但是缺乏土地、不动产等传统的可以用于抵押的物品。上述拥有高新技术的企业在研究开发过程中需要长期资金的投入，而商业银行在经营上追求稳健的原则，通常不愿意向没有传统担保品或第三方担保的企业提供长期贷款。日本开发银行负有促进创业企业创立、育成的义务。鉴于上述原因，相对于传统担保品的知识产权质押贷款方式就应运而生了。

中小企业融资困难是一个世界性的难题，其中科技中小企业更因为缺乏可用作抵押品的财产而无法从银行渠道获得贷款，这种情形严重地影响了企业的发展和科技的进步。而知识产权质押贷款成为有效解决科技中小企业融资瓶颈、提高自主知识产权、促进经济发展的重要途径。其重要意义体现在以下几点。

一是知识产权质押贷款是解决科技中小企业融资困难的有效途径。传统的银行贷款有严格的审查制度，对企业的资产状况、经营情况、综合信用、风险等级等指标有较高要求，且更倾向于选择有形资产作为质押物资。但是，由于科技中小企业的风险高，无形资产比例大，缺乏银行较重视的有形质押物资，无法获得传统贷款，而知识产权质押贷款是一种为科技中小企业量身定制的融资方式。一般认为，科技中小企业是以科技人员为主体，以发展科技产业为目标的企业，普遍具有高技术人才、高风险、高收益、高成长性、中小规模等特点。发展知识产权质押贷款符合科技中小企业的特性，企业可以合理利用自身的无形资产资源，为企业营造发展契机、创造超额利润。

二是促进企业对无形资产的认识、开发和利用。拥有无形资产是增强企业知名度的重要途径。如果一个企业拥有优质品牌、优秀专利，就表明其具有较高的科学技术和管理水平，也就意味着在国内外市场有较强竞争力，它必定能够快速占领市场、寻求发展、获得盈利。开展知识产权质押贷款有利于促进企业对无形资产的认识，加大对无形资产的开发力度，提升对无形资产的利用能力，并进一步提高自主知识产权。企业应利用无形资产合理配置资源，低成本、高效率地开发新产品，有效地进行产权交易和融资，扩大资本运营的弹性空间，提高经济效益。

三是为银企合作提供新思路，促进银行业改革。基于风险控制的经营原则，商业银行都想把贷款发放给经营风险低、还款能力强的大企业，但它们大多拥有良好的现金流，对贷款的需求不大。而渴望获得贷款的科技中小企业，由于其轻资产、高风险的特性，在现行的贷款制度下，银行很难向其提供贷款。于是，银行被迫陷入"贷款难"的窘境。知识产权质押贷款的出现，打破了传统的贷款标准，为商业银行提供了创新贷款产品，为银企合作提供了新思路、新方法，有效解决了银行放贷难的问题，促进了银行业的改革。

2）中国知识产权质押贷款的现状及存在的风险

纯粹的知识产权质押贷款在发达国家并不多见，在中国更是一种新鲜事物。利用无形资产质押获得贷款的企业可谓凤毛麟角，且都是在地方有一定影响力的大企业，其中颇具影响和知名度的有1996年江苏红豆集团以品牌质押向中国农业银行无锡分行申请2 000万元贷款和2001年温州庄吉集团以品牌质押从中国建设银行温州分行获得4 000万元的贷款。

2006年10月31日，北京柯瑞生物医药技术有限公司凭借其专利权从交通银行北京分行成功获得了150万元的贷款，成为全国首例科技中小企业知识产权质押贷款，开启了知识产权质押贷款商业化推广的序幕。2007年2月，《关于商业银行改善和加强对高新技术企业金融服务的指导意见》和《支持国家重大科技项目的政策性金融政策的实施细则》指出，高新技术企业可以用股票、股权及知识产权等无形资产作为抵押物申请流动资金贷款。

虽然知识产权质押贷款一经推出就受到科技中小企业的热烈追捧，但作为授信的银行却是少数。目前，国内只有交通银行、北京银行及若干城市商业银行推出相关业务品种，实际贷款额度和发放的贷款总额有限，其他商业银行多处于观望或者产品研发阶段。虽然任何一种形式的质押授信都存在风险，但是知识产权质押贷款的风险特别受到银行的关注。例如，交通银行北京市分行的"展业通"知识产权质押贷款在授信条件上有严格限制：贷款用途仅限于在生产经营中的正常资金需求，不能用于证券、期货等市场；贷款期限一般为一年，最长不超过三年，且不得办理展期；贷款额度一般控制在1 000万元以内，不超过3 000万元。有些开展知识产权质押贷款的银行的授信条件更为严格。

因此，总体看来，知识产权质押贷款的商业价值已得到市场认可，但是，由于受风险高、操作难度大等因素制约，短期内推广范围有限。

与实物抵押贷款相比，知识产权质押贷款因其特殊的质押物及复杂的风险管理等特点，操作风险相应增大，具体表现在以下几方面。

①企业对知识产权认识不足。《企业会计准则》和《企业财务通则》将无形资产纳入会计核算的范畴，使其正式成为企业资产总额的组成部分。随着经济的发展，科学技术是第一生产力的观念日益为世界各国所接受。中国科技型企业对于知识产权的认识虽然逐步加深，但仍有偏差。有的企业持有一种"只有看得见、摸得着的实物才是真正的资产"的错误偏见，因此，淡化了知识产权作为资产价值存在的客观性。一方面，人们保护意识薄弱，如果不注重对商标和专利的注册、专利保护和技术保密意识薄弱等；另一方面，不懂得利用并经营知识产权，误以为知识产权只能为生产、销售服务，殊不知知识产权在产权交易、融资贷款等领域也能发挥重要作用。

②知识产权质押贷款风险控制缺位。知识产权质押贷款风险要远高于传统的贷款形式，要求银行机构必须建立相匹配的风险控制系统。在实际业务运营过程中，银行机构风

险控制能力仍显薄弱，且不能与知识产权质押贷款风险相匹配，风险管理不到位。此外，科技中小企业自身的高风险性加大了银行风险控制的难度。如前所述，科技中小企业具有高技术风险、高市场风险和高财务风险的特点，使得银行机构在放贷后的风险监控过程中无法及时、准确地掌握相关信息，致使风险管理相对滞后。

③知识产权评估难。首先，缺乏统一的评估方法和行业标准。行业缺乏统一的标准，造成了知识产权评估的随意性和盲目性，目前国内知识产权的评估方法还有待规范。根据中国《资产评估基本准则》的规定，无形资产的评估方法主要包括重置成本法、收益法和市场法，注册资产评估师应当根据无形资产的有关情况进行恰当选择。但评估方法自身存在弊端，例如，重置成本法由于偏重历史成本，会使评估结果与现实脱节；市场法虽然与现实情况保持一致，但如果缺乏有效的转让市场，其评估结果可信度会很低；收益法进行知识产权评估时，对参数折现率的选取存在较大的主观因素，容易出现偏差。由此可见，即使评估方法选择合理，由于三种方法依据不同，评估结果也有可能相差较大，从而影响了评估结果的权威性。其次，评估中介机构自身素质参差不齐，缺乏诚信监督。目前，中国各评估中介机构自有资源和评估水平差距较大。事实上，评估机构的评估师一般都是审计人员兼任，缺乏专业性。在发生业务时，常常是从各个部门临时抽调几个业务人员组成知识产权评估团队，由于各个成员之间交流少，业务上相互独立，彼此间缺乏沟通，因此，很难培养出专业的评估团队，对科技企业的知识产权进行评估，极大影响了知识产权的评估效果。从行业角度看，中国知识产权评估行业缺乏行业规范，行业秩序不佳，知识产权评估环节缺乏必要的诚信监督，存在许多人为因素，甚至幕后交易，使得知识产权质押贷款的核心环节缺少可靠的外部定价依据，无形中进一步增加了知识产权贷款的风险。究其原因，一是某些公司急功近利，为了达到贷款的目的不择手段，采取不正当手段拉拢评估公司；二是由于相关法规的缺失，评估公司对于评估结果不用承担过多的责任，因此铤而走险，任意夸大或缩水评估价值。最后，知识产权价值评估主要是对其未来收益现金流的预测，稳定的收益是偿还贷款的重要保证。但是，知识产权除了受技术本身影响，实际经营中，还会受到技术产业化效果、替代技术等多种不可测因素的影响。以专利权为例，正处于尖端的专利技术随时可能被另一技术赶超，甚至淘汰。即便没有新的技术来更新，也有可能因为保护不当而遭受侵权使其贬值。因此，知识产权价值不确定性较高，增加了知识产权的评估难度。四是知识产权变现难。中国企业产权意识不强，产权交易渠道有限，且相关制度建设滞后，交易程序复杂，交易成本较高。一旦企业出现经营困难、无力偿还债务等情况，银行就不能像处理有形资产抵押贷款一样，通过拍卖、租赁、转让等方式及时收回资金。

目前，经济社会中尚缺少专业的知识产权交易市场，且交易信息大多比较封闭、不够公开透明，影响了知识产权的变现能力。

另外，知识产权的变现受行业、地域的限制，如电器行业知名品牌出让给五金企业时，其品牌效益将明显下降，品牌价值将大打折扣。因此，商业银行处置知识产权获得收益的难度较大，这将对损失的补偿产生不利影响。

第三节 科技股权融资

一、股权融资资本市场

（一）科技资本市场的内涵

资本市场本身具有普适性，并不特别针对某一类型或某些行业的企业，但资本市场的层次性却赋予其服务于不同类型企业的特质。按照资本市场的层次性，从上往下，企业越来越多地具有高风险、高收益以及高成长性的特征，只有高成长性的新兴企业才有可能在未来带来高额回报以弥补其成长发展过程中因高度不确定性而形成的风险，而这类企业往往多为高新技术企业。所以，就世界范围内看来，创业板、场外交易市场等往往被认为是适合科技型企业上市融资和股权交易的市场。由此，我们提出了科技资本市场的概念。从更广泛的意义上讲，科技资本市场实质上是为高新技术企业提供直接融资的所有资本市场，包括部分主板市场（含中小板市场）、创业板市场及场外交易市场等。

（二）高新技术企业生命周期与资本市场的结合

按照一般惯例，高新技术企业的生命周期可以划分为种子期、初创期、扩张期（或成长期）和成熟期四个发展阶段。处于生命周期不同阶段的企业有其特定的阶段性特点，表现为投资价值和投资风险的多样性，进而表现为同时对融资渠道和资本数量的不同需求，因此在各个阶段具有差异显著的投融资方式策略，需要在不同层次的资本市场采用不同的金融工具，最终表现为对多层次资本市场的需求。高新技术企业生命周期与资本市场的关系如图9-5所示。

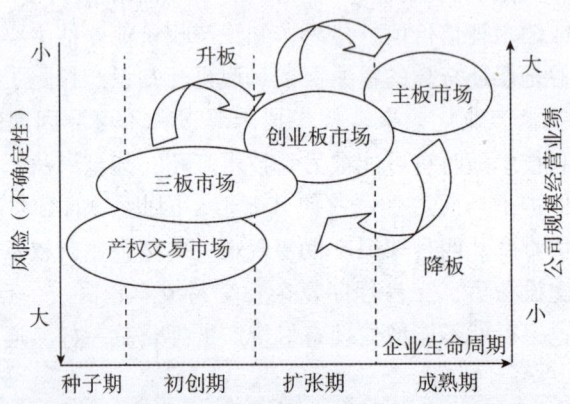

图9-5 高新技术企业生命周期与资本市场的关系

种子期是项目团队将创造性思维转变为现实技术发明的研究开发阶段，资金需求以团队自有资金或自筹资金为主，基本不涉及资本市场融资。

在初创期，公司初步建立，仅凭团队的内部资金远远无法满足生存和发展的需求，因此创业风险投资是主要的资金来源之一；同时，公司也开始接触底层的资本市场，可以进入区域性的产权交易市场、三板市场等挂牌交易，通过转让股权筹集外部资金，也可以通过规范化的资本市场运作机制，对企业价值及最核心的知识产权进行价值评估，直接通过知识产权交易市场出让核心知识产权融资。

随着企业进入高速成长的扩张期，对资金的需求急剧膨胀，迅速的成长与匮乏的资金之间的矛盾单靠信贷抵押融资难以彻底解决。而企业初具规模，盈利模式日趋成熟，企业也有能力从低层次的三板市场进入较高层次的资本市场进行大规模的股权融资，即登陆创业板市场通过公开发行股票融资。

进入成熟期的企业，当条件达到要求时，就能够充分利用创业板以及主板市场发行股票融资。而随着企业的成长壮大，从扩张期开始，风险资本就将通过各种渠道逐步退出。创业板及主板上市是风险资本退出的最佳渠道，而三板市场的股权转让及产权交易市场也都为其退出创造了更多的选择。

由此可见，随着高新技术企业的发展壮大，与资本市场的结合将日趋广泛，多层次资本市场既为其提供了便捷的融资场所，也为创业风险资本的退出提供了多重渠道。由于高新技术企业生命周期的阶段性特征，对资本市场的需求也表现出明显的阶段性特点，如表9-3 所示。

表9-3　高新技术企业生命周期对资本市场的需求

阶段	资金需求及主要用途	风险	可利用资本市场
种子期	较小，技术研发	技术风险	很少
初创期	较大，市场开发	创业风险	产权交易、场外交易
扩张期	大，规模扩张	经营风险	创业板
成熟期	大，进一步扩张	较小	创业板、主板

（三）各国资本市场体系与高新技术企业发展

比较世界各国多层次资本市场的发展状况，美国资本市场是最为成功的典范，其证券市场有着近300余年的历史，证券市场制度完善、发展成熟、运作规范，形成一个立体式的交易模式，是全世界规模最大、系统最复杂的资本市场，能满足不同企业不同筹资规模的需要。

1. 美国资本市场的层次结构

不同的历史渊源、创办机构等诸多因素，形成了美国今天极为丰富的多级资本市场结构，而各资本市场之间并不是截然划分的高中低层次，存在一定的重叠。一般认为，最高级的是主板市场，又叫一板市场；而创业板市场由于多针对高成长性的中小企业，所以将其视为进入主板市场的前奏，又称二板市场；场外交易市场中的企业资质更低，俗称三板市场。

在由美国证券交易商协会（National Association of Securities Dealers，NASD）创立的纳斯达克市场中，上市公司多为科技型企业，并孵化了IBM、微软等一批高科技产业中的巨头，极大地促进了美国高科技产业的发展，因此成为创业板市场中的典范，也一度成为创业板的代名词，甚至日本、中国打算建立自己的创业板市场时，都提出将建立"日本的纳斯达克""中国的纳斯达克"。实质上，纳斯达克证券市场内部分为不同级别的三个层次，兼具主板市场与二板市场，还具有场外柜台交易系统（Over the Counter Bulletin Board，OTCBB）和粉单市场这样典型的三板市场。由此可见，纳斯达克本身不仅是一个创业板市场，更是一个独立于纽约证券交易所之外的多层次资本市场。

综合各资本市场的开放程度、进入条件以及其内挂牌交易（或报价）的公司的规模，美国的多级资本市场可以划分为四个板块，其关系如图9-6所示。

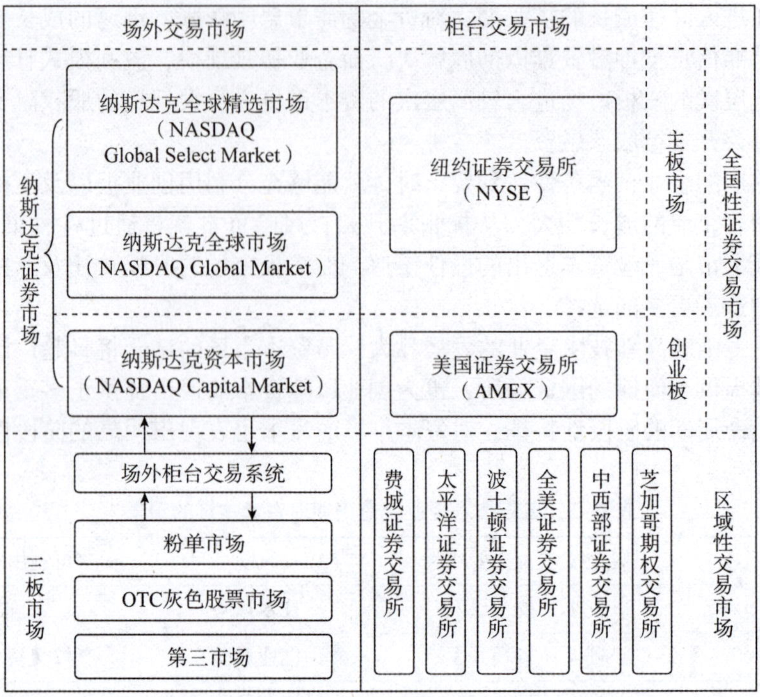

图 9-6　美国多层次资本市场示意图

1）面向大型企业的全国性证券交易市场

面向大型企业的全国性证券交易市场由纽约证券交易所、纳斯达克全球精选市场和纳斯达克全球市场构成，上市标准最高，主要是向大企业提供股权融资的全国性证券交易市场。上市的企业一般是知名度较高的大企业，有良好的业绩记录和完善的公司治理机制，并有较长的历史存续性和较好的回报。从投资者的角度看，这些市场的投资人一般都是风险规避或风险中立者。

纽约证券交易所是成熟期科技企业理想的融资场所。能够在纽约证券交易所上市的科技企业一般是处于科技产业化的成熟期，这些科技企业经过快速成长，已经成为规模大、收益稳定、投资风险较低的大型企业，适合各类投资者投资，因此汇集的投资者数量和资金总量庞大，可以满足成熟期科技企业公司巨大的融资需求。

纽约证券交易所并不存在明显的科技或非高科技企业倾向，只要符合要求的公司均可上市融资。

2）面向中小企业的全国性证券交易市场

面向中小企业的全国性证券交易市场由美国证券交易所和纳斯达克资本市场构成，主要是面向中小企业提供股权融资服务的全国性市场。

美国证券交易所是唯一一家关注易被人忽略的中小市值公司并依靠为其提供一系列服务来增加关注度的交易所，通过和中小型上市公司形成战略合作伙伴关系来帮助其提升公司管理层和股东的价值。相比于纽约证券交易所，美国证券交易所的上市公司标准较低，俗称"小交易所"。公司融资范围较宽，从低于500万美元到超过1亿美元都可以操作，公司还可以用在美国上市的股票代替现金，作为收购其他公司的"货币"。对中小企业和新兴企业来说，在美交所上市是公司募集资金用于未来扩张的较好选择，在该交易所挂牌交易的企业发展到一定程度可以转到纽约交易所上市。一些美国大公司在公司创立之初，都选择在这里将其股票上市，如埃克森美孚公司和通用汽车公司。

3）区域性交易市场

区域性交易市场包括六大地方性证券交易所，即费城证券交易所、太平洋证券交易所、辛辛那提证券交易所、中西部证券交易所以及芝加哥期权交易所，以及由美国证券监督管理委员会依法豁免办理注册的小型地方证券交易所。这些交易所基本上没有上市功能，只是作为纽约交易所和纳斯达克全球精选市场的区域交易中心存在，主要经营地方性的中小企业证券，同时有些本区域在全国性市场上市的公司股票，也在六大地方性市场交易。

4）面向中小企业的场外交易市场

面向中小企业的场外交易市场由 OTCBB、粉单市场、第三市场和 OTC 灰色股票市场构成，是主要面向广大中小企业提供股权融资的场外交易市场。

场外交易市场简称 OTC 市场，是指在证券交易所外进行证券买卖的市场，是一个分散的无形市场。它没有固定的、集中的交易场所，而是由许多各自独立经营的证券经营机构分别进行交易的，并且主要是依靠电话、电报、传真和计算机网络联系成交的。但如今的 OTC 市场已不仅仅是传统意义上的柜台交易市场，有些国家在柜台交易市场之外又形成了其他形式的场外交易市场。

1975 年，NASD 提出了纳斯达克的上市标准，规定只有在纳斯达克上市的股票才能在该系统报价，从此，纳斯达克彻底割断了与其他 OTC 股票的联系，成为一个完全独立的上市场所。这里谈到的 OTC 市场实质是除了纳斯达克以外的另四类 OTC 市场。

①OTCBB（目前有 3 000 多只股票）。OTCBB 全称是场外交易（或柜台交易）市场行情公告板（或电子公告板），是美国最主要的小额证券市场之一，于 1990 年 6 月由 NASDAQ 设立，不是证券交易所，也不是挂牌交易系统，它只是一种实时报价服务系统，不具有自动交易执行功能。OTCBB 主要为中小型企业提供有价证券交易服务，在这里报价的股票包括：不能满足交易所或 NASDAQ 上市标准的股票以及交易所或 NASDAQ 退市的证券，此外还有认股权证、美国存托凭证的交易服务。OTCBB 没有上市标准，任何股份公司只需向 SEC 提交文件，并且公开财务季报和年报就可以报价。

②粉单市场。国家报价局（National Quote Bureau，NQB）于 1904 年开始向美国的券商和投资者提供报价服务，每天用粉红色纸张刊印公布 10 000 多种柜台交易股票和 5 000 多种债券的价格、交易量等，并将各种证券的报价信息定期制作成刊物印刷并发往全国，因此而得名"粉单市场"。值得一提的是，一部分股票是在 OTCBB 和粉单市场上双重挂牌。

粉单市场仅仅是纳斯达克最底层的报价服务系统，而且不是一个自动报价系统，不提供自动交易撮合，也不执行自动交易指令，而是经纪商通过电话询问至少 3 个做市商的报价之后，再与最佳报价的市场做市商成交，不受证券监管当局的监管。也没有上市的财务要求，发行人也不必向美国证券交易委员会（United States Securitles and Exchange Commission，SEC）提交财务报告（粉单市场是美国唯一一家不需要进行财务信息披露的证券交易机构），如果某家公司由 2 个或以上的做市商公开交易后，它便会自动进入粉单市场并记入交易表中。因此，活跃在粉单市场上的主要是那些喜欢冒险的激进投资者及风险投资人。1999 年 9 月，该市场引进了实时报价的电子报价服务，大大提高了 OTC 市场交易的效率。2000 年 6 月，国家报价局也正式更名为粉色交易有限责任公司，对粉色交易进行管理。

③OTC 灰色股票市场（OTC Grey Market）。在纳斯达克、OTCBB、粉单市场三者之外报的所有 OTC 股票，统称为 OTC 灰色股票。

④第三市场。特指部分已在交易所上市的证券的场外交易市场，原属于柜台交易市场的组成部分，但因其发展迅速，市场地位提高，被作为一个独立的市场类型对待。在 20 世纪 70 年代以前，按照纽约证券交易所的规定，对其会员经纪人而言，已在纽交所上市证券的交易都只能在交易所进行，并实行固定佣金制，这对大宗交易者很不利。而非纽约证券交易所会员的经纪人则可摆脱这一约束，可以将这类已上市证券的交易移到场外市场进行，从而降低佣金费用，因而导致大量上市证券在场外进行交易，遂形成第三市场。它也成为交易所的有力竞争，1972 年，纽约证券交易所允许对 30 万美元以上的订单实行协议佣金制，最终 SEC 于 1975 年取消固定佣金制，也促使交易所改善交易条件，第三市场的吸引力因此有所降低。

5）私募股票市场

除了上述的四类资本市场，也有学者将私募股票市场视作多层次资本市场的一个部分。1990 年以前，纳斯达克规定，禁止私募股票在交易达成六个月以内买卖。由于缺乏市场流动性，很多投资者不愿意从事私募股票的买卖和承销。1990 年，美国证监会更改条款，允许私募股票在合格的机构投资者之间进行买卖，但是，纳斯达克并没有建立一个私募股票买卖的专门场所。纳斯达克就创建了一个针对私募股权交易的市场，这就是 PORTAL 系统。

近年来，私募股权交易开始异常活跃起来。2006 年 12 月，纳斯达克推出了 PORTAL 新网络申请系统，允许在线交易有价证券。2007 年 8 月 16 日，推出了 PORTAL 交易系统，以便在合格经纪人、交易员和机构投资者之间进行有价证券二级交易。新的 PORTAL 系统推出了股票集中交易与议价系统，将私募市场之间的交易公开化。

2. 层次间的转板机制

从规模上来看，美国股票市场上位于底层的 OTC 市场中公司数量最多，而市场层次越高，则市场规模越小，由此构成一个金字塔结构。各个层次市场之间不是孤立的，而是互动的。上市公司一旦满足上一层次市场的准入条件，就可以选择摘牌然后进入上一个层次；同样，如果上市公司不再符合上市条件，就会调入下一级市场。

多层次的证券市场体系极大地拓展了美国证券市场的容量，对于高成长性而又急需资本的科技企业而言，无疑提供了多元化的融资渠道，企业的融资结构也发生了变化，公司债券和股票融资比例不断上升，银行贷款比例下降，企业通过股权融资获得了良好的发展机会。层次分明的市场结构，加上严格的升降板规定，也使美国股票市场在组织结构和功能上形成相互递进的特征。上市公司在不同层次的市场之间的灵活转换，充分发挥了证券市场的"优胜劣汰"机制，确保了美国资本市场中上市公司整体的素质。无论从个体企业还是从市场整体看来，其都有力地推动了美国经济的创新与增长。

二、创业风险投资

（一）创业风险投资的内涵

国际上不同的机构、学者对创业风险资本给予了不同的定义。美国风险投资协会

第九章　市场科技金融

（National Venture Capital Association，NVCA）将创业风险资本定义为由职业金融家投入新兴的、迅速发展的、有巨大竞争潜力的企业（特别是中小型企业）中的一种股权资本。OECD认为，凡是投资于以高科技与知识为基础，生产与经营技术密集的创新产品或服务的资本，都可视为创业风险资本。创业风险资本是一种实行专业化管理的资金，其目的在于将资金作为直接的权益资本投入快速增长的高科技公司，并对其进行积极的管理，而且有明确的退出策略，它常常与创业、与整合资源以抓住商机的能力紧密相连。哈佛大学研究创业风险资本的著名教授保罗·冈珀斯认为，所谓创业风险资本是指由专业从业人员管理、专门投资于私人的高增长企业的资本。道格拉·斯格林伍德认为，创业风险投资是准备冒险的投资，它是准备为一个有迅速发展潜力的新公司或新开发的产品经受最初风险的投资，而不是用来购置与这一公司或产品有关的各种资产的投资。新兴风险资本家协会（EVCA）认为，创业风险投资是指一种由专门的投资公司向有巨大发展潜力的成长型、扩张型或重组型的未上市企业提供资金支持并辅之以管理参与的投资行为。

国内学术界对创业风险资本也没有统一的定义。1999年出台的《关于建立风险投资机制的若干意见》的定义："风险投资（又称创业投资）是指向主要属于科技型的高成长性创业企业提供股权资本，并为其提供经营管理和咨询服务，以期在被投资企业发展成熟后，通过股权转让获取中长期资本增值收益的投资行为。"成思危认为，所谓风险投资，是指把资金投向蕴藏着失败风险很高的高新技术及其产品的研究开发领域，以期成功后取得高资本收益的一种商业投资行为。钱水土提出了描述更为全面的定义：所谓风险投资，是指专门的投资机构通过一定的方式向各类机构和个人筹集创业风险资本，然后将所筹集到的资本以股权形式投入具有高度不确定性的企业或项目，并参与所投资风险企业或项目的管理，以期实现项目的高成长率并最终通过出售股权取得高额资本收益的一种投资方式。

本书认为，**创业风险资本是专业投资机构在承担高风险并积极控制风险的前提下，投入高成长型创业企业，特别是高科技企业并积极追求高额收益的权益性金融资本。**这种机构的投资行为称为创业风险投资，**专门从事创业风险投资的从业人员称为创业风险投资家或创业风险资本家，接受创业风险投资的企业称为创业企业或风险企业，企业创始人称为创业企业家或风险企业家。**

创业风险投资是一种高风险与高收益并存的投资。创业风险投资家以获得红利或靠出售股权获取利益为目的，其特点是甘冒风险来追求高额的投资报酬，并在实现退出后将回收资金循环投入类似高风险事业中。创业风险投资家不仅投入资金，还用他们长期积累的经验、知识和信息网络帮助创业企业家更好地经营企业。因为这是一种主动的投资方式，因而由创业风险资本支持而发展起来的企业成长速度远远高于其他企业。通过将增值后的企业以上市、并购等形式退出，创业风险投资家得到高额的投资回报。

创业风险投资的退出方式有：通过IPO出售股权退出；通过风险企业的兼并而转移股权；通过内部回购，即企业的创业者回购创业风险投资者的股权；通过破产清算退出。创业风险投资的对象主要是那些力图开辟新的技术领域、新的商业模式、新的市场以获取超高额利润但又缺乏大量资金的新兴企业。

（二）创业风险投资的形式

1. 天使投资

天使投资，又称"非正式私人股权投资"或"非正式风险投资市场"，是风险投资的子系统。天使投资一词源于纽约百老汇演出，指富有的个人出资，资助一些具有社会意义的文艺训练、彩排及演出。因此，天使投资最初具有一定的公益捐款性质，但后来其被引申为一种为新兴的具有发展潜力的，同时孕育着巨大风险的企业的早期投资。20世纪80年代，美国新罕布什尔大学的风险投资研究中心开创了用"天使"来形容这类投资者在其他领域投资的先例。

天使投资是富有的家庭和个人直接向风险企业进行权益投资。他们利用多余的资金，凭借丰富的管理经验及对市场的预测估计，选择企业进行投资从而获得较高的利润。这是一种不存在中介市场的投资，有时律师、会计师会提供某方面的帮助或咨询意见，但他们并非专业性中介组织。例如，洛克菲勒家族为东方航空公司和道格拉斯飞机制造厂提供大部分的启动资金；菲利普家族为英格索兰德国际纸业公司提供资金。

早在1931年，英国麦克米伦就指出，由于资信状况欠佳、信息的不对称，处于种子期和创建期的中小企业需要大量、及时的资本支撑。

Freear和Wetzel对美国新英格兰地区284个科技中小企业融资案例的调研显示，在177项私人风险投资中，有102项小于25万美元，43项为25万~50万美元，二者占整个调研数量的82%，有107项投资发生在种子期和创建期阶段，即天使投资阶段。由此可见，在科技中小企业发展初期，天使投资具有重要的地位，天使投资几乎是发展初期的科技中小企业可以获得的最有效率的外部资金来源，它有效地推动了处于"童年时期"的科技型企业的迅速成长。

在中国，天使投资起源于互联网和高科技企业，相对于国外以团队形式存在的天使投资人，中国的天使投资则多以个体的形式出现。在中国，天使投资的每笔投资额为5万~50万美元。中国天使投资人的来源主要分为以下几类：一是海外归国的高学历新富阶层和外企中的中方高级管理阶层。这类人群的特点是学历高，具有复合型的知识结构，掌握和了解世界科技和管理发展的最新动态。二是国内的一些个体经营者，包括个体公司老板、一些行业的高收入个人等群体。这类人群资金实力较为雄厚，头脑灵活，而且很多人具有创业经验。三是一些手上拥有家庭几代积累的大笔财富的人。这些人在目前增值乏力的市场情况下需要有所投资，但又缺乏好的投资方式等。

与西方发达国家的天使投资相比，中国的天使投资还需要建立相应的机制。

（1）加强对创业者的教育和引导。

创业者要善于寻找、掌握潜在投资者，可以请他们直接投或者请他们作为公司的董事、担任公司顾问等，使他们能够对企业及项目有更深刻的了解。

（2）加强对天使投资者的教育和引导并进行广泛宣传。

政府、高校和专业机构通过媒体进行宣传，举办培训班或研讨会，介绍成功的经验，提高人们参与天使投资的积极性，加强天使投资方面的教育和引导。

（3）建立比较紧密的天使投资者团体和信息网络。

天使投资俱乐部、天使投资联盟等组织的建立，可以加强信息的交流和共享，有利于整个天使投资行业的健康发展。也可建立校友投资人网络，由于校友之间有很多相同特征而且都接受过良好的高等教育，因此也很容易建立彼此之间的信任关系。同时，政府可以利用互联网定期公布风险投资相关的信息，建立区域性的孵化器，为创业企业提供优惠政策和相关的配套服务。

（4）建立健全社会信用体系。

有效的信用机制是天使投资发展的关键。大力打造诚信工程，建立健全的信用体系，才能让天使投资人放心地进行投资，促进中国天使投资的发展。

（5）完善投资机制和投资环境。

建立良好的法律法规，促进投资者和企业家的合作信心；推出税收优惠政策，鼓励民间资本参与天使投资；要有完善的退出机制。

2. 私人股权投资

1）私人股权投资的定义

私人股权投资（Private Equity，PE），也有人将其翻译为"私人股权""私人权益""私人权益资本"等。从投资方式看，是指通过私募形式对私有企业、非上市企业或者上市公司的非公开交易股权进行的权益性投资。私人股权投资是一种金融工具，也是一种投融资后的权益表现形式。本章所指的私人股权投资主要指投资于成熟期和 IPO 前期项目的股权投资。

20 纪 70 年代末，西方国家开始放松对机构投资者的投资限制，允许银行、保险公司、养老基金等机构投资于私人股权投资基金。20 世纪 80 年代，私人股权投资基金成为一个成熟的产业，在西方各国得到充分发展。20 世纪 90 年代，私人股权投资基金进入发展的高峰期，此期间也是创业风险投资的高峰期，大量金融机构的投资进入高收益率的私人股权投资领域。2000 年之后的网络泡沫破灭对创投行业影响巨大，私人股权投资基金的发展也因此受挫。目前，私人股权投资基金进入上升期。

2）中国私人股权投资发展的特点

纵观我国私募股权基金的发展，整体呈现出以下特点。

①资金的募集面比较窄。私募股权基金采取非公开的形式募资，只能一对一进行资金募集，募资对象主要是资金实力较强的机构和高净值个人投资者。

②投资以股权方式为主。私募股权基金的主要投资方式是股权投资，即以出资占有被投资企业一定股份，包括受让原股东股份以及增资入股。

③持股以阶段性为主。私募股权基金在被投资企业中一般不寻求控股位，并不以长期持有被投资企业股权为目的，一般在 7~10 年内通过 IPO、并购重组、企业或股东回购等方式退出。

④基金的风险性比较高。基金投资企业的估值一般由市场决定，未上市企业股权的流动性较差，如果投资企业是中早期项目，这些企业的失败率较高。

⑤管理的专业性比较强。私募股权基金主要采用委托专业的基金管理机构对基金进行管理，投资者不参与投资决策与管理。

⑥激励约束制度较特殊。基金管理机构的激励约束措施比较明确，支持管理机构的核心管理团队持股、参与超额收益分配、跟投等，并由基金管理机构的关键人士对基金的债务承担无限连带责任。

截至 2022 年年末，中国存续私募股权基金 3.1 万支，管理资本总规模 10.94 万亿元，市场规模较几十年前有了质的飞跃。私人股权投资行业呈现如下发展特点。

①募资规模不断扩大，自 2008 年开始，中国私人股权投资市场募资金额不断刷新纪录。

②投资者逐渐广泛而多元，银行、保险、社保基金等大型机构投资者，在国家逐步放松管制的情况下，投资力度不断加大，高净值人群、普通投资者的参与度更加活跃。

③投资热点向前瞻性战略性产业倾斜，当前的中国经济投资热点聚焦在先进制造业、节能环保、生物医疗、移动互联网、大数据等领域，以及新一轮国企混改、境内外并购、商业模式创新等方面。

④投资阶段前移趋势明显，定位于创业投资的基金总量逐年增加，投资于种子期、中早期的案例数量比例增长速度空前。

⑤投资区域愈发集中，主要集中在沿海发达经济圈和创新创业活跃的一二线城市。

⑥投资回报水平逐步理性回归，过去超高的投资回报将一去不复返，投资价格不断抬高，退出价格伴随资本市场的成熟也趋于降低。

⑦人民币基金已居主导地位：在 2008 年以前，私募股权基金主要是美元基金为主，而 2009 年以后，人民币基金逐渐增多。

3. 产业投资基金

1）产业投资基金的基本概念及分类

产业投资基金是一种按照投资基金运作方式，直接投资于实业项目的金融工具，简称产业基金。它是指一种对未上市企业进行股权投资和提供经营管理服务的利益共享、风险共担的集合投资制度，即通过向多数投资者发行基金份额设立基金公司，由基金公司担任基金管理人或另行委托基金管理人管理基金资产，委托基金托管人托管基金资产，从事创业投资、企业重组投资和基础设施投资等实业投资。产业投资基金是对企业进行直接股权投资，由基金管理人管理和基金托管人托管基金资产的集合投资方式，投资者按照其出资份额分享投资收益，承担投资风险。

根据基金所投产业商业化成熟程度不同，产业投资基金可分为三类：一是创业风险投资基金，主要投资于起步阶段的高新技术产业；二是基础设施产业基金，主要投资于已有一定规模且能保持持续稳定增长的企业，如能源、原材料、交通等基础产业和基础设施领域；三是企业重组基金，主要侧重企业并购、产权重组等，用于大型企业集团或支柱产业的资本扩张及重大调整的过渡性融资。中国的产业投资基金主要为封闭型基金，存续期为 10 年，须由两家以上主要发起人和若干参与发起人共同发起，其中主要发起人必须包括一家相关背景的实业投资公司及一家非银行金融机构，如证券公司和信托投资公司。主要发起人的注册资本不能低于 2 亿元，基金管理公司的注册资本不低于 1 000 万元。

根据投资对象的不同，产业投资基金可分为公用事业型产业投资基金、房地产型产业投资基金和高科技型产业投资基金。每一种类型又可以细分为许多基金，如公用事业型按其具体行业又可分为电力建设基金、通信建设基金、公路建设基金、民用航空事业基金、铁路产业基金等，各个基金严格按照各自的行业范围进行投资。投资在公共事业和房地产方面的产业基金的收益较为稳定，风险不大；投资于高科技领域的一般风险较大，但是一旦投资成功，收益也非常可观。

2）创业风险投资与产业投资基金的区别

创业风险投资是指投向风险较高的高科技项目及其产品开发领域，以期在促进新技术成果尽快商品化的过程中获得高额资本收益的集合投资制度。它作为一种已经在世界上获得成功经验的筹集与运作资本的有效方式，在资金的动员和使用效率上有独特的优势。中国现阶段的创业风险投资基金和产业投资基金虽然形式上相近，本质上却截然不同。

①二者投向企业的发展阶段不同。创业风险投资基金主要投资于企业的初创期，投资风险大，主要侧重于扶持高科技产业的发展，有明显的高风险、高收益的特点。而产业投资基金的投资原则应该以国家亟待发展的产业为主，主要投向收益相对稳定、发展较为成熟的行业，通常为处于发展期和成熟期的行业。

②二者的设定目标和存续时间长短不同。创业风险投资作为一种高度商业性的活动，它的活动领域可以覆盖全部产业领域，只要科技进步不停顿和仍然存在创业创新风险，这种投资活动就会长期持续下去。产业投资基金则是在中国经济社会发展特定阶段的特定产物，设立目标是支持特定产业和特定领域的建设和改革，带有相当程度的政策性，侧重于为政府目标服务，因此其使命将随着现实问题的解决和改革的完成而结束。

（三）创业风险投资的运作机制

1. 创业风险投资的运作流程

完整的创业风险投资的运作流程包括三个阶段：资本动员、运作和退出。

资本动员，即从资本市场上筹集资金的过程；运作，即考察项目，根据具体情况选定投资项目，投入资金获取股权，并在资金与管理等方面给予支持与建议；退出，即根据投资项目的具体运行情况，选择适当的方式退出。三个阶段不断循环，构成创业风险投资的完整过程。

2. 创业风险投资项目的选择

创业风险投资项目的选择主要依赖于一般合伙人和管理者的个人经验与判断，没有统一的标准。美国IDG公司总裁麦戈文（Patrick J. McGovern）在《国际资本眼中的因特网投资》报告中，提出了创业风险资本选择投资项目的三条标准：成长速度快、有望成为行业排头兵、有一个好的管理团队，而其中最重要的就是第三条。通常来说，创业风险投资所投资的公司应该具备这些条件：高成长性、良好的市场前景以及卓越的管理者或管理团队等。

被投资公司的高成长性是创业风险投资资本要求的回报所决定的。作为投资的一种，创业风险投资与一般的投资比较起来，风险更高，失败的可能性更大，因此其要求的回报也更高。这是由回报与风险的关系所决定的。所以，被投资企业必须具备高成长性。

良好的市场前景也是创业风险资本获取高回报所必需的条件。创业风险投资资本并不介意被投资企业在成长初期无法获取足够的回报，甚至无法盈利，但为了在退出时能够获取高额的投资收益，被投资企业所从事的行业或领域必须有广阔的前景。

在创业风险投资项目的选择所要考虑的所有因素中，最为重要的还是管理者及管理团队的选择。在所有影响企业成功的因素中，人的因素是最重要的。对于创业风险投资者来说，他们选择投资企业的创始人或管理者一定要符合他们的价值理念。

3. 创业风险资本的退出

创业风险资本的退出是投资环节中非常重要的一环，只有退出渠道的畅通，才能保证投资者踊跃地将资金投入企业。创业风险投资资本对企业的投资通常是有年限的。对创业风险投资基金的出资方和管理者来说，投资企业的目的并不是为了控制企业或者从企业获得长期持续的回报，而是使企业快速地成长起来，通过退出获取高额的回报，然后进入下一个循环。一般而论，创业风险资本和私人股权投资的主要退出方式有四种：首次公开发行、并购或股权转让交易、股权回购和清算破产。从中国目前的情况看，境外 IPO 仍是创业风险资本和私人股权投资最主要的退出方式，上市公司定向增发并购也是现在较多使用的一种退出方式。对企业和创业风险投资基金来说，最佳的退出方式是 IPO，实践证明，IPO 能够获得最高的投资收益。在项目失败的情况下，创业风险投资可以通过清算的方式实现被动退出。

三、中国科技融资主板市场

中国科创企业利用主板市场始创于 1994 年。为了进一步推动高技术产业的发展，1999 年，证监会按照《中共中央、国务院关于加强技术创新，发展高科技，实现产业化的决定》的要求，明确提出了对高技术企业进一步实行扶持的优惠措施：一是准予高技术公司优先上市，不受原有的额度规模限制；二是只要进行了股份制改造，各种所有制的高技术公司均可申请上市。由此大大加快了高科技公司的上市步伐和融资速度。

2001 年 6 月起，中国证券市场开始步入长达四年的熊市，每年首发上市的新股数量急剧萎缩，但科技型上市公司相对于其他类型公司的上市速度却明显加快，从侧面反映了中国证券市场对科技企业支持力度的加大。2004 年以后，由于启动了深圳中小企业板，主板市场的 IPO 融资资格基本定位于国民经济基础产业中的大型企业，中小科技类公司的上市转向中小企业板。由此，国内主板市场为高技术企业的 IPO 融资服务暂告一段落。

实现高水平科技自立自强，是中国式现代化建设的关键。近年来，从设立科创板并试点注册制到全面实行股票发行注册制，资本市场各项制度规则不断完善，有限、宝贵的资源逐步聚焦科技创新领域。我国上市公司结构持续优化、质量不断提升，一批打破国外垄断、自主创新能力强的龙头企业成功上市。据统计，目前 A 股上市公司已超 5 000 家，其中战略性新兴产业上市公司超过一半，高科技行业市值占比由 2017 年年初的约 20%增长至近 40%。

在我国科技融资主板市场不断发展的同时，科创板的"硬科技"定位彰显，行业分布集中于高新技术产业和战略性新兴产业，国家级"专精特新"企业已有 250 余家。创业板涌现出一批创新"领跑者"和产业"排头兵"，144 家公司获国家科学技术进步奖。北交所上市公司中，战略新兴产业、先进制造业公司占比超八成。沪深北交易所各板块定位更加清晰，多层次资本市场体系更加完善。

在债券市场方面，截至 2023 年 3 月底，交易所市场共计发行科创债 283 只，发行规模 2 100 亿元，募集资金主要投向半导体、人工智能、新能源、高端制造等前沿领域，积极助力科技成果加速向现实生产力转化。同时，证监会表示，未来将深入贯彻落实创新驱动发展战略，坚守科创板、创业板、北交所的差异化特色化定位，探索建立覆盖股票、债券和私募股权的全方位全周期产品体系，持续完善上市公司股权激励、员工持股等制度机制，促进创新链产业链资金链人才链深度融合。适时出台资本市场进一步支持高水平科技自立自强的政策措施。

对比非高新技术企业，高新技术公司最大的特点就是对银行贷款的依赖性要低，同时在外部融资中表现出明显的股权融资倾向。高新技术公司的内部融资所占比例也表现出稳定的上涨趋势。值得一提的是，在所有上市公司中，高新技术类企业的规模普遍较小，由于信息传递的不对称性，中小规模的高新技术企业也可能更不容易获得大额银行贷款，因此，不得不深挖内部融资和外部股权融资的潜力。

第四节　科技保险

一、科技风险分析

科技风险是指在科技开发、成果转化和高新技术产业化过程中，由于外部环境的不确定性、项目本身的复杂性，以及科研开发能力的有限性而导致科研开发项目存在失败、中止，达不到预期的技术经济指标的可能性。

（一）科技风险的分类

科技风险可以从两个方面来分类：一是从科技活动的时间顺序来分类；二是从高科技企业内外部环境来分类。

1. 从科技活动的时间顺序分类

科技风险在时序上由三个阶段有机地联系起来，分别是研究开发阶段的风险、成果转化阶段的风险、产品市场化阶段的风险，如图9-7所示。

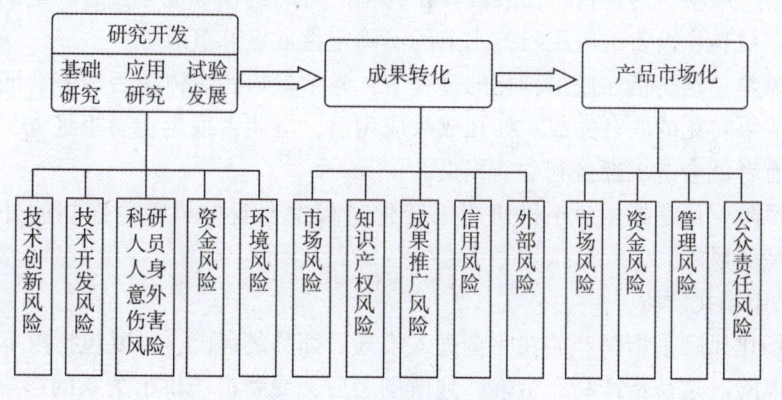

图 9-7　科技风险的分类

1）研究开发阶段

研究开发阶段的风险是指从研究开发到形成实验室成果阶段面临的风险，研究开发可分为三个阶段：基础研究、应用研究、试验发展。基础研究是指科学家为了获得关于现象以及可观察的事实的原理以及新知识从而进行的理论或实验的研究，这一阶段通常只是单纯地为了开辟新的研究方向。应用研究是指为了某一特定的目的而进行的新知识的研究，它是基于基础研究的成果上的。基础研究的知识只有通过应用研究才能转化为实际应用的形式。试验发展是指将基础研究、应用研究和实际经验所获取的知识转化为可以实施的计划，比如，为生产新的产品、建立新的工艺等而进行的一系列的工作，研究开发在这三个阶段分别所面临的风险包括以下方面。

①技术创新风险。在科技产品创新过程中，因技术因素导致创新失败、风险资本无法收回的可能性。

②技术开发风险。在技术开发过程中从最初设想到原型生产，试验工厂以前的研究活动，包括中试、工艺流程设计、试制、工程化直至投入生产时技术上的不确定性。

③科技人员人身意外伤害风险。这是指由于主要科技人员受到意外伤害而影响技术创新过程的不确定性。

④资金风险。这是指由于资金的短缺而导致创新科研活动中断的可能性。

⑤环境风险。这是指高科技企业所处的外部环境，如政治环境、法律环境和内部环境等的变化而导致的创新失败的可能性。

2）成果转化阶段

成果转化阶段的风险是指将具有创新性的技术成果从科研部门转化到生产部门，形成新产品，开始批量生产的过程中面临的风险，主要有以下五个方面。

①市场风险。这是指新产品、新技术在开拓市场的过程中遇到困难的可能。新技术、新产品往往需要一段时间来被消费者所接受，所以在一开始很难确定新产品的市场容量和销售价格。

②知识产权风险。知识产权的风险主要表现为泄露风险，指泄露商业机密或者技术机密而造成的损失；侵权风险，指非知识产权的拥有者利用违法的手段对知识产权拥有者造成的损失。

③成果推广风险。这是指科技项目转化为生产力的过程中也存在着一定的风险，包括产品、工艺、材料、设备的应用时技术上的不确定性或意外事故等。

④信用风险。这是指在成果转化的过程中，各个参与的主体能否按照合同约定的条款的保障科研成果转化的顺利完成。如在成果应用后，应用者拖延或者拒绝支付转让费，那么对成果所有者就会造成经济利益的损失。

⑤外部风险。这是指相对于科研成果转化过程中自身的风险而面临的外部政治、经济、社会环境的风险。

3）产品市场化阶段

产品市场化风险是指新产品在完全进入市场后面临的风险，主要包括以下几个方面。

①市场风险。这是指产品完全推广到市场之后，受到市场供求关系的影响而发生的各种风险。

②资金风险。资金风险包括在产品市场化阶段，没有足够的资金，还包含无法顺利打开市场实现企业利润以维持企业正常运转的风险。

③管理风险。这是指产品市场化阶段，企业发展过程中由于人为因素引起的各种不可控制的风险，如关键技术人员和管理人员的人员流动，会对企业的运作、产品的推广造成极大的损失。

④公众责任风险。高科技产品有时会因为本身具有的缺陷或者不可控制的因素，对社会环境造成一定的污染，对社会公众造成一定的人身和财产上的损失。

2. 从高科技企业的内外部环境分类

分析内外部环境可知,高科技企业的风险如表9-4所示。

表9-4 高科技企业的风险

种类	说明
战略风险	战略与规划失误,目标不明确 技术落后或者超前导致市场开发不成功 不符合宏观经济政策、产业、行业政策 经济衰退、经济危机
财务风险	融资困难 资金流通不畅,应收账款高 外汇波动对企业收入的影响
经营风险	企业内部管理混乱 股东撤资,企业与银行关系不协调 供货商选择不当、违约 高管人员的决策失误对股东造成的损失
产品风险	产品不合格,质量和缺陷问题给消费者带来的损害
市场风险	因市场突变、通货膨胀等事先未预测到的风险而导致市场份额下降 出现反倾销、反垄断指控 订单减少导致产品的积压
人员风险	高管人员和关键人员离职 关键研发人员意外伤害 关键研发人员健康风险 企业对高级管理人员等用人不当造成的影响
政策和法律风险	知识产权被侵犯 宏观政策法律的变化对企业的不利影响 金融支持政策的改变对公司的不利影响
灾害风险	由于地震、洪水、火灾、台风、暴雨、沙暴、交通事故、危险品泄漏、环境污染、地质(地基)变动等造成的损失
公关危机风险	因多种原因(如产品质量不合格、劳资纠纷、法律纠纷、重大事故)被公众媒体曝光给企业造成的不利影响

(二)可保科技风险

并不是所有的风险都可保。通常来说,一般保险保的是可保风险,即纯粹的风险,主要包括以下五种特质:风险必须是大量的;风险事故的发生具有偶然性;风险必须是意外的;损失的概率分布是可测的;损失程度高,发生的概率小。

因此,按照可保风险理论,我们可以分析科技风险哪些是可保的,如技术创新风险、技术开发风险、科技人员人身意外伤害风险、技术成果推广应用风险、新技术引进风险、市场应用风险、知识产权保险、信用保险等。其中,市场风险如果是由不可抗力等自然因素导致的损失,类似于财产保险中自然灾害引起的损失,则具有保险上的可保性。资金风险、外部风险等是投机风险,不具备可保性。

鉴于科技产业的重要性、科技风险的特殊性，有些科技风险在不满足可保风险的条件下还是会被保险公司设计相应的保险险种。因此，可保的科技保险除了此前的五种特质外，还要加上政府政策的倾斜，不完全是商业化行为。

当然，可保风险也是随着社会的发展而不断变化的，以前不可保的，现在可能已经可保了，在今后的发展中，还会不断产生适应社会发展需要的新的保险品种。

（三）科技风险的管理

与任何风险一样，面临科技风险的企业或者科研机构需要对科技风险进行管理。科技风险管理的主要环节同样包括风险识别、风险分析、风险评价、选择风险的处理方式以及风险管理效果评价。

（1）科技风险的管理首先是识别科技风险，即在科技风险造成事故损失之前就运用系统的、全面的方法对风险进行判断、识别、归类。

（2）科技风险的分析是在风险识别的基础上进行的，风险承担者通过对历史数据的分析比较，运用科学数理手段，对风险事故的可能性以及损失大小进行评断。对科技风险的分析建立在科学的基础上，有利于风险的承担者或者管理者针对科技风险的特点选择最佳的风险管理方式，从而降低风险损失。

（3）科技风险的评价是基于风险识别以及风险分析，综合其他因素，测定出所面临的风险程度以及损失程度，以此判断是否采取相应的措施。

（4）科技风险的处理包括回避、预防、自留、抑制以及转移，重点关注科技风险的转移。科技风险与其他风险的一个不同之处在于：科技风险所在的领域为高科技领域，是国家重点支持创新的领域，为了支持高新技术的发展，国家制定了许多促进科技创新的措施，因此科技风险所在的企业以及科研单位等可以通过一些支持创新的手段转移风险。这些转移风险的方式包括政府科技计划与基金、天使投资、风险投资、科技信贷、科技保险等。科技保险是由保险公司承担一部分的科技风险，将风险转移到保险公司。

（5）科技风险管理的评价是指科技企业以及科研机构等通过对风险管理结果与风险管理的目标进行比较、分析、修正和评估，也在风险管理过程中根据实际情况不断调整和修改。

（四）科技风险的保险需求

科技企业需要用保险来分担风险，根据不同的标准，对保险有不同的需求。

1. 按照科研开发的时间阶段不同，保险需求不同

研发阶段可能的保险需求包括关键技术开发保险、产品设计责任保险、高管人员以及关键研发人员保险、研发失败损失保险、环境污染责任保险、高新技术企业信贷保证保险、关键研发设备保险、研发中断保险。

成果转化阶段的保险需求包括知识产权成果转让保险、知识产权抵押保险、信用保险、保证保险、营业中断保险。

市场化阶段的保险需求包括公共责任保险、出口信用保险、产品召回保险、利润损失保险。

2. 根据保险的标的的不同，保险需求也不同

保险标的为设备的保险包括关键研发设备保险。

保险标的为人员的保险包括高管人员和关键研发人员的保险（健康保险、意外保险）、董事会监事会高级管理人员职业责任保险、职业责任保险（过失或者疏忽保险等）。

保险标的为产品和成果的保险包括产品责任保险、知识产权质押保证保险。

保险标的为财务和利润的保险包括利润损失保险、贷款保证保险、应收账款信用保险、出口信用保险。

保险标的为信息系统的保险包括网络保险。

总之，科技风险存在的客观性决定了其对科技保险需求的必然性。由于科技开发、成果转化和产业化过程本身的复杂性，科技保险也有其特定的困难和问题需要不断探索解决。

二、科技保险运营

（一）科技保险的概念

本书将科技保险的定义分为狭义和广义两种。狭义的科技保险是用金融手段推动科技创新的一种全新的服务模式，它服务于科技创新的任何一个阶段。其实质是为研究开发、科技成果转化、科技产业化发展等过程提供保障，分担由于内部条件的局限和诸多不确定外部因素而导致科技创新和发展活动失败、中止、达不到预期目标的风险而设置的保险。广义的科技保险除了包括对科技创新活动中的各个阶段的保险，还包括对科技金融工具以及科技金融衍生产品的保险及再保险等，如对科技贷款的保险及再保险，对资产证券化的保险及再保险等。科技保险是一个不断发展、不断完善的概念。

（二）科技保险的特点

1. 准公共产品

科技保险是准公共产品，虽然它不似外交、国防等公共产品具有完全的排他性和非竞争性，但是它在不同程度上影响着国防力量、环境保护、国民生活水平等。在当今社会，科学技术是第一生产力，科学技术的发展对国家日益强大的贡献率在逐步增加，科研活动的地位以及外部性已经被广泛认可。科学技术的公共性，是科技保险公共性的基础。

2. 政府主导地位，商业性和政策性的结合

科技保险的公共性使政府在科技保险的推广活动中起着主导地位。由于科技保险的特殊性，若是把科技保险当成传统的保险由保险公司来运作，那么很多保险公司很难参与科技保险的工作，造成科技保险市场的效率低下、发展不健全。因此，政府除提供一定的资金外，还需要通过法律手段、财政政策、行政措施等搭建科技保险体系，促进科技保险市场的良好发展。等科技保险市场发展到一定阶段时，政府可以逐步退出了。根据科技风险的不同，科技保险分为商业性保险与政策性保险，商业性的科技保险由保险公司经营，对于保险公司不容易保险而又特别重要的险种则应由政策性保险来经营，充分发挥市场和政府两只手的作用。

3. 风险的复杂性和不确定性

对于科技保险而言，由于其保障的范围是整个科学技术研究、开发及市场化的过程，所以，既牵涉各种科研及生产设备的保障问题，也涉及科研人员及管理人员的保障问题，

是寿险与财险的综合。同时，对于不同行业的科技企业来说，面临的风险可能存在很大差异。所以，在科技保险中，风险可能是不确定的。

4. 风险不完全满足大数原则，缺乏足够大量的风险标的

保险的基本原理是大数定理，即同质的风险很多，风险标的的量足够大。科技风险所针对的科技行业是一个高风险、高技术含量，同样也是高度非同质化的产业。高科技企业生产的产品不同，面临的状况也不同，遇到的风险类型也会不同。因此，科技保险不同于人寿保险或者财产保险等面临的状况具有同质性，这也造成很多保险公司因为科技风险没有足够的标的而不愿意承担高风险经营科技保险。

5. 覆盖面广，具有广泛性

科技保险针对科技风险，而科技风险存在于科技活动的各个阶段，因此科技保险的适用性很广，在每个阶段都可以发挥科技保险的作用。科技保险不像天使投资、科技贷款等需要经过较严格的筛选，只要符合保险公司的可保条件，按时缴纳保费就能得到保障，灵活性较强。

(三) 科技保险的分类

科技保险作为保险领域中一种特殊的保险，可以按照保险的基本理论分类。

1. 按照保险的标的划分

我国的科技保险可分为信用保险、财产保险、人寿保险。信用保险在现阶段主要是出口信用保险，由中国出口信用保险公司运作；财产保险包括高新技术企业财产保险、产品责任保险等；人寿保险主要是指涉及高新技术企业人员人身的保险。

2. 按照保险的性质划分

科技保险分为商业性保险和政策性保险。由于科技创新活动的特点，现阶段科技保险是商业性与政策性结合的保险。随着科学技术的进步、风险度量技术和工具的发展，相信一些在现阶段不得不成为政策性保险的险种，在以后会成为商业保险的险种。

3. 按照保险的承保方式划分

由于科技保险刚刚开始，现阶段属于原保险。在今后的发展中，为了分散保险公司的风险，对一些风险大的保险可以采取重复保险、共同保险等方式。

4. 按照保险的实施划分

科技保险分为自愿保险与强制保险。科技保险现在的方针是科技企业自愿购买、政府给予财政补贴。但是，对一些涉及人身安全、企业关键设备等，政府应强制科技企业购买，降低科技企业的风险，促进科技事业的发展。

(四) 科技保险的运营模式

科技保险作为推动科技创新的一种手段，有以下几种运营模式。

1. 完全商业化模式

政府不参与到科技保险的任何工作中，由保险公司自己按照市场化运作经营，自负盈亏。这是国内外保险公司的普遍经营模式。

2. 完全政府主办模式

由政府设立专门的科技保险公司，政府提供公司运作的所有资金，所有的风险都由政府来承担。这样的经营模式类似我国政策性银行的模式，由国家专项拨款支持经济的发展。现在这样的模式在中国国内慢慢减少，一些政策性银行也开始转向商业性银行。

3. 政府主导，保险公司代理模式

在这样的经营模式下，国家提供保险险种以及代理费用，寻找实力雄厚的保险公司代办科技保险业务，收取保险费用，统一理赔，最后所有的风险由政府承担，保险公司不承担任何风险。

4. 政府主导下的商业化模式

在这样的模式下，政府不承担风险，只提供科技保险的政策性指导、保险险种设计、财税政策的优惠支持，由保险公司按照市场因素自主经营、自负盈亏。

现阶段，中国采取的是第四种模式，这样的商业模式是符合实际国情的。第一，政府不可能承担所有的风险，且随着市场经济的发展，许多政策性的机构逐步转向商业化经营是一个趋势。第二，保险公司自负盈亏，可以让保险公司更有动力去开展完善科技保险工作。第三，地区之间经济发展不平衡，科技发展也不平衡，对保险的实际需求也不同，让保险公司自主经营，可以发挥保险公司的开放性和能动性，设计出各种不同的产品以符合市场的需求；第四，科技保险是一项准公共产品，需要由国家政策的指导才能有力地促进发展。

知识总结

1. 银行主导型科技金融模式认为，主要的科技型企业和高新技术产业的融资机制并不是金融市场，而是银行机构，一般有两个特点：①银行是企业融资的主要来源，间接融资占企业融资的主体地位；②银行可以持有企业一定比例的股份，银行处于公司治理的核心地位，银企关系紧密。

2. 从公共科技金融模式的三大主体，即政策性科技金融、开发性科技金融和政府性科技金融，既具有体现公共科技金融模式属性的一般特征，也具有不同的基本特征。

3. 产业投资基金是一种按照投资基金运作方式，直接投资于实业项目的金融工具，简称产业基金。它是指一种对未上市企业进行股权投资和提供经营管理服务的利益共享、风险共担的集合投资制度，即通过向多数投资者发行基金份额设立基金公司，由基金公司担任基金管理人或另行委托基金管理人管理基金资产，委托基金托管人托管基金资产，从事创业投资、企业重组投资和基础设施投资等实业投资。

4. 狭义的科技保险是用金融手段推动科技创新的一种全新的服务模式，它服务于科技创新的任何一个阶段。其实质是为研究开发、科技成果转化、科技产业化发展等过程提供保障，分担由于内部条件的局限和诸多不确定外部因素而导致科技创新和发展活动的失败、中止、达不到预期目标的风险而设置的保险。广义的科技保险除了包括对科技创新活动中的各个阶段的保险外，还包括对科技金融工具以及科技金融衍生产品的保险及再保险等。

自测练习

1. 科技银行具有哪些性质？其信贷产品有哪些种类？
2. 引入科技贷款后，科技银行体系发生了怎样的转变，有了什么特点？
3. 科技保险的运营模式有哪几种？

第十章 公共科技金融

见微知著，以学立人

以公共科技金融的知识点和思想为基础，探究其蕴含的优秀传统文化。

1. 树立协调发展理念

公共科技金融与市场科技金融之间是相互补充、互利共赢的协调发展关系，前者对后者是补充而非替代、是扶助而非包揽，体现了党的二十大报告提出的新发展理念，也蕴含着中国传统文化元素，有利于经济和生态文明的和谐发展。在生活中，我们要秉持先人后己、助人为乐的行为准则，树立"先天下之忧而忧、后天下之乐而乐"的观念。

2. 树立规则意识

公共科技金融的高质量发展，离不开专门立法的规范与保障。这也是世界各国公共科技金融发展的普遍经验及国际惯例。我国也需要加快补齐相关立法缺失的短板，实现依法监管、依法治国的目标。

俗话说："国有国法，家有家规。"我们生活在社会这个大家庭中，为了每个人都各安其所，就要有各种行为准则来约束我们的行为。我们在生活中的一言一行都应该自觉遵守规章制度，释放正能量。

知识要点

公共科技金融有别于市场科技金融的特殊功能，公共科技金融体系三大主体的基本特征，公共科技金融模式优化的二元路径及应对策略等。掌握公共科技金融的五大特有功能。

核心概念

诱导虹吸性功能（Induced Siphon Function）
投贷联动（Investment and Loan Linkage）
政府创业投资引导基金（Government Venture Capital Guiding Fund）
公共科技金融数字化转型（Digital Transformation of Public Sci-Tech Finance）

> **典型案例**
>
> 种植业是国家战略性、基础性核心产业，是促进农业长期稳定发展、保障国家粮食安全的根本。为全力服务国家种植业振兴战略和"藏粮于地、藏粮于技"战略，充分发挥政策性金融优势，推动现代种植业高质量发展，中国农业发展银行控股的两家子公司，即现代种业发展基金有限公司和北京先农投资管理有限公司于2023年1月3日通过市场化运作，完成对温氏食品集团股份有限公司下属广东中芯种业科技有限公司投资3亿元的工作，拉动社会投资23.33亿元。
>
> 试问，农发行子公司的这项投融资业务体现了公共科技金融的什么功能？如何有效发挥公共科技金融的功能作用？

第一节 公共科技金融功能

一、特有功能体系

现代金融学分析范式的一个重大转换，是20世纪90年代初日益兴起的基于功能观点视角分析如何改革和发展金融体系和金融中介，进而可以针对不同金融功能建立最好地实现这些功能效应的机构与组织制度。从公共科技金融功能体系的构成来看，主要包括科技金融市场补缺、科技金融政策导向、诱导虹吸、公共科技保险（担保）和专业性服务与协调五大特有功能。

1. 科技金融市场补缺性功能

公共科技金融产生和持久存在的理论根基，就是针对科技金融市场的不完全竞争性，即市场失灵问题。在科技金融市场上，商业性金融基于成本、风险与收益不对称原理，必然"嫌贫爱富"，对科技中小企业不会主动提供投资和贷款，因而需要"雪中送炭"的公共科技金融发挥其市场补缺性功能。当然，这种补短板是补充而非替代、是辅助而非包揽，是建立在科技商业性金融按照市场原则进行正向性选择基础上的一种逆向选择，而且这种逆向选择是一个不断变化和调整的动态过程。

2. 科技金融政策导向性功能

科技金融政策导向性功能既是公共科技金融的基本功能，也是公共科技金融制度的宗旨体现和使命使然，即紧密配合政府在不同时期和阶段支持和扶植科技中小企业的一系列方针政策，实现科技金融资源配置的合理性目标。公共科技金融的"公共性"的出发点和落脚点，也主要体现在对科创领域强位弱势群体的公共性信用倾斜上。

3. 诱导虹吸性功能

诱导虹吸性功能融资倡导基础上的虹吸与扩张性功能，简称诱导功能，具体是指对于商业性金融既无力也不愿主动涉足的科技中小企业融资领域，由公共科技金融提供具有首倡性的开发性公共融资，先期主动介入并以小博大，虹吸扩张更多的社会资本从事符合政府促进科技中小企业发展政策意图的贷款、投资、基金、保险及担保活动。这种特殊功能直接体现了公共科技金融的本质特征，也是公共科技金融制度安排的精髓，因而是公共科技金融的核心功能。

4. 公共科技保险（担保）功能

中小企业的科技创新是一个风险性相对巨大的产业，这不仅体现在资金的可得性问题上，也体现在巨大损失的风险性补偿方面。因而公共科技金融提供的保障性功能，也具有保障科创企业持续、稳定、健康、安全发展和科技社会稳定的社会管理职能，包括分散和化解科创风险、获得资金援助和经济补偿的特殊功能。同时，科学技术的公共性也是科技保险公共性的基础，决定了科技保险的准公共产品属性。通过政府主导的公共科技保险与担保，为科技中小企业等科创型强位弱势群体加上了一道安全锁，解除了其后顾之忧，促进了科技的创新和发展。

5. 专业性服务与协调功能

公共科技金融一般都根据特殊的专门法规，在特定的科技创新业务领域或行业进行投融资活动，这使其具有很强的科技专业性特征，在该领域也积累了丰富的经验与高水平的专业技能。它必须既关注微观领域的市场运作及宏观领域的公共性选择，这使它对科技经济金融领域比市场科技金融有更系统的了解和分析，也聚集了一批精通科技金融业务的特殊专业人才，可以为高新技术产业或科创型企业提供全面专业的金融与非金融服务，如项目可行性分析、技术援助、财务分析、投资咨询、经营诊断、信息提供以及相关业务联系和沟通等。此外，由于公共科技金融长期在科技领域从事活动，成为政府在科技方面的金融顾问和助手，也可参与政府有关科技规划的讨论和制定，乃至代表政府组织科技金融政策的实施和协调。

二、功能传导机理机制

（一）一般传导机理及机制

公共科技金融功能作用机理体现在两个方面：一方面，通过发挥其科技金融市场补缺功能、科技金融政策导向功能和诱导虹吸功能，直接发放贷款支持科创型强位弱势群体，实现对科技创新和实体经济的直接功能传导；另一方面，通过发挥公共科技保险（担保）功能和专业性服务与协调功能，为科技中小企业解决后顾之忧，间接助力科技创新发展。同时，还可以通过以下三大功能传导机制对初创成长期的科技中小企业等高新技术企业进行扶植可以更有效地实现公共科技金融的特殊功能。

1. 保障机制

资金缺乏是初创成长期的科技中小企业等科创型强位弱势群体面临的最大困境，也是企业持续经营要解决的首要问题。公共科技金融以财政资金为依托，通过专项基金、政策性科技贷款等方式直接或间接介入科技创新领域，为企业提供资金支持，保障企业科技活动顺利进行。其中，专项基金作为政府参与创业风险投资的主要方式，以股权投资基金为投资对象，具有极高的风险承受力，被用来重点扶植初创期的科技中小企业。政策性科技贷款具有优惠性、非营利性等特征，因其可以通过调整贷款期限和利率来满足企业特殊的资金需求，故适合帮助需求更加多元化的成长期企业。

2. 服务机制

除通过保障机制为初创成长期的科技中小企业提供资金支持外，公共科技金融还通过服务机制参与构建良好的科技金融环境对企业进行综合性帮助。政府通过制定完善的法律法规对各科技金融主体的行为进行规范，保证科技金融体系运行稳定；通过颁布支持性的政策措施鼓励科技中小企业创立、促进其发展。政府主导构建的担保体系和信用体系降低了信息不对称，提高了科技中小企业的融资能力。

3. 引导机制

公共科技金融的保障和服务机制共同促进了引导机制发挥作用。市场科技金融碍于初创成长期科技中小企业的高风险性不愿为其提供资金，而公共科技金融在通过保障和服务机制扶植企业的过程中可以产生示范和监督效应，降低市场科技金融的介入风险，提高其助力科技中小企业的积极性，引导更多金融资源向企业倾斜。专项基金和政策性科技贷款的投向使市场金融相关业务有了方向；完善的法律法规保障了市场主体的权益；支持政策释放出强烈信号，彰显科技中小企业的自身价值和发展前景；担保体系和信用体系加强了企业信息的披露，这些都降低了企业的融资风险，使金融资源更易流向企业。

（二）诱导功能作用机理和传导机制

研究公共科技金融的诱导功能作用并以其为重点开展投融资活动，更能体现出公共科技金融制度安排的目的和精髓。按照诱导功能观点，公共科技金融支持科技中小企业等强位弱势群体作用机理建立的理论前提是：公共科技金融基于市场科技金融，按照市场原则进行正向性选择的一种逆向选择，而且这种逆向选择是按照补充而非替代、辅助而非包揽的原则，实现公共科技金融业务活动及业务范围不断变化和动态调整的补短板过程。具体的传导过程及运作机制如下。

①在科技金融市场上，一方面，科技中小企业由于内源融资和外源融资有限而无法扩大再生产，因此无法满足市场需求；另一方面，处于种子期和初创期的技术研发和产品大规模投产，都亟须大量的融资支持和保障。

②商业性金融囿于科技中小企业的轻资产和风险高的实际情况，基于资产和负债的结构性匹配、成本和收益的对称性原则考量，既无力也不愿主动先期向企业提供贷款。

③公共科技金融利用其特别和特殊拥有的政府信用、优惠政策、信息优势和业务专长等有利条件，在与政府相关部门的业务合作与指导下，率先开创性发掘新产品研发，引领技术攻关中新的投资机会、项目及科技型企业目标群体。

④公共科技金融先期以少量的公共性资金进行倡导性投资或融资担保、再担保，直接或间接地诱使和虹吸其他非公共性金融组织、团体或个人，尤其是商业性金融机构，向政策倾斜、扶持的科技中小企业融资，起到"免费搭车"的协同效应及"四两拨千斤"的扩张效应。

⑤一旦市场科技金融和社会资本对公共科技金融所推选倡导的科技中小企业的项目投资热情高涨起来，企业也由初创成长期转入成熟发展期，公共科技金融再选择适当时机退出和转移投资方向，并开始新的另一轮虹吸、诱导和扩张循环。

三、功能结构的国际比较

日本、美国、德国等发达国家服务和支持科技中小企业等科创型强位弱势群体的公共科技金融体系，建立的时间早，比较系统完善，对公共科技金融功能的理念认识和实践具有一定的超前性和先进性，值得我国学习和借鉴。

第十章　公共科技金融

（一）国外完善公共科技金融功能的基本经验

1. 科技金融市场补缺性功能

日本公共金融公库严格秉持"进入别人不愿意进入的领域，干别人干不了、不愿意干的事"的经营理念，一直甘当金融市场的全局性补充角色。第二次世界大战后成立的日本中小企业投资育成公司，对科技型企业投资比例达到15%~50%，始终坚持做一名"不开口的股东"，不干涉投资企业的经营决策，让其所投资的企业有充分的自主经营权。并且当其所投资的科创企业发展成熟以后，公司会卖掉其持有的股份，以此获得的利润为更多的科技中小企业提供帮助。在公共金融扶植下，松下、索尼、本田汽车等都发展成为日本有代表性的大企业。

美国进出口银行主要是针对商业性金融机构不愿意插足的中小企业，为科技中小企业开拓国际市场提供强有力的公共金融支持，不与私人金融信贷机构竞争，不挤占商业性金融的发展空间，在很大程度上担负着填补市场空缺的责任。该行重视金融创新，通过推出的全球信用快递业务，与全球范围内的各类金融机构合作，弥补公共金融网点少的缺点，为信用良好的科技中小企业提供高效率的直接贷款。

为解决商业信贷进入科技领域不足的问题，德国政府采取了以公共银行信贷带动商业信贷的方法，鼓励德国复兴信贷银行等公共银行，以转贷款等方式为中小科技企业提供长期贷款支持。目前，这些针对科技中小企业的金融业务已经成为复兴信贷银行的最大业务，业务量约占该行全部业务量的三分之一、国内该类业务总量的一半。复兴信贷银行也被德国人称为"一个健康的开发银行"。

2. 科技金融政策导向性功能

德国为缓解科创型中小企业的融资难题，以隶属于政府的公共银行，即德国复兴信贷银行为主，通过设立的高科技创业基金、中小企业创新核心项目、欧洲复兴计划创新项目等许多基金项目计划，以及银行机构合并和调整信贷计划及信贷条件等，重点为处于研发初期、存在高风险的中小型科技企业提供资金支持，不仅创造出了享誉世界的"德国制造"品牌，同时更在经济增长、解决就业等方面发挥着重要作用。

日本在成立了专门服务科创型中小企业的日本中小企业金融公库和国民生活金融公库等公共金融机构后（2008年，这两个机构重组后并入新成立的日本公共金融公库），在日本中小企业贷款余额中，公共金融机构占比达到25%，与其他国家相比，这个比例偏高。

成立于1953年的美国联邦中小企业局是为科技中小企业提供贷款担保、与商业银行联合办理贷款的公共金融机构，已成功培育出苹果、惠普、英特尔等一大批著名的创新型跨国企业。美国的纳斯达克市场主要面向高成长的中小企业，为科技中小企业的发展提供巨大支持，其采取的做市商制度很大程度上抑制了信息不对称带来的炒作行为，为证券市场内中小企业提供良好的发展环境。

韩国于1961年依据《中小企业银行法》成立的中小企业银行旨在解决科技中小企业融资难问题，促进自主创新的经济活动，提升经济地位。依据1978年颁布的《中小企业振兴法》成立的韩国中小企业振兴公团，是基金管理型的公共金融机构，通过管理和运营内设的中小企业创业及振兴基金，向科技型创业企业和中小企业提供低于市场利率的政策性贷款。2010年以后，公团为了提升公共性贷款的扶持效率，着手重构放贷机制，从传统的资信评估放贷模式，转为资信评估和企业诊断相结合的模式。

3. 诱导虹吸性功能

由于诱导虹吸性功能更为符合市场经济规则的基本要求，世界各国的公共科技金融都注重发挥其诱导性功能作用。

日本政府针对科技中小企业面临的贷款难和市场融资不足问题，通过成立中小企业金融公库、风险企业开发银行、中小企业投资育成公司等公共金融机构，有效利用自身在长期发展过程中建立的贷款审查与评审能力以及数据库信息，不断加强与商业性金融机构的合作，共同推进科技中小企业的健康发展。为此，日本公共金融机构在20世纪50年代中期对科技中小企业已普遍实行了先导诱导性协调融资方式，出现了商业银行追随公共金融机构向特定中小企业贷款的情况，两者所提供的融资大体保持1∶1的比例。20世纪60年代，日本公共银行进一步改变了其"量的直接补充"方式，将重点放在"质的提高"方面，在2000年科技中小企业得到的307万亿日元贷款中，公共银行只占9.5%，主要是突出发挥其以小搏大的倡导诱导与虹吸扩张的功能作用。有些日本中小企业为了获得更多民间普通贷款的广告营销效果，就在本企业的文件袋上印上开发银行客户的字样，以此宣示本企业的信用，以期获得更多的融资支持。事实上，在日本，公共科技金融的作用也只能是市场科技金融的诱导性补充，约三分之一的日本科技中小企业利用这一诱导性功能从金融机构取得了信贷资金。

美国联邦中小企业局通过向风险投资公司提供开发性资金援助等方式，引导创投行业为科技中小企业提供资金支持。德国复兴信贷银行的信贷业务主要针对与商业银行合作的转贷款，即采取委托贷款方式吸引、诱导和带动商业银行参与到公共科技金融业务活动中，利用商业银行网络开展业务，体现效率与节约的原则，实现了"双赢"。韩国中小企业振兴公团作为公共金融机构，也是先向商业银行预存资金后，通过商业银行的渠道向科技中小企业发放间接贷款，诱导商业银行配套发放更多的公共贷款，体现了公共科技金融机构的"窗口"效应。

4. 公共科技保险（担保）功能

许多国家一般通过两种方式来履行和实现科技公共保险（担保）的功能。

一方面，建立专门的公共科技保险和担保机构，从事科技保险与担保及相关业务。日本是世界上最早建立政府主导的科技中小企业信用担保与保险体系的国家，被誉为最完善的科创企业信用担保体系，该体系由全国52个信用保证协会与公共金融公库两部分组成。该体系的运行模式为：信用保险协会负责为中小企业提供信用担保，担保费由借款企业来支付，担保额度原则上是贷款额的80%（2008年国际金融危机发生后，政府又在27万亿日元的额度内临时采取了100%的担保），剩余的20%由发放贷款的商业性金融机构承担风险。同时，信用保证协会再用其担保额的70%~90%买入公共金融公库的信用保险，公库负责对其承保的债务提供再担保。日本的信用补全制度不仅是担保与保险相结合，而且中央与地方共担风险，即中央政府通过提供财政补贴支持信用保证协会的业务，由政府拨款补偿协会的最终损失。目前，日本通过改革科技中小企业融资制度，对缺乏传统抵押担保物的创业企业，允许以知识产权作为担保获得长期资本供给。在以色列，政府也设立了总金额2.2亿美元左右的国家公共担保基金，为通过高标准审核后的科技企业向银行申请贷款提供担保。

另一方面，公共科技保险（担保）功能还体现在公共金融机构内集公共信贷与保险（担保）于一体的银保互动业务经营机制。例如，美国联邦中小企业局成立之初，主要是向科创型中小企业提供利率较低、多达 15 万美元的直接贷款；现在的资金运用则主要是对其他金融机构给中小企业的贷款进行信用担保，担保比例为 75%~85%。通过与美国数千家金融机构进行合作，出台"7（a）贷款担保计划""504 贷款计划"等多项贷款担保计划来支持金融机构向中小企业贷款，该方式的特点是担保费用低、审批便捷，不仅提高了科创企业的贷款能力，也降低了金融机构的贷款风险。有些银行还将该行为科技企业提供的贷款担保作为抵押，在债券市场上出售债券，加快了资金的回收速度，提高了银行资产的流动性。德国复兴信贷银行向为科创型中小企业贷款的银行提供转贷款及利息补贴，一般为 2%~3%。同时，政府还为这些银行贷款提供担保，承保损失率可达 60%，在帮助中小企业筹资融资方面发挥着主导作用。

5. 专业性服务与协调功能

为了保障公共科技金融目标任务的有效落实和实现，国外公共科技金融机构还普遍强化了专业性服务与协调，全方位服务科技中小企业等科创型强位弱势群体。因为公共科技金融业务具有很强的专业性和公共性特征，也聚集了一批熟悉相关业务的专业人才，有能力为科技中小企业提供诸如企业经营情况诊断、技能培训、投资咨询、市场信息发布等专业化的金融衍生服务。同时，还可利用商业性金融不具备的特殊条件和优势，参与政府有关科技金融和科创企业的发展规划、政策制定和协调，甚至可以代表政府组织实施。例如，德国在成功的实行科技企业公共性"银行导向型"模式的同时，还大力推进针对科技中小企业的相关信息共享及职业培训等中介服务，包括定期组织相关科研活动，将国内外最新的产品、技术信息传递给中小科技企业，对企业相关岗位工作人员进行定期职业教育培训，提供法律评估、技术咨询、信用证明等全面的中介服务，主导出资对企业用于研发的基础设施进行优化性的再建设，为中小企业在未来战略发展、知识产权保护等方面提供完全免费的咨询等。

美国联邦中小企业局不仅为中小企业技术创新提供直接融资服务，也为中小企业提供高效的管理咨询与培训、技术转移和创新研究计划、政府采购与出口引导等全方位的服务。日本公共金融公库不仅为科技中小企业提供融资支持，还提供经营改善的咨询服务。按照相关法规的要求，韩国中小企业银行的主要业务包括为科技中小企业提供经营指导的服务等。按照以色列政府 1991 年开始实施的属于公共科技融资方案的"技术孵化器计划"，由工贸部设立的首席科学家办公室专门为孵化器所接纳的科技创业者及入驻孵化器项目的研发工作，提供系统性的高质量管理服务和一般性的经营管理活动，以及完善配套的辅助服务，但政府不会直接干预孵化项目的投资管理。

（二）国外公共科技金融功能模式的共同特征

通过对各国公共科技金融功能体系的分析，发现完善的公共科技金融功能模式具有以下共同特征。

1. 政府专项基金作用明显

美、日、欧洲各国在实践中形成了政府专项基金运作的有效模式，充分发挥了其支持初创成长期科技中小企业等强位弱势群体的重要功能。

（1）管理专业。

政府专项基金的运作有很强的复杂性，需要专业化的人才进行投资管理，因此政府大多选择合适的基金管理人负责具体的运作事宜。由于这种模式形成了多重委托代理关系，政府干预程度及管理人员行为直接影响基金最终的投资效果。美国采取的是小企业管理局为创业投资基金公司进行担保，再由基金公司进行投资的方式。明确的标准增加了选择过程中的科学性和公正性，加之美国创投市场的发达，基金公司大多经营规范、积累了大量的行业人才，能够较充分地贯彻政府意图，小企业管理局在此过程中不会过多干涉基金具体运营。欧洲各国的专项基金充分发挥了地方政府的作用，能够结合地方特色使资金有效流向区域内优质科技中小企业。

（2）专款专用。

各国在设立基金时通常会明确规定投资重点，指定财政资金投入特定的科技活动阶段，以此细化资金用途，让其能更有针对性地解决企业的现实困难，如专门支持基础研发、成果转化的专项基金。相比于笼统分散的资金投入，专款专用既有利于筛选优质企业，也能对企业起直接作用，更可以集中进行监督管理，提高资金的投资质量。

（3）退出及时。

政府专项基金只有及时退出才能进行新一轮的投资，合理的退出机制和丰富的退出渠道是保证基金效率的关键因素。政府专项基金主要有 IPO、并购、回购和 S 基金四种退出途径，无疑都依赖成熟的资本市场，尤其是 S 基金活跃在私募股权二级市场。因美日欧等发达国家资本市场发展时间长、各项体制机制较为完善，因此为政府专项基金的及时退出奠定了良好基础，提高了基金的投资频率，使其能更好发挥对企业的扶植作用。

2. 公共金融机构功能健全

无论是美国、日本还是欧洲各国，其公共金融机构都因职能明晰、服务到位在扶植科技中小企业中起关键作用。

（1）目的性强。

无论是机构设置，还是业务运营，各国公共金融机构始终贯彻扶植科技中小企业的意图。这使其能以企业需求为导向，切实针对企业现实困境进行帮扶。明确的定位能够形成强烈的服务意识，进而充分调动自身积极性、探究更加有效的服务方式，将政府战略落到实处，极大程度上缓解了计划详尽周到、真实效果大打折扣的窘况。

（2）专业性强。

各国公共金融机构在其运营的过程中积累了丰富的实践经验和专业技能、聚集了一大批精通业务的专业技术人才，可以为企业提供全方位的服务。日本公共金融公库发放的科技贷款包括设备、技术革新、经营开发等不同类型；欧洲投资银行同样针对科技中小企业从事的具体项目进行信贷帮扶；美国小企业管理局依托信息、人才优势提供市场研判、战略分析等服务。以上措施从多维度解决企业资金缺乏、经营风险高等问题，以切实保障企业的生存。

（3）选择性强。

由于初创成长期的科技中小企业难以吸引市场金融服务，因此也无法通过市场机制判断其优劣。公共金融机构虽然不以营利为目的，但如果一味对企业不加区分地予以资金支持，甚至向劣质企业倾斜过多宝贵资源，不仅不利于企业发展、造成不公平和资源浪费，也会使机构自身经营陷入困境。因此，成熟的公共金融机构都设置了严谨的贷款审核流程，并在开展业务的过程中积极搜集分析企业信息，力图全面了解企业的真实情况，提高资金的利用效率，帮助真正优质的企业。

3. 公共科技金融内部协调运转有效

公共科技金融涉及多方参与主体，且单一主体也存在多层分支，要想更好地服务于科技中小企业就需要同一主体的各个层级之间、不同主体之间密切配合。美、日、欧洲各国的公共科技金融体系内部协调一致、运转良好，具体表现在：一方面，同级别各政府部门之间、上下级各政府部门之间、政府部门与政策性金融机构之间职能明确、协调配合。美国同级别各政府部门依据职能边界规范自身行为，避免出现服务供给交叉；欧洲地方政府部门立足区域特点制定具体的科技中小企业支持措施；日本公共金融机构以政府的科技战略为导向，在相关业务中与政府部门合作，提高科技中小企业服务效率。另一方面，灵活运用政府专项基金和政策性科技贷款两种资金支持方式。政府专项基金成本低、风险小，但有明显的行业限制；公共科技贷款利率低，还款期限灵活，但易造成财政压力。不同的资金支持方式需要与科技中小企业的阶段特点和具体需求相适配，政府专项基金用于初创期企业，保障企业生存；政策性贷款用于成长期企业，帮助其稳定经营。二者协调能够形成持续的资金流，维持不同阶段企业的科技活动，在实际应用的过程中也根据本国金融体系的不同而各有侧重，形成更加有效的模式。美国的创投市场发达，政府专项基金能够充分发挥自身作用，因此美国更偏向该方式，与之相对的日本银行系统较为完善，因此公共科技贷款对企业的支持效果更加明显，故日本以该方式为主。

4. 科技金融环境良好

美、日、欧洲各国政府都致力于通过多方渠道为初创成长期的科技中小企业营造良好的科技金融环境，为其提供除资金之外的其他有力支持。

（1）法律及政策保障。

美国的《中小企业创新发展法》《技术创新发展法》；日本的《小企业基本法》《中小企业现代化促进法》；欧洲出台的保护中小企业的法案等，配合政府的其他政策措施，共同形成了完善的法律政策体系，一方面激励了企业的创立，为其提供良好的生存空间。另一方面为企业的成长提供充分引导，最大程度保证了企业的发展。另外，各国政府还关注科技中小企业的专利保护和多渠道融资，制定相关法律予以规范，为初创成长期企业提供坚实的法律制度保障。

（2）担保服务到位。

美国以小企业管理局为核心的担保体系和日本的双层担保体系对于改善初创成长期科技中小企业的融资环境起了重要作用。小企业管理局制定了详细的担保贷款计划，连接了基金公司、商业银行等多类商业性金融机构，帮助企业尽早拓宽融资渠道。日本政府多次改革担保制度，形成了有效的风险分散机制。完善的担保体系还能充分进行信息披露和交流，有助于各资金供给主体增加对企业的了解，进而挖掘潜在的优质企业。

（3）孵化器完善。

各国政府积极构建科技中小企业孵化器，为企业提供包括场地、网络等基础设施；财务、人力、市场分析等管理咨询；获得政府资金支持、贷款担保等投融资在内的综合性服务。大量孵化器联合世界顶级名校，形成政府、高校、企业的合作模式，有效提高了基础研究到成果转化的效率，充分的管理咨询服务能在较短时间内帮助企业提高经营能力，为其后续发展奠定良好的基础。

第二节　公共科技金融

从公共科技金融组织结构或机构主体视角而言，公共科技金融主要是由政策性科技金融、开发性科技金融和政府性科技金融等构成。

一、政策性科技金融

1. 开展"政银保"多方合作模式

鉴于政府是政策性金融机构的坚强后盾，政策性金融机构也与科技部、财政部、商务部等政府相关主管部门有业务关系，通过主动签署合作协议的方式，开展政府与进出口银行、农发行和中国信保的多方合作及科技金融业务活动，如进出口银行自2006年以来通过与科技部、工信部及地方政府签署的合作协议，利用进出口银行的政策性信贷、特别融资账户业务和其发起设立的投资（引导）基金及担保公司等金融优势，积极支持科技中小企业开拓国际市场，促进我国高新技术产业发展。农发行和科技部按照双方构建的"科技部门推荐、银行独立审贷、双方联合监管"合作机制，充分发挥各自的特殊优势，促进农业政策性金融和农业科技的深度融合。农发行和农业农村部于2021年8月联合发文，多措并举及投贷联动，大力支持种业科技创新及成果转化应用。农发行在"十四五"期间将安排1 000亿元资金支持种业发展。中国信保也通过与科技部、财政部、原保监会、商务部等分别签署合作文件，就投保、保费、赔付等环节承诺了提供保险绿色通道，还与原保监会、科技部联合针对中小科技企业的需求，一起推出科技保险产品。

2. 开发政策性科技金融产品

在进出口政策性科技金融方面，比较典型的有科创专项转贷款、转型升级贷款等金融产品。科创专项转贷款是采用"进出口银行+商业银行"的同业合作方式，进出口银行将低成本与长期限资金批发给商业银行，指定用于科创型中小微企业发展的贷款模式。转型升级贷款是进出口银行支持绿色发展、制造业转型升级和先进制造业发展的创新业务品种之一。通过聚焦并引导带动社会资金投向先进制造领域，促进新能源汽车、高技术船舶、新材料、电力装备和信息技术等先进制造业的高质量发展。此外，进出口银行还根据客户的科技融资需求，推出了"信贷+担保""信贷+股权投资""信贷+股权投资+担保"等投贷联动业务产品。

在农业政策性科技金融方面，农发行通过为农业科技企业和农业技术推广提供科技贷款，促进农业科技成果转化及产业化，其代表性的金融产品，如农业科技（创新）贷款、现代种业科技贷款等。农业科技（创新）贷款是专门为国家提出的农业科技发展优先主题领域科技成果的推广应用提供的专项贷款，该贷款重点支持现代种业、智慧农业、农机装备、生态环保等领域科技成果转化与农业科技园及双创园等园区建设，采取的贷款方式有担保贷款、知识产权质押或股权质押贷款、信用贷款等，采取的运作机制是"科技部门推荐、银行独立审贷、双方联合监管"的农发行和科技部合作工作机制，有效促进了农业政策性金融与农业科技的融合发展。现代种业科技贷款是农发行大力支持龙头种子企业和现代种业自主科技创新及其平台与基地建设，贯彻落实国家藏粮于地和藏粮于技战略的专项贷款。贷款范围主要包括种子精深加工、高效制繁种和农作物育种等现代种业及龙头种子企业的关键技术成果转化领域，种业产业园、国家种质资源库等产业集群建设等；还通过"投贷结合"方式，在支持种业企业数字化转型和引导带动社会资本投资种业，进而在保障国家种业安全方面发挥了政策性科技金融支持引领的重要作用。

科技保险是准公共产品，从中国科技保险正式开展以来（2006年），科技保险产品主要是政策性科技保险，其中又以出口信用保险险种为主。中国信保提供的科技保险种类包括短期出口信用保险及担保、中长期出口信用保险及担保、国内贸易信用保险、海外投资保险等。重点对列入《中国高新技术产品目录》的高新技术企业，以及生物医药、信息通信、软件、新材料、航空航天等高新技术产业投保出口信用保险，在限额审批、承保程序、理赔速度与费率灵活性等方面提供全面支持。同时，中国信保还在科技保险产品方面进行了一些创新，如为科创企业提供的全线上保险融资产品"信保贷"；针对科技中小企业开拓市场时抗风险能力弱的问题，推出了旨在保障出口收汇安全的"中小企业信用保险E计划"。这种政策性科技金融工具具有投保便利（在中国信保官网操作）、费率优惠固定、赔付金额高（每笔损失的70%）、便于计算成本的优点；而且，企业获得电子网络保单后，还可通过中国信保网站随时查询海外风险报告，及时了解交易国别及未来交易对象的风险程度。

3. 提供咨询培训等专业性配套服务

一些政策性金融机构凭借自身聚集的一批特殊专业人才，其对经济金融领域有更系统的了解和分析，能为科创型企业提供全面专业的金融和非金融服务，如投资咨询、财务顾问、经营诊断、信息提供等。以中国信保为例，该公司发挥其在风险管理与信息服务方面的专业优势，依靠自身特有的通信手段、数据库与信息网络，通过资信调查、资信评估、应收账款代理追收等专业服务手段，为中小高新技术产品出口企业提供了大量而及时的开拓国际市场和风险控制的信息服务，提高了科技中小企业防范风险的能力，促进了高新技术企业发展。中国信保自2005年以来每年发布的《国家风险分析报告》，既是公司核心研究成果和系统内部参考的权威资料，也是全方位服务中国商品和技术出口，大力支持中国科创企业"走出去"和开展项目融资的重要参考。2019年，中国信保还推出了"中国信保小微学院"和"小微资信红绿灯"等面向科技型中小微企业的专属服务项目，前者是依托互联网技术构建企业交流互动平台，提供企业成长培训服务以及国别行业风险信息和海外买家风险查询等全方位的资讯服务；后者则通过整合中国信保的数据资产及信用评级技术，为科技型出口企业提供标准、即时、可信度高的移动端海外交易风险识别查询服务。这些服务项目具有随手查、时效快、好辨识和易操作等特点及优点。

4. 打造科技支撑的政策性科技金融平台

进出口银行围绕以科创型客户为中心、科技金融业务和IT协调发展的新思路，以标准化、组件化、结构化方式方法，建立了产品、数据、流程、用户体验"四位一体"的科技金融业务模型。2019年5月，进出口银行启动该行成立以来规模最大并标志其发展史上新里程碑的科技工程"IT 蓝图项目";2021 年 5 月 2 日,银行 IT 蓝图 1.1 系统成功上线运行,进一步推进了科技赋能金融的跨越式发展。在此基础上,进出口银行还搭建支持重大技术装备发展的政银科技金融合作平台,构建基于多源大数据和数据驱动新架构的科技型中小微金服系统,形成了线上化、智能化和自动化的政策性科技金融服务平台。

二、开发性科技金融

1. 建立开发性科技金融组织体系

国开行在国内较早开展了政策性科技金融业务,并在董事会成立了科技金融创新委员会,在总行成立了科技金融委员会以及具体负责统筹和组织全行科技金融业务发展的科技金融创新部,形成了以科技金融创新委员会为领导机构、以科技金融创新部为管理部门、以科技金融服务中心为培训基地和实验先锋、以各地分行科技金融处和分中心及工作组为前台营销机构的开发性科技融资体系结构。

2. 通过签署开发性金融合作协议,进行银政企合作和规划引领

早在 2006 年 3 月 20 日,国开行就与科技部签署了贷款总额为 500 亿元的支持自主创新的开发性金融合作协议,重点支持国家重大专项与列入国家科技计划的重大科技项目研发,加速科技成果的市场转化。2012 年 9 月 12 日,国开行又与科技部签署合作协议,全面支持民生科技、文化科技、农业科技等领域的创新型企业和国家重大科技项目。国开行在多方合作中还设计了银行与政府、创投机构和担保公司合作即银政合作、银投合作与银保合作的"三位一体"系统性融资经营模式。在贷款中重点设立借款合同、担保合同与反担保合同、委托贷款合同三类合同,贷款利率也比商业银行下浮 5%~10%。

3. 提供多种开发性科技金融产品与服务

国开行通过率先开办"统借统还"、投贷联动、知识产权质押贷款等融资新模式,为科创企业提供了覆盖全产业链的多种金融产品。例如,科技中小企业"统借统还"贷款模式,又称科技中小企业打包贷款,是专门为科技中小企业提供科技贷款的一种创新型贷款方式,也是"银政合作"解决中小企业融资难的一种模式。该模式依托地方科技管理部门或国家高新技术产业区管理委员会建立融资平台(公司),以集体信用向国开行统一申请科技中小企业贷款,创新基金对贷款项目给予贴息支持,融资平台公司获得贷款后再向符合资质的科技中小企业分配科技贷款。2004 年 4 月,国开行和科技部科技中小企业技术创新基金管理中心签署了科技中小企业贷款业务合作协议,研究制定了"打包贷款,统借统还"的办法,启动了总额达 3 亿元的打包贷款计划。"统借统还"贷款模式具有融资门槛低、融资成本低和有利于推动科技中小企业信用体系建设等优势。但也存在着一定的缺陷,如贷款审批周期较长、易于诱发银行的道德风险,进而最终转嫁到政府身上的信用风险等。国开行投贷联动模式,即在国开行内部直接设立股权投资公司并建立一套有效的"投贷保"合作机制与风险分担及补偿制度的模式。这种模式是目前国内主流的投贷联动模式之一,国开行也是国内首个允许开展投贷联动业务的银行。国开行于 2009 年在国内首家获得了人民币股权投资牌照,并成立了从事相关业务的国开金融有限责任公司。

4. 建立系统的融资风险防控体系机制

科技金融风险防控体系建设是开发性科技金融模式中关键的一项机制。一方面,国开

行与科技部门合作，引入科技专家委员会进入银行贷款评审委员会，对科技贷款项目进行技术评估，并建立专门的银行贷款评审指标体系，执行独立审贷原则；如果不良贷款率超过 3%，可暂停项目贷款，银政双方合作共同清理不良贷款。另一方面，对融资担保机制进行了多方面的探索与实践，如联合互保机制，即国开行支持推动组建由同一贷款批次多家企业组成的联合互保小组，成员之间相互进行"贷后监管"；银保联动机制，即国开行在对企业贷款的同时，担保公司取得企业的认股权（期权），双方约定期权收益的各自分配比例，这种期权贷款模式使银行通过对企业收益的获得来弥补贷款风险；债权+创保机制，即国开行先对担保公司进行债权融资（贷款），然后由担保公司对科创企业进行创业投资，并由此实现对企业的担保功能与自身业务收益。

三、政府性科技金融

1. 全方位、多层次、多形式设立政府科创引导基金

我国政府创业投资引导基金作为创业风险投资的一种特殊形式，是由政府出资设立，吸引财政、金融、投资机构与社会资本，不以营利为目的，通过债权或股权等方式投资于创业风险投资机构等，用于支持和服务初创期科技中小企业创业及技术创新发展的一种政府性科技金融模式。政府创投引导基金的宗旨是通过充分发挥财政资金的杠杆效应，增加创投资本供给；通过引导和鼓励创投企业投资于种子期、初创期等早期科创企业，克服单纯通过市场配置创投资本的市场失灵问题。引导基金一般采用公司型基金组织形式，基金运作的基本原则是政府引导、市场运作、科学决策和防范风险，运作的方式主要有阶段参股、跟进投资、风险补助和投资保障等，投资方式主要是"设立子基金+直投"模式。

中国政府引导基金发端于地方的创新实践。北京从 2002 年开始率先设立了中关村创业投资引导基金和天使投资引导基金，开启了设立政府创业投资引导基金的先河，其通过母基金和社会资本合作设立子基金的方式开展公共投资。上海（张江）模式的特点是"二次撬动"，即采用政府引导基金扶持撬动银行的贷款兴趣，进而再撬动整个科技市场。武汉市及东湖高新区充分发挥政府引导基金作用，形成了政府主导、部门联动、分层推进和主动创新的"东湖模式"。全国性的政府创业风险投资引导基金有 2007 年设立的科技中小企业创业投资引导基金、2011 年设立的国家科技成果转化引导基金、2015 年设立的国家新兴产业创业投资引导基金和国家中小企业发展基金等。

2. 牵头组建公共科技金融综合服务平台

我国的科技金融平台主要是公共科技金融服务平台，即由政府牵头组织、主导并广泛吸收金融机构和中介组织参与的公共服务平台，也是一种旨在为缓解科技中小企业融资难、融资贵、加速推进科技成果转化等而设立的综合性金融服务平台。平台体系主要包括信息平台、投融资平台和金融服务支持性平台三个子平台，政府在平台组建中发挥着积极的引导作用。公共科技金融平台建设基于高效安全的信息采集、存储及科学的数据挖掘和整合，本身也是科技和金融深度融合的基本体现。全国各地普遍由地方政府牵头搭建了集政策、科技企业资源、多层次金融服务资源等于一体的公共科技金融服务平台，实现平台化交流合作与资源共享，提高了当地公共科技金融耦合的效率。如上海市科委科技创业中心组建并完善了以政府引导为主导、由金融机构与各类市场机构参与共建的综合性公共科技金融服务平台系统；四川省成都市设立了公共科技金融综合服务平台——盈创动力科

金融服务平台，形成了"盈创动力"模式。

3. 加强政府同金融机构、担保机构、科创企业等多方的全方位合作

借助政府的引导及驱动力量，实现资源的匹配与集聚，提升公共科技金融效率，具体措施有通过加强以政府引导市场运作为方向的顶层设计、以充分发挥公共科技资金放大效应为主的政策引导和以有效对接科技金融服务的供求双方为目标的多方合作，充分发挥市场在科技金融资源配置中的决定作用；以分散企业融资风险，解决信息不对称等严重困扰科技中小企业融资及科技成果转化的难题为基本目标，从而实现"有为政府"和"有效市场"的有机结合。从国家层面来看，科技部、财政部等政府部门与国开行、进出口银行、农发行、中国信保等开发性、政策性金融机构签署了许多合作协议，共同加强对科技创新的公共金融支持。从地方层面来看，广东省对公共科技金融高度重视，落实起步早，从 2005 年就始部署和推动相关工作，并加强同公共金融机构的业务合作。2007 年 9 月，广东省科技厅与国开行广东省分行签署了《支持科技型企业自主创新开发性金融合作协议》，建立了工作平台、融资平台、担保平台与科技中小企业信用促进会的"三台一会"模式。

4. 以科技中小企业为融资重点，开发和提供政府性科技金融产品

政府性科技金融类比较典型的金融产品，主要有中小企业集合债、科创贷和科创投等金融产品。中小企业集合债，是由财政部门和国开行介入，若干家优质科技中小企业捆绑和集合发行债券，在银行间债券市场进行融资，亦即"捆绑发债"模式。该模式具有发债主体数量多、单个规模较小等特点，有效拓宽了科技中小企业的直接融资渠道，解决了单一企业因资信达不到要求而不能发债融资的问题；但对于个别发行企业的搭便车及违约风险问题，需要严格监管。科创贷是由成都市科技局运用科技企业债权融资风险补偿资金池资金，并联合银行、担保公司为科技型中小微企业，尤其是入驻各类创新创业载体的初创企业开发的一种无须实物抵押的债权融资信贷产品，还配套出台了如信用补助、担保费补助及贷款利息补助等支持政策。科创投是为了弥补市场短板，由政府科创资金引导创投机构等社会资本共同组建的各类天使投资基金，投资于种子期、初创期科技企业的股权融资产品。

第三节　公共科技金融模式优化

公共科技金融是实现金融资源在科技创新领域有效配置的不可或缺、不可替代的重要方式，优化公共科技金融模式，即结合公共科技金融制度安排的宗旨特征和运作规律及规范性要求，探寻其体制机制优化的可行性路径与应对之策，则是实现公共科技金融可持续高质量发展的出发点和落脚点。

一、模式优化路径

1. 体现公共科技金融制度精髓，即诱导功能的基本路径

诱导功能是指公共科技金融通过先期主动介入科技金融市场存在不足、缺陷或缺位的领域，以小博大地引导和虹吸更多的社会资本参与其中。该功能之所以成为公共科技金融模式优化的基本路径，在于其从根本上体现了公共科技金融制度设计的宗旨理念和历史使命，也是开展公共科技金融活动的出发点和落脚点。为此，对于公共科技金融，无论是开发性科技金融模式，还是政策性科技金融模式或政府性科技金融模式，在实现其诱导功能的实际运作过程中，既要以影响最大的资金引导为主，充分发挥公共金融基础性核心资源，即公共资金的"第一推动力"作用，也要通过市场引导、政策引导、专业引导、技术引导、信息引导和服务引导等，当好市场科技金融涉足风险高而不确定性大的科技融资项目的"排头兵"和"探险队"，实现科技金融二元主体的互利共赢和正向互动，切实有效地服务好科技中小企业等科创型强位弱势群体，大力支持科创实体经济发展。

2. 加快公共科技金融数字化转型的模式优化主路径

公共科技金融数字化转型，是利用数字化技术（主要是金融科技）创新手段，对公共科技金融结构形态、运转模式等进行全方位重塑和根本性转变，最终实现公共科技金融高质量发展与有效服务科创实体经济有机统一的过程。公共科技金融数字化转型之所以会成为自身模式优化的主路径，主要在于既能充分体现分支机构及内设部门精简、人员精干高效的公共金融体制特点要求，又可以比较好地协调与市场科技金融之间的互补互利共赢关系。公共科技金融的数字化转型路径可以概括为"融合→赋能→升级→转型"的路径推演，并体现出由外向内和由表及里的特点，即金融科技等数字化新兴技术不断融入公共科技金融机构，作用于传统的机构渠道、业务流程、金融产品和组织架构，提升了金融机构服务客户、业务研发、经营管理方面的效能，推动机构向线上化、场景化和智能化方向的升级发展，最终实现机构的数字化转型与整体重塑。另外，金融科技与公共科技金融机构的融合程度，直接决定了其促进机构数字化转型的效果。为此，公共科技金融机构需要进一步运用金融科技来强化数字化思维、完善数字化业务和实现数字化运作，尤其是要注重并有效防控金融科技风险，通过不断加深与金融科技的融合程度，扎实推进公共科技金融数字化转型的步伐，进而实现快捷、高效、低成本、风险可控地服务科技中小企业的最终目的。

二、模式优化策略

1. 需要基于新发展理念，实现公共科技金融高质量发展

我国公共科技金融的提质增效需要秉持新发展理念，这样才能实现高质量可持续发展。

（1）推进公共科技金融深度融合与创新发展。

公共科技金融活动表现为一种"公共金融→科技→公共金融→创新"，即"公共金融支持科技，科技驱动公共金融，公共金融助推科技创新"的循环逻辑关系，这种逻辑关系体现了公共科技金融，即科技创新和公共金融创新的深度融合、互利互惠、交互作用的耦合关系。公共科技金融需要从体制机制、理论体系等多方面全面推动自身的深度融合、耦合及创新发展，实现其叠加效应与螺旋上升效应，解决好公共科技金融创新发展的动力问题。

（2）立足科创融资补短板，实现质的协调发展。

作为提供公共产品的科技创新领域投融资，具有风险高、金额大、周期长、成本高的融资特性，科技创新天生属性决定了科创领域必然存在诸多融资短板及薄弱环节。公共科

技金融就是要注重解决科技金融发展不平衡和过度介入的问题,通过补齐科技金融发展重点领域和薄弱环节短板,理顺科技金融领域各方面关系,实现公共科技金融从量到质,即公共与市场科技金融业务方式互补性的全面协调发展。

(3) 以公共科技金融成就绿色科技发展。

实现"30·60"双碳目标等绿色科技发展面临着巨大的融资缺口挑战,迫切需要公共科技金融践行绿色发展理念,通过建立完善公共绿色科技金融标准体系、不断开发和丰富公共绿色科技金融产品与服务体系等,助力绿色科技创新。

(4) 深化公共科技金融国际合作与开放发展。

公共科技金融需要通过主动参与和与时俱进地持续开展同业国际交流与合作,以及围绕"一带一路"建设,助力高新技术企业"走出去"等,来充分发挥其服务国家对外开放重大战略和对科创类实体经济国际资源配置的特殊职能作用。

(5) 以科技中小企业为中心,实现共享发展。

以人民为中心的共享发展体现在公共科技金融领域,则要求以科技中小企业为中心,通过先期主动为企业提供公共融资服务,最大限度地缓解其融资难、融资贵的瓶颈制约,补充科技金融市场不足,这也体现了公共科技金融服务和保障科创类强位弱势群体的科技金融发展权和科技融资平等权的根本宗旨。公共科技金融始终要筑牢初心使命,并随着不同时期、不同阶段国家科技发展战略及科技中小企业政策的调整和变化,动态调整自身的政策性业务范围。

2. 以公共科技金融的专门立法为模式优化的突破口

鉴于公共科技金融制度载体的政府背景、业务活动的特殊性及易于设租寻租和腐败越轨,政府要抓紧出台更具严肃性、权威性、规范性、公正性和约束力、法律效力的专门法律,借鉴国外相关经验或国际惯例,汲取国内开发性、政策性金融立法滞后的历史教训,在现有的政府性融资、政策性银行等一系列行政法规的基础上,逐步上升至一般法律的立法形式;也可以在组建专门的公共科技金融机构的同时,同步出台专门的法律。规范公共科技金融运营行为,从组织结构(如法律地位、组织形式、性质宗旨、权利与义务、终止的条件与程序、监督机制、法律责任与处罚等)与业务运作(如经营原则、业务范围、财务与会计、外部关系等)两个层面进行法律规范与限定。

知识总结

1. 金融功能分析是20世纪90年代初兴起的现代金融学分析范式的重大转换。公共科技金融也具有五大特有功能,作为其核心功能的诱导虹吸性功能,直接体现了公共科技金融的本质特征,也是公共科技金融制度安排的精髓。

2. 从公共科技金融模式的三大主体,即政策性科技金融、开发性科技金融和政府性科技金融,既具有体现公共科技金融模式属性的一般特征,也具有各自不同的基本特征。

3. 优化公共科技金融模式是实现公共科技金融可持续高质量发展的出发点和落脚点。其基于不同的视角有不同的路径策略,如诱导功能实现的基本路径和数字化转型的主路径,秉持新发展理念的提质增效对策等。

自测练习

1. 以诱导功能为例,分析公共科技金融功能传导的机理及机制。
2. 试从公共科技金融不同主体的结构性特征,然后提炼并概括出公共科技金融模式的一般性特征。
3. 如何优化公共科技金融模式?

参 考 文 献

[1] 赵昌文,陈春发,唐英凯. 科技金融 [M]. 北京:科学出版社,2009.
[2] 赵昌文. 科技金融文集 [M]. 北京:中国金融出版社,2014.
[3] 李建军,彭俞超. 金融科技学 [M]. 北京:高等教育出版社,2021.
[4] 唐勇,黄志刚,朱鹏飞. 金融科技概论 [M]. 北京:清华大学出版社,2022.
[5] 张亚光. 中国科技金融学 [M]. 昆明:云南教育出版社,2000.
[6] 苟小菊,郭新帅. 金融科技概论 [M]. 北京:中国人民大学出版社,2021.
[7] 管同伟. 金融科技概论 [M]. 北京:中国金融出版社,2021.
[8] 李心丹,束兰根. 科技金融——理论与实践 [M]. 南京:南京大学出版社,2013.
[9] 王海芸,张明喜,刘杨. 科技金融——理论与实证分析 [M]. 北京:科学出版社,2022.
[10] 张留禄. 金融科技导论 [M]. 上海:上海财经大学出版社,2019.
[11] 杨正平,王淼,华秀萍. 科技金融创新与发展 [M]. 北京:北京大学出版社,2017.
[12] 谭玲玲. 互联网金融 [M]. 北京:北京大学出版社,2019.
[13] 罗党论. 互联网金融 [M]. 北京:北京大学出版社,2017.
[14] 牛淑珍,齐安甜,潘彦. 互联网金融理论与案例分析 [M]. 上海:复旦大学出版社,2018.
[15] 周光友. 互联网金融 [M]. 北京:北京大学出版社,2018.
[16] 范小云,刘澜飚,袁梦怡. 互联网金融 [M]. 北京:人民邮电出版社,2019.
[17] (意)伯纳多. 尼克莱蒂. 金融科技的未来——金融服务与技术的融合 [M]. 程华,译. 北京:人民邮电出版社,2018.
[18] 陈建可,礼翔. 金融科技——重塑金融生态新格局 [M]. 天津:天津人民出版社,2019.
[19] 黄益平,王海明,沈艳. 互联网金融12讲 [M]. 北京:中国人民大学出版社,2016.
[20] 林子雨. 大数据导论——数据思维、数据能力和数据伦理 [M]. 北京:高等教育出版社,2021.
[21] 姚国章. 大数据案例精析 [M]. 北京:北京大学出版社,2019.
[22] 姚国章. 金融科技原理与案例 [M]. 北京:北京大学出版社,2019.
[23] (美)雷蒙德. W. 戈德史密斯. 金融结构与金融发展 [M]. 周刑,等译. 上海:上海人民出版社,2016.
[24] 王伟. 公共科技金融研究述评与展望 [J]. 科学管理研究,2021 (4).
[25] 王伟. 国外公共金融理论研究新进展 [J]. 金融理论与实践,2019 (11).

［26］王伟. 基于公共金融理论改革优化政策性金融［J］. 海外投资与出口信贷，2021（3）.
［27］王硕. 中国公共科技金融有效性研究［D］. 沈阳：辽宁大学，2022.
［28］马红. 科技与金融结合的研究［D］. 成都：西南财经大学，2013.
［29］曹彤. 金融科技启示录［M］. 北京：中国金融出版社，2018.
［30］谢平，邹传伟. 解码金融与科技的融合［M］. 北京：中国金融出版社，2017.
［31］林伟光. 我国科技金融发展研究——理论基点及体系构建［M］. 广州：暨南大学出版社，2014.
［32］邓平. 中国科技创新的金融支持研究［M］. 武汉：武汉理工大学出版社，2009.
［33］国泰君安证券，中金公司等. 2022金融科技趋势研究报告［R］. 恒生电子股份有限公司，2023.
［34］金融科技理论与应用研究小组. 金融知识图谱［M］. 北京：中信出版集团，2021.
［35］毕马威中国. 2021毕马威中国金融科技企业双50报告［R］. 毕马威，2021.
［36］毕马威中国. 金融科技动向2022年下半年［R］. 毕马威，2023.
［37］王国刚. 从互联网金融看我国金融体系改革新趋势［J］. 红旗文稿，2014（08）.
［38］谢平，邹传伟，刘海二. 互联网金融的理论基础［J］. 金融研究，2015（08）.
［39］谢平，邹传伟. 互联网金融模式研究［J］. 金融研究，2012（12）.
［40］杨望. 金融科技：发展背景、国际现状及未来展望［J］. 国际金融，2022（04）.
［41］龚强，马洁，班铭媛. 中国金融科技发展的风险与监管启示［J］. 国际经济评论，2022（06）.
［42］和瑞亚. 科技金融资源配置机制与效率研究［D］. 哈尔滨：哈尔滨工程大学，2014.
［43］清华五道口金融科技研究院. 全球金融科技投融资趋势报告（2022年度）［R］. 北京：清华五道口金融科技研究院，2023.
［44］郭威，李宝林. 私募股权基金：特点、发展与前景［J］. 金融市场研究，2018（10）.
［45］陈静. 中国金融科技发展概览（2018—2019）［M］. 北京：社会科学文献出版社，2020.